2300語

倫理
データバンク

一問一答 資料問題

清水書院

＝＝＝ は じ め に ＝＝＝

「政治倫理」，「医療倫理」，最近では「情報倫理」や「環境倫理」などという語を見たり聞いたりしたことがあるでしょう。ところが，「倫理とは何ですか？」と問われたならば，ほとんどの人がすぐには答えられないのではないでしょうか。皆さんにとっても，「倫理」という科目は高校生になってから知る科目です。学校の教科・科目というものは，学習する内容がその名称からおおよそ理解できるのですが，「倫理」については，そうはいかないのではないでしょうか。「倫理」の学習は「倫理とは何か？」という問いから始まり，また，それに終わるという特色をもつものなのです。

「倫理」の「倫」は「なかま」，つまり人間関係における人々を，「理」は「ことわり」や「すじみち」，つまり秩序や規範を意味します。ここからすると，「倫理」とは「人間としての，また人間関係におけるあり方」と定義することができます。古代中国の思想家孟子は，このことを「五倫」として説きました。それは5つの人間関係（父子・君臣・夫婦・長幼・朋友）におけるそれぞれのあり方（親・義・別・序・信）で，注目すべきはそれらがあるべきあり方，理想を提唱しているということです。孟子にかぎらず，古今東西の思想家や宗教家が説いた「人間としての，また人間関係におけるあり方」は，深いところで理想的な生き方を示しているのです。つまり，「倫理」とは，「人間としてのあるべきあり方・生き方」を示すものです。「倫理」の学習は，「人間はいかにあるべきか」，「自分はどのように生きるか」を課題とし，各人の人生観・世界観の形成を目的とします。しかし，自分の枠のなかでのみ，この課題と目的にあたっては，狭小な，ときとして独断的な思念に陥ってしまいます。そこで大切なのが先哲の人生と思想の学習です。それは無味乾燥なものでも綺麗事でもありません。私たちの人生の道標です。

仏教では智慧を聞慧・思慧・修慧に分けています。聞慧とはいわゆる知識，思慧とは自分のものとして理解した知識に思索がともなったもの，修慧とは聞慧と思慧が行為として実現したものであり，聞慧が思慧と修慧の前提になっているとしています。近年の教育は人物や用語の知識だけではなく，理解力，読解力，表現力などの修得をねらいとしています。思慧と修慧は理解力，読解力，表現力などに置き換えることができるでしょう。そして，その前提となる聞慧である知識も欠かせません。本書をつうじて，聞慧から思慧，修慧へと皆さんの智慧が発展することを期待します。

高校時代は，皆さんが自己自身と向き合い，人間と社会についての関心をもち，人生観・世界観について思索を深め，人格形成への大きな一歩を踏み出す時期です。「人間はいかにあるべきか」，「自分はどのように生きるか」といっても難しいことではありません。どんな人間になりたいか，何にあこがれ何をめざすか，だれを友としだれを愛するか。その思いさえあれば，道は自ずから開けるのです。たとえ遠くとも光は見えてきます。　　　　（矢倉芳則）

も く じ

4

第2章　現代の日本と日本人としての自覚

第5編　　現代社会の諸問題と倫理　　234

第1章　生命と倫理

第2章　環境と倫理

第3章　現代の家族とその課題

第4章　地域社会の変容と共生

第5章　情報社会とその課題

第6章　グローバル化の時代と倫理

第7章　人類の福祉と国際平和

付編　　資料問題　　264

━━━ 本 書 の 利 用 に つ い て ━━━

1 INTRODUCTION（要点整理）

各章のはじめに，重要事項を要約してあります。学習にあたり，全体像を押さえ，復習や試験直前の点検にも利用してください。

2 本編（一問一答）

現在出版されている教科書，入試センター試験，私大受験問題などから出題頻度が高く，重要と思われる事項・人物・著書・名言等を一問一答形式で出題してあります。授業の予習復習，定期考査や大学・短大や就職の受験勉強に用いてください。解答は各ページの右側に記してありますから，付属のカラーシートを利用して何度も繰り返し，確実に覚えてください。

3 本編（論述問題）

各章ごとに一問一答問題のあとに，出題頻度の高い論述問題を載せました。一問一答で得た知識を基礎に論理的・総合的に理解するためのものです。私大・短大や国公立二次試験の論述問題対策にも用いてください。

4 付編（資料問題）

本編のあとに出題頻度が高く，重要な原典資料の主な部分をあげ，著者名・作品名・重要事項を記す問題を載せました。私大・短大や国公立大二次試験対策はもちろん，広く一般教養を身に付けるためのものです。

第1編　現代に生きる自己の課題

第1章　人間とは何か ◇◇◇◇◇◇◇◇◇◇◇◇◇◇◇◇◇◇◇◇◇◇◇◇◇◇◇◇◇◇◇◇◇◇◇◇

◆ **INTRODUCTION**　　人間性の特質

【人間性の特質】
　○人間と動物の違い―発達した頭脳をもち，それによる理性の働きによって，高度な文明を築く。
　　ホモ - サピエンス（知性人・叡智人）　　　ホモ - ファーベル（工作人）
　　アニマル - シンボリクム（象徴的動物）　　ホモ - ルーデンス（遊戯人）
　　ホモ - ロークエンス（ことばを操る動物）　ホモ - ポリティクス（政治人）
　　ホモ - エコノミクス（経済人）

【人間―複雑で多面的な存在】
　○非合理的な人間存在― 19 世紀後半以降，理性万能の考え方に対する懐疑
　　ドストエフスキー：理性だけではかることのできない人間存在の複雑さ
　○中間者としての人間―理性をもつがゆえの尊厳と，時に罪を犯す弱さや醜さの両方をもつ存在
　　　　　　　　　　　↓
　　パスカル：「考える葦」　天使でも獣でもない存在　虚無と全体の中間者

【人間性の特質】……………………………………………………

❶人種や民族を超えて，人間を人間たらしめている尊さのことを何というか。　　　　　　　　　　　　　　　❶人間の尊厳

❷人間をどのようにとらえているかという，人間そのものの見方を何というか。　　　　　　　　　　　　　　❷人間観

❸人間が他の動物とは異なり，火をあやつり，言葉を使い，道具を発明して文化をつくり上げてきたのは，人間に特有の何の働きによるか。　　　　　　　　　　　　❸理性（知性）

❹動物が，教育や経験によらずに生まれながらにもっている行動能力，適応能力を何というか。

❺自己の利益や快楽の追求を最優先する主義・立場を何というか。

❻人間の定義の一つで，学問や文化をつくり上げてきた知性の側面を強調したものを何というか。

❼人間を，知性の側面を強調して，ホモ - サピエンスと命名したスウェーデンの生物学者はだれか。

❽人間の定義の一つで，道具をつくり，道具を使用してものをつくり出す特性を強調したものを何というか。

❾人間を，道具使用や工作の側面を強調して，ホモ - ファーベルと命名したフランスの哲学者はだれか。

❿人間の定義として，遊びに注目し，遊ぶことから文化が形成されることを強調したものを何というか。

⓫人間を，遊びから文化形成をした側面を強調してホモ - ルーデンスと命名したオランダの歴史学者はだれか。

⓬人間の定義として，超越的存在への信仰心や宗教活動，死や来世について思索する側面を強調したものは何か。

⓭人間の定義として，社会を形成したり，他者と共存する側面を強調したアリストテレスの言葉は何か。

⓮人間の定義として，アリストテレスのことばに基づき，政治を強調したものは何か。

⓯人間の定義として，言語や記号などに意味をもたせ，それらを用いることを強調したものは何か。

⓰人間をことばやシンボルをあやつる動物と定義したドイツの哲学者はだれか。

⓱人間の定義として，ラテン語の「話す」に由来し，ことばを操ることを強調したものは何か。

⓲人間の定義として，自己の利益追求を経済活動により実現しようとする側面を強調したものは何か。

⓳人間の定義として，オランダの教育学者ランゲフェルトにより教育を強調して名付けられたものは何か。

⓴個人が他の人々とかかわりあい，相互に影響しあいな

❹本能

❺エゴイズム（利己主義）

❻ホモ - サピエンス（知性人）

❼リンネ（1707 〜 78）

❽ホモ - ファーベル（工作人）

❾ベルクソン（1859 〜 1941）

❿ホモ - ルーデンス（遊戯人）

⓫ホイジンガ（1872 〜 1945）

⓬ホモ - レリギオスス（宗教人）

⓭「人間はポリス（社会）的動物である」

⓮ホモ - ポリティクス（政治人）

⓯アニマル - シンボリクム

⓰カッシーラー（1874 〜 1945）

⓱ホモ - ロークエンス（言葉を操る人）

⓲ホモ - エコノミクス（経済人）

⓳教育されなければならない動物

⓴社会化

がら，社会に適応するプロセスを何というか。

㉑個人が自己の能力・適性に即して，周囲に対して行う積極的・能動的な働きを何というか。

㉑個性化

【人間と文化】………………………………………………………………

❶言語・習慣・生活様式・学問・宗教・芸術など人間がつくり上げ，社会全体で共有され，伝達されるものを何というか。

❶文化

❷文化とほぼ同義であるが，技術の進歩・生産力の増大・社会制度・教育の普及などにより物質的・精神的生活水準が向上した状態を何というか。

❷文明

❸気候・地形など，そこに住む人間の生活様式や習慣に影響を与える自然環境を何というか。

❸風土

❹風土と人間との一体的なかかわりのなかで，文化や生活様式の形成を論じた和辻哲郎の著書は何か。

❹『風土』

❺『風土』のなかで論じられた東アジア・東南アジアにみられる自然に対して受容的・忍従的な文化を形成させる風土を何というか。

❺モンスーン型

❻『風土』のなかで論じられた西アジア・アフリカにみられる自然や他の部族に対して対抗的・攻撃的な文化や一神教を形成させる風土を何というか。

❻砂漠型

❼『風土』のなかで論じられたヨーロッパにみられる自然の規則性に合わせて農耕・牧畜を営み，合理的な思考を形成させる風土を何というか。

❼牧場型

❽キリスト教に基づく西洋文化に対して，共同体の習俗や規範を重んじる日本文化を論じた著書を何というか。

❽『菊と刀』（『菊と刀─日本文化の型』）

❾『菊と刀』を著し，日本文化を研究したアメリカの女流文化人類学者はだれか。

❾ルース＝ベネディクト（1887～1948）

❿ベネディクトは『菊と刀』のなかで，神の教えに背くことを判断基準とする西洋文化を何とよんだか。

❿「罪の文化」

⓫ベネディクトは『菊と刀』のなかで，集団の和や他者との共存を重んじる日本文化を何とよんだか。

⓫「恥の文化」

⓬他者との一体感を求め，好意に依存する傾向の強い日

⓬甘えの構造（甘

本人の性格を心理学者の土居健郎は何とよんだか。

❸集団のなかでの上下関係が重視され，それにより秩序が保たれている日本社会構造の特色を文化人類学者の中根千枝は何とよんだか。

❹自分の属する親しい集団と自分とは直接関係のない人々を区別し，外の人々に対し排他的・閉鎖的な日本人の傾向を示す語を何というか。

❺親しい人に対する行為や言動と，無関係な人や一般の人に対する表面的・形式的な行為と言動を使い分ける日本人の傾向を示す語を何というか。

えの文化）

❸タテ社会

❹ウチとソト

❺ホンネとタテマエ

第2章　青年期の課題と自己形成◇◇◇◇◇◇◇◇◇◇◇◇◇◇◇◇◇◇◇◇◇◇

◆ *INTRODUCTION*　　① 青年期の意義

【第二の誕生】
　　○青年期─自己を見つめる時期　人格形成　人生観・世界観の形成　自己実現
　　　　　　ルソー：第二の誕生（『エミール』）

【自我のめざめ】
　　○青年期─第二次性徴→身体の成長→精神の発達
　　　　　　自我のめざめ，第二の誕生，心理的離乳，第二反抗期

【自我の形成と他者】
　　○他者との出会い：他者との出会い→自我の形成→人格形成
　　　G.H. ミード：主我と客我　一般化された他者
　　　クーリー：鏡映的自己
　　　ピアジェ：脱中心化
　　○子どもでもおとなでもない精神的時期
　　　レヴィン：マージナル - マン（境界人）
　　　ホリングワース：心理的離乳

【第二の誕生】

❶身体が著しく成長するとともに，精神面でも親からの自立や社会批判など様々な変化がみられる 12 〜 15 歳から 22 〜 25 歳頃までの時期を何というか。	❶青年期
❷青年期において，身体が急激に成長し，性的な特徴が著しくなることを何というか。	❷第二次性徴
❸青年期とほぼ同義であるが，第二次性徴とそれにともなう性の目覚めを強調した時期を何というか。	❸思春期
❹青年が社会人として成長するまでの 22，23 歳から 30 歳ぐらいまでの時期を何というか。	❹プレ成人期（前成人期）
❺小学校低学年から高学年にかけて，性別や年齢が雑多な集団で遊び仲間を形成する時期を何というか。	❺ギャング - エイジ

❻子どもでもおとなでもなく，その両方の世界に所属している ❻マージナル‐マン（境界人）
ていることから，社会のなかで極めて不明確な位置にある青年期の青年を何というか。

❼青年の特色をマージナル‐マンと表したドイツ出身の ❼レヴィン
アメリカの心理学者はだれか。　（1890 〜 1947）

❽ある社会において，個人が誕生して成長する段階を移 ❽イニシエーション（通過儀礼）
行する際に，それを位置づける儀式を何というか。

❾青年の成長過程について「世界のすべてのものと無縁 ❾ルソー
でなくなる」と表現したフランスの思想家はだれか。　（1712 〜 78）

❿人生における青年期の意義を説き，生まれながらの善 ❿『エミール』
性を原理とするルソーの物語風教育論とは何か。

⓫ルソーが『エミール』のなかで記した語で，身体的誕 ⓫第二の誕生
生に対して青年期の精神的な成長を示す語は何か。

【自我のめざめ】………………………………………………………

❶青年期において，他人とは異なる自分の存在を意識し， ❶自我のめざめ
自己の人生の意味を考えはじめることを何というか。

❷青年が新しい自己を確立するために，おとなの保護や ❷心理的離乳
監督のもとから離脱していく過程を何というか。

❸青年期における親の保護から自立しようとする傾向を ❸ホリングワース
心理的離乳とよんだアメリカの心理学者はだれか。　（1886 〜 1939）

❹子どもが成長する過程において親や周囲のおとなたち ❹第二反抗期
に反抗的になる時期を何というか。

❺不安や恐怖などの感情により無意識のうちに抑圧され ❺コンプレックス
た心理の集合を何というか。

❻自分の身体・能力などが他人と比べて劣っていたり， ❻劣等感（劣等コンプレックス）
他人から嫌われていると思うことを何というか。

❼自分があること，ある分野において他人と比べて優れ ❼優越感
ていると思い，自己満足することを何というか。

❽成人期の開始時期，青年の社会的自立が遅れている状 ❽青年期の延長
況を何というか。

【自我の形成と他者】••

❶人間を他者・社会との関わりをもつ存在ととらえ，他者・社会が自己に期待する役割を自覚することによって自我が形成されるとしたアメリカの社会心理学者とは誰か。

❷ G.H. ミードは，自分の視点から見た自己と他者の視点から見た自己を，それぞれ何とよんだか。

❸ G.H. ミードは，身近な個別的存在だけではなく，さまざまな立場の他者が統合された社会的他者のことを何とよんだか。

❹他者とのコミュニケーションを通じて，自分が他者からどのように見られているかという観点から自己を捉えたアメリカの社会学者は誰か。

❺クーリーは他者の目に映った自己の姿を通じて形成された自己像をなんとよんだか。

❻子どもの認識能力を研究し，段階的に発達する過程を論じたスイスの心理学者は誰か。

❼自己中心的立場から離れ，他者の視点から客観的・多面的なものの見方を身につける過程をピアジェは何とよんだか。

❽今日的な意味での「子ども期」は中世末期から 17 世紀にかけて誕生したとするフランスの歴史学者は誰か。

❾南太平洋の諸島を調査し，青年期の特色が生得的なものではないと説いたアメリカの文化人類学者は誰か。

❶ G. H. ミード
　（1863 ～ 1931）

❷主我と客我

❸一般化された他者

❹クーリー
　（1864 ～ 1929）

❺鏡映的自己

❻ピアジェ
　（1896 ～ 1980）

❼脱中心化

❽アリエス
　（1914 ～ 84）

❾ M. ミード
　（1901 ～ 78）

◆　**INTRODUCTION**　　②　自己の理解に向けて（1）

【パーソナリティの形成】
　○パーソナリティ：ある人の欲求・行動・思考傾向の総体（能力・性格・気質）
　　　　　　　　　　　　　遺伝的要因・後天的要因（環境・教育など）により形成
　　個性化：自分らしさを形成する過程
　　社会化：社会他者と生きるための言語や習慣を身につける過程
　○パーソナリティの類型論
　　ユング：内向型・外向型
　　クレッチマー：細長型（分裂気質）・肥満型（躁鬱気質）・闘士型（てんかん気
　　　　　　　　　質）
　　シュプランガー：理論型・経済型・審美型・社会型・権力型・宗教型
　○パーソナリティの特性論
　　アイゼンク：各人の特性の組合せによりパーソナリティが形成される
　　ビッグ・ファイブ
【行動の原因とパーソナリティ】
　○行動傾向―個人の特性だけでなくその時々の状況にもよる
　　ミシェル：行動における外的要因の重視
　○対応バイアス―行動の原因を，周囲の状況を考慮せずに個人の特性だけで判断
　　　　　　　　する心理的傾向
　　＊バイアス（判断の偏り）
　○社会化と個性化→パーソナリティの形成
　○自己理解：理想自己・可能自己・当為自己
　　自尊感情：自己に対する肯定的な感情
　　フェスティンガー：社会的比較理論―周囲の人との比較で自分を確認
　　　　　　　　　　　他者との比較→自尊感情（←自己高揚動機）

【パーソナリティの形成】【行動の原因とパーソナリティ】……………………………

❶ある人間の行動や思考の特徴的型，環境や他者に働き　　❶性格
かけるときの欲求や行動の統一的型を何というか。
❷感情や情緒の特徴的な型のことで，遺伝的要素が強い　　❷気質
性質を何というか。
❸ある人がもっている身体的・精神的な力で，体力・知　　❸能力
力・意志力などの総合的な力を何というか。

❹性格・気質・能力など，ある人の全体的・統一的・持続的な特徴を何というか。

❺パーソナリティとほぼ同義で，ある人が他の人と異なる特徴を強調した用語は何か。

❻精神分析学の代表的人物で，精神分析運動の指導者となり，人間の性格を関心の向く方向から大きく二つのタイプに分類した，スイスの精神科医とはだれか。

❼繊細な神経をもち，関心が自己の内面に集中するようなタイプの性格をユングは何とよんだか。

❽社交的・行動的で，外部の客観的なものに関心が傾くタイプの性格をユングは何とよんだか。

❾気質が体型に関係しているとして，細長型（分裂気質）・肥満型（躁鬱気質）・闘士型（てんかん気質）に分類したドイツの精神科医はだれか。

❿人生は各人が追求する価値により形成されるとして，人生や文化のタイプを6つに分類したドイツの哲学者・心理学者はだれか。

⓫シュプランガーが分類した6つのタイプとは何か。

⓬パーソナリティを類型に分ける理論を何というか。

⓭類型論に対し，いくつかの特性の組み合わせによってパーソナリティが構成されるという理論を何というか。

⓮向性や神経症傾向が人の行動傾向を特徴づける特性であるとして，それらの組み合わせによりパーソナリティの差異を考察したイギリスで活躍した心理学者は誰か。

⓯神経症傾向・外向性・経験解放性・協調性・誠実性の5要素により性格が形成されるとする特性論とは何か。

⓰アメリカの心理学者で，行動の傾向が個人の特性だけではなく，その時々の状況にもよると説いた人物はだれか。

⓱行動の原因を，周囲の状況を考慮せずに個人の特性だけで判断する心理的傾向を何というか。

⓲他者と自己を比べ，自己の能力の程度や意見の正しさを把握することにより自己認識を正しくするという理論

---

❹パーソナリティ

❺個性

❻ユング
（1875 〜 1961）

❼内向性

❽外向性

❾クレッチマー
（1888 〜 1964）

❿シュプランガー
（1882 〜 1963）

⓫理論型・経済型・審美型・社会型・権力型・宗教型

⓬類型論

⓭特性論

⓮アイゼンク
（1916 〜 97）

⓯ビッグ・ファイブ

⓰ミシェル
（1930 〜 2018）

⓱対応バイアス

⓲社会的比較理論

を何というか。

⓳アメリカの心理学者で，社会的比較理論を提唱した人物はだれか。

⓴自己に対する肯定的な感情を何というか。

㉑自尊感情を守り，高めようとすることを何というか。

㉒成功は自分の能力や努力の成果であり，失敗は他者やその他の状況が原因であるというような偏った心の働きを何というか。

⓳フェスティンガー（1919 〜 89）

⓴自尊感情

㉑自己高揚動機

㉒セルフ・サービング・バイアス

◆　*INTRODUCTION*　　②　自己の理解に向けて（2）

【欲求と適応】

○欲求：人間の生命・成長の根源

　一次（生理）的欲求：生命の維持のための欲求

　二次（社会）的欲求：個性の実現・社会的承認を得るための欲求

○欲求階層説：人間の欲求は低次から高次への段階的階層とする

　マズロー：欠乏欲求（生理的・安全・愛情と所属・自尊）と成長欲求（自己実現）

○欲求不適応：欲求不満（フラストレーション）　葛藤（コンフリクト）

○適応：合理的解決・近道反応・防衛機制

○防衛機制─欲求不満に対する意識内部の自己防衛反応　フロイトの説

　抑圧：不快な記憶を忘れようとする。

　合理化：自己の失敗を他者や状況のせいにして心の安定を保つ。

　同一化：自分が憧れている人物の外見や特性と自分を同一化して満足する。

　退行：子どもの頃の心理状態にもどることで，欲求不満を解消する。

　投射：自分を否定する感情を相手に投げかけ，責任を転嫁する。

　反動形成：反対の行動や言動により好ましくない感情を抑える。

　代償（補償）：欲求が満たされない場合に，代替するもので満足する。

　昇華：実現できない欲求をより高度な社会的価値のある行為に置き換える。

○葛藤（コンフリクト）：複数の欲求が自己のなかに共存して選択に悩むこと。

　レヴィンの説：接近─接近型・回避─回避型・接近─回避型

【欲求と適応】‥‥‥‥‥‥‥‥‥‥‥‥‥‥‥‥‥‥‥‥‥‥‥‥‥‥‥‥‥‥‥‥‥‥‥‥

❶人間や動物にとって必要不可欠なものを求めようとして，それを得るために行動を起こす働きを何というか。

❷食欲，性欲，睡眠欲のように，人間に限らず動物一般にも見られる，身体にかかわる欲求を何というか。

❸人間特有の，自己の個性の実現をはかることや他人に認められることを願う欲求を何というか。

❹二つ以上の相反する欲求があって，どちらにしてよいかを決めかねるような状態を何というか。

❺レヴィンが分類した葛藤の3つの型とは何か。

❻欲求が何らかの理由によって妨げられ，心の緊張度が高まり不安定になった状態を何というか。

❼欲求不満により生じる苦悩に耐えられる自我の強さのことを何というか。

❽環境への不適応により欲求不満が続くことで生じる，心理的な緊張感や圧迫感のことを何というか。

❾欲求間の葛藤や欲求不満に対処して，外的世界に対応できるようにする働きを何というか。

❿適応の一つで，試験に失敗した場合，実力をつけて次回は合格するというように，筋道の通った工夫をともなう行動をとることで，欲求を満たすことを何というか。

⓫適応の一つで，本来的な欲求を満たさずに，てっとりばやく欲求不満の状態のみを解消する行動をとることを何というか。

⓬葛藤や欲求不満に当面したとき，自分を守ろうとして自動的にとられる意識内部の適応の仕方を何というか。

⓭防衛機制の一つで，不快な記憶を忘れようとすることを何というか。

⓮防衛機制の一つで，「木になっているブドウに手が届かなかったきつねが，あのブドウはすっぱいとけちをつける」など自己の失敗や欠点を他人や制度のせいにするようなことを何というか。

⓯防衛機制の一つで，欲求不満を解消する例として，ド

❶欲求

❷第一次欲求（生理的欲求）

❸第二次欲求（社会的欲求）

❹葛藤（コンフリクト）

❺接近―接近型・回避―回避型・接近―回避型

❻欲求不満（フラストレーション）

❼耐性（トレランス）

❽ストレス

❾適応

❿合理的解決

⓫近道反応

⓬防衛機制

⓭抑圧

⓮合理化

⓯同一化(同一視)

ラマを見て自分がその主人公になった気分になるようなことを何というか。

⓰防衛機制の一つで，子どものいない人が子どもの代わりに犬をかわいがるようなことを何というか。

⓰代償（補償）

⓱防衛機制の一つで，失恋した作家が創作に没頭するように，あきらめきれない欲求を，より高度な社会的価値のある目標におきかえる努力をすることを何というか。

⓱昇華

⓲代償（補償），昇華のように，ある対象に向けられた敵意や関心などを別な安全な対象に換えて，自我の安定をはかる働きを何というか。

⓲置き換え

⓳防衛機制の一つで，相手への感情を知られたくない，あるいは否定したいという思いがあって，反対の行動や言動をとってしまうようなことを何というか。

⓳反動形成

⓴防衛機制の一つで，弟や妹の生まれた子どもが，母親に甘えたい欲求を満足させるために，幼児のころの行動に逆戻りするようなことを何というか。

⓴退行

㉑不安・緊張・危険などの心理的状況を避けようとして，空想や白日夢にふけったり，遊びや気晴らしなど非現実的な世界に逃げ込む働きを何というか。

㉑逃避

㉒防衛機制を説いたほか，夢などに表れた人間の抑圧された記憶を引き出す精神分析の手法を開発し，深層心理学を確立した，オーストリアの精神科医とはだれか。

㉒フロイト
（1856 〜 1939）

㉓人格の成長に劣等感が欠かすことのできないものであるとし，その克服が自己を成長させようとする意志の力となるとしたオーストリアの精神分析学者はだれか。

㉓アドラー
（1870 〜 1937）

㉔人間の欲求を欠乏欲求から成長欲求まで階層的に位置づけたアメリカの心理学者はだれか。

㉔マズロー
（1908 〜 70）

㉕マズローが説いた欠乏欲求にはどのようなものがあるか。

㉕生理的・安全・愛と所属・自尊

㉖マズローが説いた成長欲求にはどのようなものがあるか。

㉖創造・価値・自由・自己実現

㉗フロイトが生物学的に欲求充足を捉えたのに対し，他者との交流や文化的・社会的側面を強調して満足感をえることを説いたアメリカの心理学者はだれか。

㉗サリヴァン
（1892 〜 1949）

◆　*INTRODUCTION*　　②　自己の理解に向けて（3）　-・-・-・-・-・-・-

【感情について】

　○感情とその表現能力—生得的に獲得

　　エクマン：人間の基本的感情—恐れ・怒り・悲しみ・驚き・嫌悪・幸福

　　ラッセル：感情の特性＝二次元（「快—不快」と「活性—不活性」）

　　　　　　　　　　　　→円環モデル

　○感情経験と身体的変化

　　感情の末梢起源説：身体の末梢部での生理的反応→感情

　　　ウィリアム＝ジェームズ，ランゲ

　　　　「悲しいから泣くのではなく，泣くから悲しい」

　　感情の中枢起源説：環境からの情報→脳内の視床・大脳皮質に伝達→感情

　　　キャノン，バード　「悲しいから泣く」

　　感情の二要因説：身体的反応とその原因→感情

　　　シャクター，シンガー

【認知について】

　○認知：外界からの情報→知識の蓄積→適切な判断＝認知

　　　　　　　＊感覚：感覚器官が刺激されて生じる意識経験

　　　　　　　　　　　視覚・聴覚・味覚・嗅覚・皮膚感覚・内臓感覚など

　　　　　　　＊知覚：感覚器の情報を学習・知識・経験により編集する

　　　　　　　　　　　知覚により認識された外界＝外界そのものではない

　　　　　　　　　　　＝知覚により解釈されたもの

　　　知覚の恒常性：対象がある程度変化しても知覚は同一の対象として認識

　○記憶：過去の経験や学んだことを情報として取得し再現すること

　　　　　　　符号化（記銘）・貯蔵（保持）・検索

　　├─ 短期記憶

　　│　＊作動記憶（ワーキングメモリ）：情報の操作など短期記憶の能動的側面

　　└─ 長期記憶

　○課題解決のしくみ

　　アルゴリズム：問題解決にあたり，定められた手続きに即する方法

　　ヒューリスティックス：問題解決にあたり，簡略化された方法

○認知の発達

　　ピアジェの発達段階

　　　感覚運動期（0～2歳）─自分と自分以外のものの区別

　　　前操作期（2～7歳）─自己中心性

　　　具体的操作期（7～12歳）─脱自己中心性

　　　形式的操作期（12歳以降）─抽象的・論理的思考

【感情について】‥‥‥‥‥‥‥‥‥‥‥‥‥‥‥‥‥‥‥‥

❶他者，ものごと，状況などに対して抱く喜び，悲しみ，怒り，驚きなどの気持ちを何というか。

❷アメリカの心理学者で，異なる社会や文化で生きている人にも共通する6つの基本的感情があると説いた人物はだれか。

❸エクマンが説いた6つの基本的感情をすべてあげよ。

❹アメリカの心理学者で，感情の特性を二次元からなる円環モデルとしてとらえた人物はだれか。

❺ラッセルが円環モデルの軸とした二次元とは何と何か。

❻顔，内臓，手足などの身体の末梢部分での生理的反応が脳に伝わることで感情が生じるとする理論を何というか。

❼感情の末梢起源説を論じた心理学者を二人あげよ。

❽感情の末梢起源説を端的に表した代表的なことばをあげよ。

❾環境からの情報が脳内の視床・大脳皮質に伝達され感情が生じるとする理論を何というか。

---

❶感情

❷エクマン（1934～）

❸恐れ・怒り・悲しみ・驚き・嫌悪・幸福

❹ラッセル（1947～）

❺「快─不快」と「活性─不活性」

❻感情の末梢起源説

❼ウィリアム＝ジェームズ（1842～1910），ランゲ（1834～1900）

❽「悲しいから泣くのではなく，泣くから悲しいのだ」

❾感情の中枢起源説

❿感情の中枢起源説を論じた心理学者を二人あげよ。

❿キャノン
（1871〜1945），
バード
（1898〜1977）

⓫心拍数の高まりなどの身体的反応とその原因の解釈により感情経験が決まるとする理論とは何か。

⓫感情の二要因説

⓬感情の二要因説を論じた心理学者を二人あげよ。

⓬シャクター
（1922〜97），
シンガー
（1934〜2010）

【認知について】……………………………………………………………………

❶外界からの情報を取り入れ，知識を蓄え，それを利用して適切な判断を導き出す活動の全体を何というか。

❶認知

❷目，耳などが刺激されて生じる視覚・聴覚・味覚・嗅覚・皮膚感覚・内臓感覚などの意識経験を何というか。

❷感覚

❸感覚器官から得た情報を学習・知識・経験により自覚的に構成するはたらきを何というか。

❸知覚

❹事物や現象などの対象がある程度変化しても，知覚がそれを同一の対象として認識することを何というか。

❹知覚の恒常性

❺感覚器官に異常がないにもかかわらず，対象を実際と異なる事物・現象として認識することを何というか。

❺錯覚

❻視覚に関する錯覚のことを何というか。

❻錯視

❼同じ長さの線分でも矢印の向きにより同じ長さに見えないという錯視の事例を何というか。

❼ミュラーリヤー錯視

❽反転図形の事例で，大きな壺にも向かい合った二人の顔にも見える図を何というか。

❽ルビンの壺

❾過去の経験や学んだことを情報として取得し，再現することを何というか。

❾記憶

❿記憶の3段階をあげよ。

❿符号化・貯蔵・検索

⓫記憶の3段階の一つで，感覚されたものを，音や形などに意味づけたり，関連づけることを何というか。

⓫符号化（記銘）

⓬記憶の3段階の一つで，符号化された記憶を誰かの顔や声などとして保存されることを何というか。

⓬貯蔵（保持）

❸記憶の3段階の一つで，貯蔵された情報を再生，再認，再構成することを何というか。

❸検索（想起）

❹記憶は保持の長さにより2つに分類されるが，その2つとは何か。

❹短期記憶と長期記憶

❺短期記憶において，推論や計算，会話などにあたって，保持した情報の内容を変えたり，複数の情報をまとめる能動的側面を何というか。

❺作動記憶

❻問題解決にあたり，定められた手続きにしたがい着実に進める方法を何というか。

❻アルゴリズム

❼問題解決にあたり，事例の思いつきやすさに基づいて判断するような，簡略化された方法を何というか。

❼ヒューリスティックス

❽スイスの心理学者で，子どもの認知発達段階を4つに分類した人物はだれか。

❽ピアジェ
　（1896〜1980）

❾ピアジェは，感覚と運動による外界との相互作用により認識を形成し，自分と自分以外のものを区別できるようになる時期を何とよんだか。

❾感覚運動期

⓴ピアジェは，ことばの理解が進み，象徴機能も発達し，自分や他者を他のものに見立てたり，自分の視点から世界をとらえるなど思考が自己中心的である時期を何とよんだか。

⓴前操作期

㉑ピアジェは，具体的なことがらを論理的に考え，他者が自己と異なる心の状態をもつことを理解できるようになり，自己中心性を脱する時期を何とよんだか。

㉑具体的操作期

㉒ピアジェは，具体的ことがらだけでなく，想像上の現実や象徴的概念を扱い，おとなのように抽象的・論理的思考ができるようになる時期を何と呼んだか。

㉒形式的操作期

◆ *INTRODUCTION*　　③　豊かな自己実現のために

○おとなへの準備期間

　エリクソン：青年期―心理的 - 社会的モラトリアム　役割実験

　オルポート：成熟した人格＝人生観・愛・自己の客観視など

○アイデンティティの確立

　エリクソン：アイデンティティの確立→自己実現

　　　　　　　ライフサイクル―青年期の課題＝アイデンティティの確立

　　　　　　　　　　　　　　※役割実験　↕

　　　　　　　　　　　　　　アイデンティティ拡散の危機

○道徳的判断の発達

　　コールバーグの道徳的発達段階

　　慣習以前の水準：第1段階　罰と服従への志向

　　　　　　　　　　：第2段階　利害を重視する志向

　　慣習的水準　　　：第3段階　同調的・「よい子」志向

　　　　　　　　　　：第4段階　「法と秩序」志向

　　慣習以後の水準：第5段階　社会契約的な法律志向

　　　　　　　　　　：第6段階　倫理的な原理への志向

○現代社会の変容と青年

　　情報化・グローバル化→社会の変容→青年期の課題の多様化

○生きる意味

　　生きる意味への問い＝人生の課題

　フランクル：人間は生きる意味を求める存在

【おとなへの準備期間・アイデンティティの確立】••••••••••••••••••••••••

❶人間が幼児から青年，成人へと成長する過程をいくつかの段階に分けたものを何というか。

❷人間が社会的に健全な形で成長するため，乳幼児期，児童期，青年期等のそれぞれの発達段階で達成しなければならない課題を何というか。

❸青年期の主な発達課題を挙げよ。

❶発達段階

❷発達課題

❸親やおとなからの精神的独立，情緒的安定と社会性・職業観・

人生観の確立など

❹人生を8つの発達段階に分け，それぞれに発達課題があるとし，青年期における課題を明確にしたアメリカの精神分析学者はだれか。

❹エリクソン
（1902〜94）

❺自分が過去から一貫して自分であり，他と異なる存在であるという確信を何というか。

❺アイデンティティ
（自我同一性）

❻青年期において，自分は自分であり，真の自分は不変であると意識することを，エリクソンは何とよんだか。

❻アイデンティティ
の確立

❼集団のなかでの自己の役割を見いだせず，青年が精神的な危機に陥ることを，エリクソンは何と表現したか。

❼アイデンティティ
拡散の危機

❽青年が，将来の準備期間として，社会における義務の遂行を猶予されたり，免除されたりしていることをエリクソンは何と表現したか。

❽モラトリアム

❾モラトリアムの期間に，これまで体験したことのない役割や活動に取り組み，試行錯誤することを何というか。

❾役割実験

❿自我の発達過程にしたがって人生をいくつかの段階に分けることを何というか。

❿ライフサイクル

⓫フロイトの精神分析学を批判し，正常な人間の行動や目的追求などを強調し，人間学的方法から成熟した人格を論じたアメリカの社会心理学者はだれか。

⓫オルポート
（1897〜1967）

⓬オルポートが説いた成熟した人格の特質を挙げよ。

⓬自己の拡大，自己の客観視，人生観の確立など

⓭人間の成長過程を乳幼児期から老年期までの6つの発達段階に分類し，青年期の発達課題として，同世代の男女の洗練された交際を学ぶことや，親からの心理的独立，社会的に責任ある行動などをあげたアメリカの心理学者はだれか。

⓭ハーヴィガースト（1900〜91）

⓮アメリカの心理学者で，ピアジェの発達段階を発展させ，道徳的判断に関する6つの発達段階を提唱した人物はだれか。

⓮コールバーグ
（1927〜87）

⓯コールバーグが説いた道徳的判断の発達段階における3つの水準とは何か。

⓯慣習以前の水準・慣習的水準・慣習以後の水準

⓰ コールバーグによる「慣習以前の水準」のうち，物理的な結果によって行動の善悪を判断する段階を何というか。

⓰ 罰と服従への志向

⓱ コールバーグによる「慣習以前の水準」のうち，正しい行動とは自分の欲求と他者の欲求を満たすことに役立つことであると考える段階を何というか。

⓱ 利害を重視する志向

⓲ コールバーグによる「慣習的水準」のうち，他者に配慮し，他者から承認されることがよい行動であると判断する段階を何というか。

⓲ 同調的・「よい子」志向

⓳ コールバーグによる「慣習的水準」のうち，社会秩序を維持したり，自分の義務を果たすことが正しい行動であると判断する段階を何というか。

⓳ 「法と秩序」志向

⓴ コールバーグによる「慣習以後の水準」のうち，正しい行動とは個人の権利に配慮しつつも，社会全体により吟味，合意された基準に基づくものと考える段階を何というか。

⓴ 社会契約的な法律志向

㉑ コールバーグによる「慣習以後の水準」のうち，正しさとは普遍性・一貫性のもとで，自ら選択した倫理的原則に一致する良心により規定されると考える段階を何というか。

㉑ 倫理的な原理への志向

㉒ フロイトやエリクソンを研究し，人生の選択を避けていつまでもモラトリアムの状態にとどまる現代青年の特色を論じた日本の精神分析学者はだれか。

㉒ 小此木啓吾（1930 ～ 2003）

㉓ 小此木啓吾は，社会集団に所属することを引き延ばしてモラトリアムの状態にとどまっている青年のことを何とよんだか。

㉓ モラトリアム人間

㉔ 周囲に甘やかされて育った青年男性が，おとなとしての義務遂行を拒否し，子どものままでいようとする現象を，アメリカの心理学者ダン＝カイリーは何とよんだか。

㉔ ピーターパン - シンドローム

㉕ 自分本位，自己中心主義のことで，自分のことしか考えない風潮のことを何というか。

㉕ ミーイズム

㉖ 物事への関心や感動が薄く，意欲的な行動に欠ける生活状況のことを何というか。

㉖ アパシー - シンドローム

㉗ アルバイトなどには意欲的であるが，学業や就職活動などには無気力な学生特有の状態を何というか。

㉗ スチューデント - アパシー

❷既成の文化への反発等の側面を強くもち，青年特有の内面的なエネルギーによってつくり上げられる，青年独自の考え方や行動様式を何というか。

❷若者文化（青年文化，ユース - カルチャー）

❷若者文化が大人文化や既成文化に対して，二次的な側面が強いことを強調して何というか。

❷サブ - カルチャー

【生きる意味】……………………………………………………………………………

❶人生に対してもつ全体的・統一的なものの見方・考え方のことを何というか。

❶人生観

❷人生観のなかで，理想をその中心におき，高い価値を想定してそれに向かう立場を何というか。

❷理想主義

❸人生観のなかで，現実を踏まえながら自己の人生をつくりあげようとする立場を何というか。

❸現実主義

❹世界に対してもつ全体的・統一的なものの見方・考え方のことを何というか。

❹世界観

❺世界観のなかで世界の本質が物質であり，一般に神的なものを考えない立場を何というか。

❺唯物論

❻世界観のなかで世界の本質が精神や観念であり，一般に神的なものに価値を求める立場を何というか。

❻観念論

❼他に対して自己を主張したり，表現したりする自主性や独立性のことで，特に倫理的な責任を負う自主的決断性を何というか。

❼主体性

❽主体性を喪失して自分自身の生きる方向性を失うことを何というか。

❽自己喪失

❾主観の要求を満たし，真・善・美・聖などそれぞれの人生観において求めるものを何というか。

❾価値

❿あることを意図したり，あるものへ注意を向けたりする際に，その目標の実現にあたって価値を想定して意識的に向かうことを何というか。

❿志向

⓫自分自身の思考や行為を通して，自分自身がひとりの人間として求められているという意識を何というか。

⓫自己充実感

⓬自己充実感を核心として自分の人生に対する意欲を引き出してくれるものを何というか。

⓬生きがい

⓭自分の人生観・世界観に基づき，個性を生かしながら人生を形成し，自己の存在の尊厳を確立するために努力

⓭自己実現

すること，またはその結果を何というか。

⓮自己実現を通して，自分の存在の無二性を自覚するとともに，他者との関わりのなかでの自己の存在について意識することを何というか。

⓯古代ギリシャからの伝統的な価値で，学問・道徳・芸術がめざす理念とされているものは何か。

⓰古代ギリシャからの価値に加え，キリスト教による宗教的な価値を加えたものを何というか。

⓱何が価値であるかということが社会の変化や時代の推移によってさまざまに展開することを何というか。

⓲『車輪の下』などの作品を通して人生の苦難が自己実現への道であると説いたドイツの小説家・詩人は誰か。

⓳社会の政治的・経済的要因により形成される性格を社会的性格とよび，社会や文化が人間の心理に与える影響を解明したアメリカの心理学者はだれか。

⓴社会や文化が個人の心理に与える影響を考え，社会の政治的・経済的条件により形成された性格（生産的性格と非生産的性格）をフロムは何とよんだか。

㉑ナチスによる迫害体験を基に，自由がもたらす不安や孤独が自由から逃げ出し，服従や所属を求める心理を分析したフロムの著書は何か。

㉒アウシュヴィッツ収容所の体験から，人間存在と人生の意義や目的を解明する実存分析を説いたオーストリアの精神医学者は誰か。

㉓フランクルは人間は何を求める存在であるとしたか。

㉔人間を生きる意味を求める精神的存在としてとらえ，人生に対する態度や行動を分析し，生きる意味を解明しようとするフランクルの理論を何というか。

㉕フランクルがアウシュヴィッツ収容所の体験を記した著書は何か。

㉖価値を，快適さ・生命的・精神的・宗教的の4つに分類して，価値倫理学を説いたドイツの哲学者はだれか。

㉗人間は他者との関係において存在し，その本質は「われとそれ」ではなく「われと汝」の関係であると説いたユダヤ人の宗教哲学者はだれか。

⓮倫理的自覚

⓯真・善・美

⓰真・善・美・聖

⓱価値の多様化

⓲ヘルマン＝ヘッセ（1877～1962）

⓳フロム（1900～80）

⓴社会的性格

㉑『自由からの逃走』

㉒フランクル（1905～97）

㉓生きる意味
㉔ロゴテラピー論

㉕『夜と霧』

㉖シェーラー（1874～1928）

㉗マルティン＝ブーバー（1878～1965）

【論述問題】

> **自我の確立とはどういうことか説明せよ。**

　自我とは，周囲の世界に対し，存在する自己自身に関する意識であるが，この意識は統一的なものでなくてはならず，自分自身をみつめ直すものでなくてはならない。その確立は他人から与えられるものではなく，様々な葛藤や困難を克服して「自分は～である」という自覚と自信をもつことである。

> **人間形成における欲求の処理とのぞましいあり方について述べよ。**

　現実の生活において，欲求が全面的に満たされることはありえず，欲求不満という不適応状態に陥ることはさけられない。欲求処理能力を身につけるには自我意識を発達させ，正しい自己認識と状況判断の能力・実践力を養わなければならない。

第 2 編　　人間としての自覚と生き方

第 1 章　人生における哲学◇◇◇◇◇◇◇◇◇◇◇◇◇◇◇◇◇◇◇◇◇◇

◆　*INTRODUCTION*　①　神話から哲学へ　②　自然哲学の誕生とソフィスト

【ポリスと市民】
　　○自然と社会
　　　　明るく穏やかな自然→開放的な民族性→人間性の尊重
　　　　ポリス：生活の基盤→共同体の秩序と個人の尊重
　　○調和と秩序→美にして善なるもの→善と美と調和（カロカガティア）

【哲学への道】
　　○ギリシャ神話の世界
　　　　オリンポス神話：オリンポスの 12 神（多神教）　オリンピアの祭典
　　　　神と自然の物語　人間的な神々　人間と神との交流　神と人間とのロマン
　　○ホメロスの人生観：『イリアス』『オデュッセイア』→人間の理想的生き方
　　○ヘシオドスの世界観：『神統記』→世界の生成と神々の系譜

【自然哲学の成立】
　　○万物の根源（アルケー）の探究と合理的思考の成立
　　○自然哲学の始まり
　　　　ミレトス学派：タレス「万物の根源は水」→哲学の始まり
　　　　　　　　　　　アナクシマンドロス・アナクシメネス
　　○自然哲学の展開
　　　　ピタゴラス・ヘラクレイトス・パルメニデス・エンペドクレス・デモクリトス

【ソフィストの登場】
　　○ソフィストの思想的意義：フィシス（自然）からノモス（人為）へ
　　　　価値の相対主義と主観主義→人間と社会の探究
　　○プロタゴラス：「人間は万物の尺度」→普遍的真理の否定
　　○ゴルギアス：否定的相対主義→不可知論
　　○後期ソフィスト：詭弁→社会の混乱と価値観の崩壊を助長

【ポリスと市民】

❶ギリシャ人の自称で，ギリシャ神話におけるギリシャ人の祖・ヘレンの子孫という意味の語は何か。

❷ギリシャ人が自分たち以外の異民族を称した語は何か。

❸ギリシャ人の生活・文化・宗教の基本単位で，独立した都市国家を何というか。

❹ポリスの中心部にあり，神殿が建てられ，祭政の中心となった丘を何というか。

❺アクロポリスのふもとに位置し，市民の政治・経済・宗教・文化・生活活動の中心となった広場を何というか。

❻元来は「民衆の力，支配」という意味で古代アテネにおいてB.C.5世紀を中心に行われた市民参加の政治体制を何というか。

❼古代アテネの民主制における最高機関を何というか。

❽古代ギリシャ人の自然観・宇宙観を表すことばで，原初，何もない混沌とした状態のことを何というか。

❾カオスに対して，古代ギリシャ人が用いた，秩序・調和・宇宙などを意味する語を何というか。

❿後に，学校（スクール）の語源となり，ギリシャで余暇を意味した語を何というか。

⓫ギリシャ語で，元来「眺めること」を意味し，事物を理性的，客観的に探究する態度を何というか。

⓬哲学の語源で，ギリシャ語で「知を愛する」ことを意味し，実利に関わりなく，真理を真理として尊び，探究する態度を何というか。

⓭古代ギリシャ人が理想とした善美の調和した人格や生活のことを何というか。

❶ヘレネス

❷バルバロイ

❸ポリス

❹アクロポリス

❺アゴラ

❻デモクラティア（民主制）

❼民会

❽カオス

❾コスモス

❿スコレー

⓫テオリア（観想）

⓬フィロソフィア

⓭カロカガティア

【神話と自然哲学】

❶宇宙の創造，国や民族の起原などを神や英雄を中心に述べた伝承・説話などを何というか。

❷ギリシャ神話に登場する神々の主なものを総称して何というか。

❸古代ギリシャにおいて，オリンピアの神域で行われた

❶神話（ミュトス）

❷オリンポスの12神

❸オリンピアの祭

祭典を何というか。	典
❹古代ギリシャのオリンピアの祭典の競技会で，近代に入って，国際的規模で復活されたものを何というか。	❹オリンピック
❺ギリシャ神話における大神で，神々の王，雷電の神を何というか。	❺ゼウス
❻ギリシャ神話における理想の男性神で，太陽・音楽・予言の神を何というか。	❻アポロン
❼ギリシャ神話における理想の女性神で，美と愛の神を何というか。	❼アフロディーテ
❽アポロンと対極をなし，ローマ時代にはバッカスと呼ばれた酒の神を何というか。	❽ディオニュソス
❾B.C.8世紀ごろにトロイア伝説をもとに神話の集大成ともいうべき作品を書いたギリシャの叙事詩人はだれか。	❾ホメロス（？〜？）
❿ホメロスがトロイア戦争の英雄アキレウスを主人公として語った叙事詩を何というか。	❿『イリアス』
⓫ホメロスの作品で，トロイア戦争の英雄オデュッセウスの漂流と冒険を描いた叙事詩を何というか。	⓫『オデュッセイア』
⓬ホメロスと並ぶギリシャの叙事詩人で，神話や伝承を集大成し，さらに労働の尊さや農民の生活をテーマとした作品を書いたのはだれか。	⓬ヘシオドス（？〜？）
⓭ヘシオドスの作品で，神々の系譜と宇宙の生成を神話的に表現したものは何か。	⓭『神統記』
⓮神話に描かれる神々の超自然的な力や意思により世界と人間の出来事や運命が決定するとした世界観は何か。	⓮神話的世界観
⓯世界の成立や人生の出来事の背後にある法則や原理を理性によって論理的に探究する世界観を何というか。	⓯合理的世界観
⓰神話や伝承を題材として紀元前6〜5世紀頃，ディオニュソス神の祭典で上演された演劇の総称は何か。	⓰ギリシャ悲劇
⓱神々の定めや人間の力の限界を超えようとする思いあがりを何というか。	⓱傲慢（ヒュブリス）
⓲3大悲劇詩人の一人で，『縛られたプロメテウス』などを著した詩人はだれか。	⓲アイスキュロス（525〜456B.C.）
⓳3大悲劇詩人の一人で，『オイディプス王』などを著した詩人はだれか。	⓳ソフォクレス（496?〜406?B.C.）

⑳3大悲劇詩人の一人で，『トロイアの女』『メディア』などを著した詩人はだれか。

⑳エウリピデス
（485?～406?B.C.）

【自然哲学の誕生】・・・

❶古代ギリシャにおいて，神話的解釈を排し，合理的な解釈で世界の根本原理を探求した人を何というか。

❶自然哲学者

❷ミュトス（神話）に対するギリシャ語で，理性・論理・ことばなどを表すものを何というか。

❷ロゴス

❸自然哲学者が探究した万物の始源・原理を何というか。

❸アルケー

❹イオニアのミレトスの人で自然哲学の祖とされる人物はだれか。

❹タレス
（624?～546?B.C.）

❺アルケーについてのタレスの有名なことばは何か。

❺「万物のアルケーは水である」

❻タレスに続き，万物のアルケーは"無限なもの（ト-アペイロン）"であるとした人物はだれか。

❻アナクシマンドロス
（610？～546？B.C.）

❼万物のアルケーを空気であるとした人物はだれか。

❼アナクシメネス
（？～525B.C.）

❽タレス・アナクシマンドロス・アナクシメネスの3人を何とよぶか。

❽ミレトス学派
（ミレトスの三哲人）

❾数学者としても知られ，万物のアルケーを数であるとした哲学者はだれか。

❾ピタゴラス
（B.C.6世紀頃）

❿万物のアルケーを火であるとし，事物の運動・変化に関心をはらった人物はだれか。

❿ヘラクレイトス
（535？～475？B.C.）

⓫ヘラクレイトスの名言として知られ，運動・変化について記したことばは何か。

⓫「万物は流転する（パン-タ-レイ）」

⓬「有るものは有り，無いものは無い」のことばで知られ，運動・変化を否定した人物はだれか。

⓬パルメニデス
（544？～501？B.C.）

⓭パルメニデスの後継者で運動・変化を否定する"パラドクス"で有名な人物はだれか。

⓭エレアのゼノン
（490？～430？B.C.）

⓮足の速い者でも先をゆっくり歩く者に追いつけないと説くゼノンのパラドクスを何というか。

⓮アキレスと亀

⓯パルメニデスを中心とし，存在の不変・不動を主張した学派は何か。

⓯エレア学派

⑯万物のアルケーを土・水・火・風の4元素とした人物はだれか。 ⑯エンペドクレス（490?～430? B.C.）

⑰エンペドクレスは4元素を結合・離反し，万物を形成・生滅させる原理を何とよんだか。 ⑰愛と憎しみ

⑱万物のアルケーを原子（アトム）であるとし，その組み合わせにより，万物は生成されるとした人物はだれか。 ⑱デモクリトス（460?～370? B.C.）

⑲デモクリトスによって説かれた理論を何というか。 ⑲原子（アトム）論

⑳世界は最小の要素であるスペルマタ（種子）の混合によって形成されたと説いた人物はだれか。 ⑳アナクサゴラス（500?～428BC）

㉑アナクサゴラスは，世界を混沌の状態から秩序あるものとした原理は何であるとしたか。 ㉑ヌース（理性）

【ソフィストの登場】

❶ギリシャ語で"知恵者"を意味し，B.C.5世紀ごろ，アテネを中心に政治的知識や技術を教えた職業教師の総称を何というか。 ❶ソフィスト

❷ソフィストが教えた政治上の技術は何か。 ❷弁論術・修辞学

❸古代ギリシャにおいて自然を意味した語は何か。 ❸ピュシス

❹自然に対立して，人為を意味する語を何というか。 ❹ノモス

❺B.C.5世紀ころに活躍したソフィストの代表者で，真理や価値の絶対性を否定し，個々人の主観を尊重した人物はだれか。 ❺プロタゴラス（500?～430? B.C.）

❻プロタゴラスが述べた有名なことばで，個人の主観的判断が真理を決定するという意味のものは何か。 ❻「人間は万物の尺度である」

❼プロタゴラスと並ぶソフィストの代表者で，真理の認識について，懐疑的な立場をとった人物はだれか。 ❼ゴルギアス（483?～375? B.C.）

❽ソフィストの思想全体に共通する立場で，真理や価値判断は絶対的なものではないという考え方を何とよぶか。 ❽相対主義

❾真理や価値の判断基準は客観的なものではなく，個人の主観であるとする考え方を何というか。 ❾主観主義

❿何が善か，何が正かではなく，いかにそのように思わせるかを主眼とした，後期ソフィストに著しい弁論を何というか。 ❿詭弁

◆　***INTRODUCTION***　　③　真の知への道　ソクラテス
　　　　　　　　　　　　　　④　理想主義的なありかた　プラトン

【哲学的出発点　無知の知】

　○アポロンの神託：「ソクラテス以上の知者はいない」
　　神託の意味の追究→賢者とされている人々を訪問→善美について無知
　○無知の知から愛知（フィロソフィア）へ
　　"汝自身を知れ"→無知の知→知を愛し求める→普遍的真理（真の知）の探究

【問答法とエイロネイア】

　○エイロネイア：皮肉→無知のよそおい→市中で問答
　○問答法（助産術）：理性（ロゴス）を用いた自己と他者による思考
　　問答→無知の自覚→問答→真の知＝普遍的真理の探究＝愛知（フィロソフィア）

【真の知とは何か】

　○アレテー（卓越性）の追究
　　人間のアレテー：魂（プシュケー）のアレテー＝徳
　　魂への配慮⇒愛知→徳についての知
　○知徳合一と知行合一
　　徳を修めるには徳を知らなければならない＝「徳は知」＝知徳合一
　　知っているとは行えるということ＝知行合一
　　徳のある生き方＝善く生きること＝福徳一致

【ソクラテスの死】

　○ソクラテスの裁判
　　「国家の神を認めない」「青年を腐敗・堕落させる」→死刑
　○善く生きること
　　脱獄をすすめる友人→否定→不正に対し不正を返す＝悪
　　「ただ生きるのではなく善く生きること」が大切＝徳のある生き方＝愛知の精神

【イデアを求めて】

　○ソクラテスの課題：真の知・徳の探究→真実在の探究
　○プラトン：真実在はイデアである―理想主義

○イデア論：イデア—不変不滅の真実在　理性による認識

　　　　イデア（英知）界：真実在・不変・不滅・永遠・理性による認識

　　　　　　↑エロース

　　　　現象（現実）界：仮象・変化・生滅・時間・感覚による認識

【エロースとアナムネーシス】

　○エロース：恋の神→イデアを憧れ求める魂のはたらき

　○アナムネーシス（想起）：魂がかつて住んでいたイデア界を思い出すこと

【四元徳と理想国家】

　○四元徳：知恵・勇気・節制・正義

　○理想国家：知恵・勇気・節制をそれぞれ統治者・軍人・生産者がそれぞれ担う

　　　　→哲人政治（知恵を働かせる哲学者が統治者となる政治）

【真の知への道　ソクラテス】……………………………………………………

❶ B.C.5世紀のアテネの哲学者で，無知の自覚から愛知の精神によって魂をより善いものにしようと説いた人物はだれか。

❶ソクラテス（470？〜399B.C.）

❷アポロン神のお告げのことで，ソクラテスの活動の契機となったことで有名な託宣を何というか。

❷デルフォイの神託

❸デルフォイのアポロン神の神託で，ソクラテスに関するものとして有名なことばは何か。

❸「万人の中で一番賢いのはソクラテスである」

❹デルフォイのアポロン神の神殿にある格言で，人間の自己認識をすすめ，ソクラテスの思想の中核となったことばは何か。

❹「汝自身を知れ」

❺ソクラテスの思想の出発点となったもので，真の知は無知を自覚することから始まるとの意味を含んだ語は何か。

❺無知の知

❻ソクラテスは，無知である自分を何と称したか。

❻愛知者

❼ギリシャ語で"神的な力・霊的なもの"を意味し，ソクラテスの行動を規制したものは何か。

❼ダイモニオン

❽相手との対話により真理に達するソクラテスの方法を何というか。

❽問答法

❾ソクラテスは問答法のことをとくに何とよんだか。

❿ソクラテスはなぜ問答法を助産術とよんだか。

⓫自らを無知であるとし，問答によって知者であるはずの相手が実は無知であることに気づかせるソクラテスの方法を何というか。

⓬元来，ギリシャ語で卓越性，すぐれていることを意味し，ソクラテスが探究したものは何か。

⓭ソクラテスは，人間にとってのアレテーとは結局のところ，何のアレテーであるといったか。

⓮魂をより善きものにしようとすることをソクラテスは何とよんだか。

⓯ソクラテスは人間にとって大切なことは，ただ生きるのではなく，何であるとしたか。

⓰真の徳とは徳について知ることから始まり，真の知とは実践知であることを何というか。

⓱徳は知によって裏付けられるものであるとするソクラテスの知性尊重の立場を何というか。

⓲真の幸福とは徳のある生き方，つまり，善く生きることであるという考え方を何というか。

⓳告発されたソクラテスがアテネ市民に対して，自分の信ずることと生き方を述べた作品は何か。

⓴獄中のソクラテスが，なぜ自分が死を選ぶかを友人に語った作品は何か。

㉑ソクラテスが死にのぞんで，魂の不滅について語った作品は何か。

㉒ソクラテスを主人公とした対話篇の作者はだれか。

㉓ソクラテスの影響を受けたアンティステネス，アリスティッポス，エウクレイデスらによってつくられた学派を何というか。

㉔小ソクラテス学派のうち，アンティステネスを中心とし，禁欲を重んじた人々を何というか。

❾助産術

❿真理を教えるのではなく，相手が真理に達する手助けをするから

⓫エイロネイア（アイロニー）

⓬アレテー（徳）

⓭プシュケー（魂）

⓮魂への配慮（魂の世話）

⓯善く生きること

⓰知徳合一，知行合一

⓱主知主義

⓲福徳一致

⓳『ソクラテスの弁明』

⓴『クリトン』

㉑『ファイドン』

㉒プラトン

㉓小ソクラテス学派

㉔キュニコス派

㉕小ソクラテス学派のうち，アリスティッポスを中心とし，快楽を重んじた人々を何というか。

㉕キュレネ派

㉖小ソクラテス学派のうち，エウクレイデスを中心とし，弁論術を重んじた人々を何というか。

㉖メガラ派

㉗アテネの軍人，歴史家で『ソクラテスの思い出』を著した人物はだれか。

㉗クセノフォン
(430?～354?B.C.)

㉘アテネの喜劇作家で，ソクラテスを風刺的に描いた人物はだれか。

㉘アリストファネス
(450?～388?B.C.)

㉙アリストファネスがソクラテスを喜劇的に風刺した作品は何か。

㉙『雲』

【理想主義的なありかた　プラトン】……………………………………

❶ソクラテスの課題を受け，不変の真実在や国家のあり方などを説いた人物はだれか。

❶プラトン
(427～347B.C.)

❷アイディアの語源で，プラトンが永遠の真実在であり，個々の事物，事象の原型・理想であるとしたものは何か。

❷イデア

❸プラトンは，イデアは何により知ることができるとしたか。

❸知性(知的直観)

❹感覚の世界で，現実の生滅変化する世界を何というか。

❹現象界

❺プラトンが，最高のイデア，イデアのイデアとしたものは何か。

❺善のイデア

❻イデアが現実の個物のなかに存在する，そのあり方を何というか。

❻分有

❼元来，ギリシャ神話の恋の神で，プラトンが，イデアにあこがれる魂のはたらきとしたものを何というか。

❼エロース

❽人間の魂が，故郷であるイデア界を思い出し，真理を認識しようとすることを何というか。

❽アナムネーシス
(想起)

❾プラトンがイデア界を太陽の光に満ちた外界，現実界を光のない洞窟に喩えたことを何というか。

❾洞窟の比喩

❿プラトンは魂をその働きから3つに分類したが，それらは何か。

❿理性，気概，欲望

⓫理性の徳を何というか。

⓫知恵

⓬気概の徳を何というか。

⓬勇気

⓭欲望の徳を何というか。

⓭節制

⓮知恵・勇気・節制が調和されて成立する徳とは何か。	⓮正義
⓯知恵・勇気・節制・正義をまとめて何というか。	⓯四元徳
⓰プラトンによれば知恵を担当する階級は何か。	⓰統治者
⓱プラトンによれば勇気を担当する階級は何か。	⓱防衛者（軍人）
⓲プラトンによれば節制を担当する階級は何か。	⓲生産者
⓳プラトンによればそれぞれの階級の人がそれぞれの徳を充足させることにより何が成立したとするか。	⓳理想国家
⓴哲学者が統治者となるか，統治者が哲学するかによってうまれる政治をプラトンは何とよんだか。	⓴哲人政治（哲人王の政治）
㉑登場人物たちの対話によりテーマを展開するプラトンの作品の形式を何というか。	㉑対話篇
㉒多くの登場人物たちによってエロースについて語られるプラトンの著書は何か。	㉒『饗宴』
㉓イデア論と理想国家，哲人政治が述べられるプラトンの著書は何か。	㉓『国家』
㉔プラトンがアテネ郊外に開いた学園を何というか。	㉔アカデメイア
㉕プラトンのイデアを起源とし，価値として，理想を重視する考え方を何というか。	㉕アイディアリズム（理想主義）
㉖世界や存在についてイデア界と現象界という二つのとらえ方をする立場を何というか。	㉖二元論的世界観（二世界主義）

【論述問題】

> ソクラテスの「無知の知」が愛知の出発点となったことについて論じなさい。

　ソクラテスは，「ソクラテスが一番賢い。」というデルフォイの神託の真意を確かめるため，賢者といわれている人々を訪ね，彼らが，善美について何も知らないことに気づいた。彼は，善美について知らないということを知っている自分の方が彼らよりも賢いと思い，神が自分に与えた使命は，無知の知を自覚し，アテナイの人々に真に大切なものは何かを伝えることであるとした。デルフォイには“汝自身を知れ”という格言がある。神ならぬ人間は有限な存在であり，無知である。だからこそ，無知を自覚して，知を愛し求めることにより，善く生きることができるのである。

ソクラテスの死の意義を述べよ。

　ソクラテスの究極の課題は「ただ生きることではなく，善く生きること」であった。裁判ののち，ソクラテスには二つの道があった。脱走して生きることと脱走せずに死ぬことである。脱走は不正である。したがって脱走して生きることは善く生きることにはならない。不正はあるべき生き方として理性が容認することではない。もし不正に対し不正で仕返すならば，裁判において不正を受けたソクラテスを支持する人は誰もいなくなるであろう。ソクラテスは死に代えても守らねばならぬものと人間としての善なる生き方をアテナイの人々に示したのである。

プラトンのイデアとはどういうものか。

　プラトンは現象界を仮象として真実在はイデアであるとした。イデアはそれ自体完全なもので，知性でとらえられるものである。イデアの特色の一つは観念であり，超感覚的なものである。もう一つは理想であり，イデアは我々が日常いだいている価値や理念の理想的なもの，典型である。例えば，「AはBより美しい」という判断があった場合，そこには「Aの方がBよりも美の理想（典型）に近い」という判断があるからである。その理想（典型）こそイデアである。

◆　***INTRODUCTION***　　⑤　現実主義的なありかた　アリストテレス ---┐
　　　　　　　　　　　　　　　⑥　幸福をめぐる問い　ヘレニズムの思想

【イデア論批判　形相と質料】

　　○アリストテレス：イデア論批判→真実在は現実の個物にある＝現実主義

　　○存在論：事物＝エイドス（形相）＋ヒュレー（質料）

　　　　　　　　　例　机は机の概念・機能と机の素材とからなる

【最高善と観想的生活】

　　○最高善＝幸福＝徳のある生き方＝理性的活動→テオリア（観想）の生活

【知性的徳と倫理的徳】

　　○徳：知性的徳と倫理的徳

　　○倫理的徳：知性的徳に導かれ習慣づけられた徳＝エートス（習性）的徳

　　○メソテース（中庸）：知性的徳が感情や意志を導く原理

【正義と政治制度】

　　○正義と友愛（フィリア）＝最も大切な倫理（習性）的徳

　　　"人間は社会的動物"→正義と友愛

　　○正義：全体的正義と部分的正義

　　　　　　部分的正義：配分的正義と調整的正義

　　○政治制度：王制・貴族制・共和制

　　　　　　　＊堕落形態：僭主制・寡頭制・衆愚制

【ヘレニズム時代】

　　○ヘレニズム（ヘレニズム文化）：ギリシャ文化とオリエント文化の融合

　　○世界国家の成立とポリスの崩壊

　　　アレクサンドロス大王の世界帝国（コスモポリス）→ポリスの崩壊

　　○世界市民（コスモポリテース）→世界市民主義（コスモポリタニズム）

　　○幸福＝個人の心の在り方

【禁欲主義とストア学派】

　　○ゼノン：ストア学派の祖　禁欲主義

　　　　　　　世界の原理＝世界理性→人間理性

　　○アパテイア：理性的禁欲→世界理性との合一→情欲の抑制→不動の心

【禁欲主義とエピクロス学派】

　　○エピクロス：エピクロス学派の祖　快楽主義

　　○アタラクシア：精神的快楽→心身に苦痛の無い状態→精神的満足→平静心

【一者の思想と新プラトン主義】

　　○プロティノス：新プラトン主義の祖

　　○一者（ト‐ヘン）：すべてのものの根源　一切が生じ流出する（流出説）

【現実主義的なありかた　アリストテレス】……………………………………

❶プラトンに師事しつつも，師のイデア論を批判し，現実主義的な存在論や倫理学を説いた人物はだれか。

❷アリストテレスの母国はどこか。

❸アリストテレスに師事し，後に世界帝国をつくりあげたマケドニアの王はだれか。

❹アリストテレスの存在論の概念で，プラトンのいうイデアに相当し，事物に内在し，そのものたらしめている本質を何というか。

❺アリストテレスが，エイドスとともに事物を構成し，事物の素材であるとしたものを何というか。

❻本来あるべきものの可能性としての状態のことで，できあがった彫刻に対する彫刻の素材にたとえられるものを何というか。

❼デュナミスに対立する概念で，事物のあるべき現象の状態のことで，彫刻の素材に対するできあがった彫刻にたとえられるものを何というか。

❽アリストテレスが説いた事物や物事を形成する素材，概念・定義，運動変化やはたらき，目的といった４つの原因や根拠を何というか。

❾アリストテレスの分類した二つの徳のうち，理性を働かせる徳を何というか。

❿アリストテレスは最高善とは何であるとしたか。

⓫アリストテレスは，知性的徳が最も純粋な形で真理探究へと向かう理想の状態を何というか。

❶アリストテレス（384～322B.C.）

❷マケドニア

❸アレクサンドロス大王

❹エイドス（形相）

❺ヒュレー（質料）

❻デュナミス（可能態）

❼エネルゲイア（現実態）

❽質料因・形相因・始動因・目的因

❾知性的徳

❿幸福

⓫テオリア（観想）の生活

⓬アリストテレスによれば，善悪や行為の適切さを判断する能力（徳）とは何か。

⓭アリストテレスが知性的徳とは区別した徳で，感情・欲望にかかわる倫理的徳を何というか。

⓮習性的徳は何によって身につくか。

⓯習性的徳を成立させる原理となるもので，例えば，おく病と向こうみずの間としての勇気のように，両極端を避けた程度の良さを何というか。

⓰人間存在のもつ社会性を強調したアリストテレスの有名なことばは何か。

⓱アリストテレスは，ポリス的存在として身に付けるべき徳を，秩序と公正の観点から何であるとしたか。

⓲アリストテレスは秩序やポリスの法を守るという観点から分類した正義を何とよんだか。

⓳アリストテレスは日常生活における公正の観点から分類した正義を何とよんだか。

⓴アリストテレスが分類した正義のうちの一つで，当事者の能力や功績によって，財貨などを分け与えることを何というか。

㉑配分的正義に対し，各人の能力・功績などにかかわらず，平等に与えられることを何というか。

㉒アリストテレスが，ポリス的人間として，正義とともに重視した互いの親愛の情を何というか。

㉓アリストテレスは，公共の利益を主眼とした政治形態を３つに分類したが，それらは何か。

㉔アリストテレスは，君主制，貴族制，共和制が本来のあり方を失うと，それぞれ，どのような堕落形態となるとしたか。

㉕アリストテレスが設立した学園は何か。

㉖アリストテレスのつくりあげた学派を何というか。

㉗アリストテレスが事物の存在のあり方について述べた著書を何というか。

㉘アリストテレスが，徳や中庸について述べた著書を何

⓬思慮（フロネーシス）

⓭習性的（倫理的）徳

⓮エートス（習慣）

⓯メソテース（中庸）

⓰「人間はポリス（社会）的動物である」

⓱正義

⓲全体的正義

⓳部分的正義（公正の正義）

⓴配分的正義

㉑調整的正義

㉒フィリア（友愛）

㉓君主制，貴族制，共和制（民主制）

㉔僭主制（せんしゅせい），寡頭制（かとうせい），衆愚制（しゅうぐせい）

㉕リュケイオン

㉖ペリパトス（逍遙（しょうよう））学派

㉗『形而上学』

㉘『ニコマコス倫

というか。

❷アリストテレスが，ポリスのあるべき姿や，政治の諸形態について述べた著書は何か。

❸プラトンに代表されるアイディアリズムに対し，事物や社会について，現実を重視する立場を何というか。

『理学』

❷『政治学』

❸リアリズム（現実主義）

【幸福をめぐる問い　ヘレニズムの思想】‥‥‥‥‥‥‥‥‥‥‥‥‥‥‥‥‥

❶ギリシャ文化の総称をユダヤ・キリスト教文化に対して何というか。

❷アレクサンドロス大王の東方遠征（または死）以後，ローマ帝国の成立に至るまで，ギリシャ文化が東方世界に流布した時代を何というか。

❸ヘレニズム時代のポリスの崩壊と世界国家を意味することばを何というか。

❹本来はポリスを失った人という意味であるが，転じて世界市民を表す語を何というか。

❺ヘレニズム時代に成立し，国家や民族の枠を超えて，理性をもつかぎり平等であるという考え方を何というか。

❻ヘレニズム時代の懐疑派にみられた，判断中止のことで，確実な判断はできないとすることを何というか。

❼ヘレニズム時代の代表的思想家で，理性により情欲を抑えることに幸福を見いだした人物はだれか。

❽ゼノンによりつくられた学派を何というか。

❾ゼノンの立場はその傾向から一般に何とよばれるか。

❿ストア派によれば，世界を支配している普遍的原理は何か。

⓫ストア派が説く理想のあり方で，外的欲望などに惑わされない心の状態を何というか。

⓬ストア派の人々が，理性に従って生きることを強調した生活信条は何か。

⓭共和制ローマの政治家で，『国家論』などを著したストア派の思想家はだれか。

⓮『幸福な人生について』などを著した古代ローマのストア派の哲学者で，ネロ帝により死を強いられた人物は

❶ヘレニズム

❷ヘレニズム時代

❸コスモポリス

❹コスモポリテース

❺コスモポリタニズム（世界市民主義）

❻エポケー

❼キプロスのゼノン（336〜264B.C.）

❽ストア派

❾理性的禁欲主義

❿世界理性

⓫アパテイア（不動心，無情念）

⓬「自然に従って生きる」

⓭キケロ（106〜43B.C.）

⓮セネカ（4？B.C.〜65）

だれか。

⓯奴隷から自由人となり，『語録』『提要』で知られる後期ストア派の哲学者はだれか。

⓰ローマ五賢帝の一人で，エピクテトスと交流をもちストア派の思想に傾倒した人物はだれか。

⓱マルクス＝アウレリウスが記した著作は何か。

⓲ヘレニズム時代の代表的思想家で，人生の目的は快楽で，その充足こそ幸福であるとした人物はだれか。

⓳エピクロスによりつくられた学派を何というか。

⓴エピクロスの立場は，一般に何と呼ばれるか。

㉑エピクロスが説く理想のあり方で，永続的精神的快楽であるところの満足した心の状態を何というか。

㉒エピクロス派の人々の生活信条を表したもので，アタラクシアを乱すものへの参加を戒めたことばは何か。

㉓エピクロス派がアタラクシアとともに理想の境地とした，満ち足りる状態を何というか。

㉔ヘレニズム時代に心の平静をえるために，経験的な事柄の真偽についてエポケー（判断停止）を唱え，懐疑論の祖とされる哲学者はだれか。

㉕『物の本質について』の作者で知られるローマ時代の詩人・哲学者はだれか。

㉖プラトン哲学を継承し，神秘主義思想やストア哲学を取り入れ，3世紀に活動した哲学者は誰か。

㉗プロティノスが提唱し3〜6世紀に成立した哲学を何というか。

㉘プロティノスはすべてのものがそこから流出する超越的存在を何とよんだか。

⓯エピクテトス（60 ?〜138）

⓰マルクス＝アウレリウス（121〜180）

⓱『自省録』

⓲エピクロス（342 ?〜271B.C.）

⓳エピクロス派

⓴精神的快楽主義

㉑アタラクシア（平静心）

㉒「隠れて生きよ」

㉓アウタルケイア（自足）

㉔ピュロン（365 ?〜270 ? B.C.）

㉕ルクレティウス（94 ?〜55B.C.）

㉖プロティノス（204〜270）

㉗新プラトン主義（派）

㉘一者（ト‐ヘン）

【論述問題】

> アリストテレスの徳について説明せよ。

　アリストテレスは徳を知性的徳と習性（倫理）的徳に分けて考えた。知性的徳とは理性をはたらかせる徳で，テオリアがその理想的徳である。習性的徳とは知性が感情や意志にはたらきかけて，習慣により形成される日常生活の徳である。その習性的徳を成立させる原理が中庸である。

> プラトンとアリストテレスの思想の違いについて述べよ。

　プラトンは真実在をイデアとよび，イデアの世界が真実で現実の世界は仮象であるとし，二元論を説く一方で基本的には現実を否定する。アリストテレスはイデアを独立したものとは考えず，真実在は現実の個物のなかにあるとし，二元論を否定して，現実中心の立場をとる。

> ヘレニズム思想の成立過程について述べよ。

　アレクサンドロス大王の世界帝国により，ギリシャの各ポリスは崩壊し，それとともにポリスの市民という意識がうすれ，ポリス倫理も失われた。その結果，人々はコスモポリテース（世界市民）として，各個人の倫理を求めるようになり，現実の政治や社会の問題よりも個人の心のあり方をテーマとするようになった。ストア派やエピクロス派の思想はそのような過程で生まれた。

第2章　人生における宗教◇◇◇◇◇◇◇◇◇◇◇◇◇◇◇◇◇◇◇◇◇◇◇◇◇◇

◆ *INTRODUCTION*　　　第1節　キリスト教　①　ユダヤ教 ‑‑‑‑‑‑

【神と人との契約】
　　○ユダヤ教：古代イスラエル人の民族宗教
　　　唯一絶対神への信仰→自民族の繁栄と救済
　　○神（ヤハウエ・ヤーウェ）：唯一神・絶対神・創造主・義の神
　　　イスラエル民族：神に選ばれた民族→選民思想
　　○聖典：『旧約聖書』─創造神話・民族の歴史・律法・啓示・文学・預言など
　　○律法：モーセの十戒→律法→律法主義
　　　　　　律法を守る→祝福・救済　律法を守らない→試練・裁き→裁きの神

【メシア思想】　終末観とメシア
　　○イスラエル王国の繁栄と衰亡
　　　ダビデ・ソロモンの栄華（B.C.10世紀頃）→分裂・滅亡
　　　バビロン捕囚（B.C.6世紀）：新バビロニアの支配→預言者の活動
　　○メシア思想
　　　預言者の教え：イスラエルの悲運は神の裁き→律法を守ればメシアをおくる
　　　メシア：救い主（救世主）・現実の王
　　○終末論的思想：終末（最後の審判）におけるイスラエルの栄光

【ユダヤ教】‥‥‥‥‥‥‥‥‥‥‥‥‥‥‥‥‥‥‥‥‥‥‥‥‥‥‥‥‥‥

❶イスラエル人の民族的宗教で，キリスト教の母胎となった宗教は何か。	❶ユダヤ教
❷イスラエル人の別称は何か。	❷ユダヤ人（ヘブライ人）
❸天地や人間をつくりあげた創造主であるユダヤ教の唯一神とは何か。	❸ヤハウェ（ヤーウェ）
❹イスラエル人だけが，神から特別な恩恵を授かり，救われると解する考え方は何か。	❹選民思想
❺ユダヤ教においては神の預言をこの世で実行する王，	❺メシア（メサイ

キリスト教においては人類の罪をあがない，救済をする
神の子とは何か。

❻ユダヤ教（キリスト教）の経典で，イエスの出現以前
の古い契約の教えと民族の歴史をまとめたものは何か。

❼『旧約聖書』に描かれている神が人間と世界を創造す
ることを何というか。

❽アラビア半島の北西部に位置し，セム語族の国家が興
亡したイスラエル人の祖国となる土地とは何か。

❾ユダヤ教で，神が創造した人類の祖（男・女）はそれ
ぞれ何か。

❿『旧約聖書』において，イスラエル人の伝説上の始祖
とされる人物はだれか。

⓫選民思想などの教義をもち，特定の民族だけを救済の
対象とする宗教は何とよばれるか。

⓬ユダヤ教で，人々に信仰を徹底させることをめざし，
神の意志やことばを伝える指導者を何というか。

⓭ユダヤ教において，師という意味をもち，教えに精通
した律法学者を何というか。

⓮ユダヤ教で，神が民族にあたえた宗教と生活のうえの
命令を何というか。

⓯イスラエル人の指導者が，シナイ山で神から授かった
10カ条の戒律とは何か。

⓰十戒に記された，7日に一度の聖なる休日とは何か。

⓱十戒の内容が記録されている『旧約聖書』の中の作品
は何か。

⓲十戒を授かったイスラエル人の指導者とはだれか。

⓳神と信者との関係をあらわすことばは何か。

⓴イスラエル人の律法遵守とそれに対する神の救済の約
束を何というか。

㉑ヘブライ王国の第2代国王で，聖母マリアの夫ヨゼフ
の祖先とされる人物はだれか。

㉒ダビデ王の子でヘブライ王国を最盛期に導いた人物は
だれか。

（ア，救世主）

❻『旧約聖書』

❼天地創造

❽パレスチナ（カ
ナン）

❾アダム（男）・
エヴァ〈イブ〉
（女）

❿アブラハム
（B.C.2000頃）

⓫民族宗教

⓬預言者

⓭ラビ

⓮律法（トーラー）

⓯十戒（じっかい）

⓰安息日（あんそくにち）

⓱『出エジプト記』

⓲モーセ
（B.C.13C？）

⓳契約

⓴旧約

㉑ダビデ（王）
（B.C.1000頃）

㉒ソロモン（王）
（B.C.965?〜926?）

❷❸紀元前926年，ヘブライ王国の分裂後，その北部を領土とし，サマリアを首都とした国は何か。

❷❹紀元前722年にイスラエル王国を滅ぼし，オリエントを初めて統一した国は何か。

❷❺紀元前926年，ヘブライ王国の分裂後，その南部を領土とし，エルサレムを首都とした国は何か。

❷❻紀元前586年にユダ王国を滅ぼした国は何か。

❷❼新バビロニアによるユダ王国の住民の強制移住は，何とよばれるか。

❷❽バビロン捕囚の頃，イスラエル人の悲運の原因は，律法を守らなかったことなど信仰の堕落にあると説いた預言者をあげよ。

❷❾イスラエル人が信仰を取り戻し律法を守れば，神はこの世にメシアをおくるという教えを何というか。

❸⓪この世の終わりの日が到来し，最後の審判が行われ，神の救済によりあるべき世へと歴史が転換するという教えとは何か。

❸①エルサレムのユダヤ教聖地にあり，古代イスラエル王国の時代に築かれた神殿跡とされるものは何か。

❷❸（北）イスラエル王国

❷❹アッシリア

❷❺（南）ユダ王国

❷❻新バビロニア

❷❼バビロン捕囚

❷❽エレミア（B.C.7～B.C.6C初）・エゼキエル（B.C.6C）など

❷❾メシア思想

❸⓪終末観（終末論的思想）

❸①嘆きの壁

【論述問題】

> 選民思想とはどういう思想か述べよ。

　ユダヤ教の思想で，ユダヤ人のみが神によって選ばれた民で，神は必ず救世主（メシア）を地上に遣わして救うという信仰である。神の救いを得る手立ては神が与えた「モーセの十戒」をはじめとする律法を遵守することで，この立場はやがて，律法主義（律法を守ることが神に意志にかなうイスラエル民族の証であるとする）を形成した。

◆ *INTRODUCTION*　　② イエスの思想

【イエスの教え】

　　○時代背景：B.C.1世紀―ローマ帝国の支配→イスラエルの困窮→メシアへの期待

　　○イエスの生涯と教え：『新約聖書』『福音書』（マタイ・マルコ・ルカ・ヨハネ）

　　○神の国：内面の国→信仰の世界

　　○福音（エヴァンゲリオン）：喜ばしい知らせ→神の救い・イエスの行いとことば

　　○律法の内面化：律法をどのように守るか→心のあり方

　　　　　　　　　　　ユダヤ教の律法主義の形式化を批判→律法の内面化

　　　　　　　　　　　真の律法＝神への愛と隣人愛

　　　　　　　　　　　　　「主なるあなたの神を愛せよ」

　　　　　　　　　　　　　「あなた自身を愛するようにあなたの隣人を愛せよ」

　　　　　　　　　　　黄金律

　　　　　　　　　　　　　「自分がしてほしいと望むことは他人にもそのとおりにせよ」

【神の愛　アガペー】

　　○人間：弱く罪深い存在

　　　　　　　山上の垂訓―「心の貧しい人は幸いである」

　　○神の愛（アガペー）：無差別平等の絶対愛

　　　　　　　　　　　　　　「敵を愛し迫害するもののために祈れ」

　　○ユダヤ教における義の神，裁きの神から愛の神へ

【イエスの磔刑とキリスト教の誕生】

　　○イエスの死

　　　　イエスの活動→ユダヤ教主流派との対立→十字架刑

　　○復活の信仰→イエスこそキリスト

　　　　十字架の死：ナザレのイエスからイエス・キリストへ

　　　　キリスト―内面の救い主→神の子

　　○キリスト教の誕生

　　　　ペテロの活動：エルサレム教会の成立→原始キリスト教

　　○パウロの思想

　　　　パウロ："異邦人の使徒"→地中海世界への布教

　　　　　　　　原罪観：アダムとエヴァの堕罪→人間がもつ本来的な罪

　　　　　　　　贖罪：イエスの十字架の死＝全人類の原罪の贖い

　　　　　　　　信仰義認：人は信仰によってのみ救われる

　　　　　　　　原罪の自覚→イエスへの信仰→神の救い

　　　　　　　　三元徳：信仰・希望・愛

【イエスの思想】……………………………………………………

❶ガリラヤ地方のナザレで成長したと伝えられる，キリスト教の開祖とはだれか。

❷イエスの母の名を答えよ。

❸イエスが生まれたとされる場所はどこか。

❹ユダヤ教・キリスト教・イスラーム教の3つの宗教の聖地で，ヘブライ王国の都でもあった都市はどこか。

❺キリスト教で，イエスの説く神と人間との新しい契約を意味するキリスト教の聖典とは何か。

❻神の救済のよろこばしい知らせのことで，具体的にはイエスの語ったことばや行為を何というか。

❼イエスの生涯と彼が語ったことばや行為，教えなどを使徒などが記録したものは何か。

❽イエスの使徒によるキリスト教伝道の記録とは何か。

❾キリスト教の教えの一つで，神の人類に対する絶対的な愛とは何か。

❿アガペーの特色としてあげられる主なものは何か。

⓫「あなた自身を愛するようにあなたの隣人を愛せよ」とイエスにより説かれた愛とは何か。

⓬「心を尽くし，精神を尽くし，思いを尽くして，主なるあなたの神を愛せよ。」とイエスにより説かれた愛は何か。

⓭隣人愛・神への愛などのイエスの福音を人々が信じることによって救われることを何というか。

⓮隣人への愛を説く戒めは後にキリスト教道徳を示すものとして何とよばれたか。

⓯黄金律のことばとは何か。

⓰人間が神とイエスの教えに背く行為を何というか。

❶イエス
　（B.C.4?〜A.D.30）

❷マリア

❸ベツレヘム

❹エルサレム

❺『新約聖書』

❻福音

❼福音書

❽『使徒行伝』

❾アガペー

❿無差別平等の愛，無償の愛，万人への愛，自己犠牲

⓫隣人愛

⓬神への愛

⓭義（神の義）

⓮黄金律

⓯何ごとでも人々からしてほしいと望むことは，人々にもそのとおりにせよ。

⓰罪

❼罪深い人類が，自らの罪を自覚して神の救いを求めることとは何か。　　❼悔い改め

❽「マタイによる福音書」第5章に記された，イエスが丘陵上で行った説教で，「心の貧しい人々は幸いである。天国はかれらのものである。」ではじまる教えとは何か。　　❽山上の垂訓

❾イエスが批判したユダヤ教の儀式化・形式化した戒律尊重の立場は何か。　　❾律法主義

❿律法を厳格に守る教えを説いたユダヤ教の一派とは何か。　　❿パリサイ人（派）

㉑祭礼や儀式を偏重し，パリサイ派とともにイエスと対立したユダヤ教の一派は何か。　　㉑サドカイ人（派）

㉒そこにおいてイエスが人類の罪をつぐない，刑死し，キリスト教の象徴となったものは何か。　　㉒十字架

㉓イエスが十字架に処せられたといわれるエルサレムにある丘とは何か。　　㉓ゴルゴタの丘

㉔キリスト教信仰の根幹で，イエスが十字架にかけられたのち，3日後に甦ったとされることを何というか。　　㉔復活

㉕イエスの福音を信じて熱心に布教する伝道師を何というか。　　㉕使徒

㉖十二使徒の一人で，イエスの直弟子としてその教えを広め，初代ローマ教皇とされる人物はだれか。　　㉖ペテロ（？～67 ？）

㉗他の宗教の信仰を捨てて，キリスト教等に宗教を改めることを何というか。　　㉗回心

㉘はじめはキリスト教徒を迫害していたが，イエスの声を聞き，キリスト教に回心し，のちローマ帝国においてキリスト教を伝道した人物はだれか。　　㉘パウロ（？～64 ？）

㉙アダムとエヴァの堕罪（人間が本性的にもつ根源的な罪）は，パウロにより何と説かれたか。　　㉙原罪

㉚パウロにより説かれ，イエスの十字架の死により，すべての人の罪があがなわれたとすることを何というか。　　㉚贖罪

㉛パウロによって説かれ，人間は信仰によってのみ救われるとする教えを何というか。　　㉛信仰義認

㉜ギリシャの四元徳に対して用いられる徳の総称とは何か。　　㉜三元徳

㉝パウロによって説かれたキリスト教の三元徳とは何か。　　㉝信仰，希望，愛

【論述問題】

> アガペーとは，どのような愛か説明せよ。

　キリスト教で説かれる神の絶対愛で，人間に対する無差別・平等の愛，自己犠牲的な愛，代償・見返りを求めない無償の愛である。イエスは，神は愛の神であり，その絶対的な愛を信じて，自らも他者を愛すること（隣人愛）の尊さを説いた。ここから，イエスは真の律法とは，神への愛を示す「心を尽くし，精神を尽くし，思いを尽くし，力を尽くして主なるあなたの神を愛せよ」と隣人愛を示す「自分を愛するようにあなたの隣人を愛せよ」の二つの愛であるとした。

◆ *INTRODUCTION*　　③　世界宗教への展開 ----------------

【教父哲学　アウグスティヌス】
　　○ローマ教会の成立：キリスト教→世界宗教
　　　エルサレム教会→原始キリスト教→ローマ教会（首長＝教皇）
　　　教父哲学：教父（教会の指導者）による教義→ローマ‐カトリック
　　○アウグスティヌスの思想：『告白』・『神の国』
　　　原罪観・三元徳：パウロの思想を継承
　　　神の愛：カリタス（アガペー）→愛の秩序
　　　恩寵：原罪をもつ人間を赦し，罪を犯さず愛へと向かわせる神の恵み
　　　三位一体説：神とイエスと聖霊は一体

【理性と信仰との調和　トマス＝アクィナス】
　　○スコラ哲学：中世キリスト教哲学　信仰と理性の調和
　　○トマス＝アクィナスの思想：『神学大全』
　　　スコラ哲学の大成
　　　アリストテレス哲学の応用→信仰と理性の調和→神を観想する生活＝幸福

[世界宗教への展開]

❶イエスを救世主と信ずる信者の組織は何か。　❶教会

❷ペテロが中心的指導者となったイスラエルの教会は何か。　❷エルサレム教会

❸使徒パウロ・ペテロらが，イエスこそが救世主であると説き，布教活動を行った紀元30年〜2世紀後半ころの初期のキリスト教を何というか。　❸原始キリスト教

❹ペテロが創設したとされ，のちに「教会のなかの教会」とよばれ，キリスト教の中心となった教会は何か。　❹ローマ教会

❺ローマ教会の最高指導者を何というか。　❺教皇（法王）

❻ローマ教会が中心となって形成した，「普遍的」を意味する教義を何というか。　❻カトリック（ローマ - カトリック）

❼特定の民族や地域を超えて世界的に普及し，各地に多くの信者をもつ宗教を何というか。　❼世界宗教

❽キリスト教の正しい教義の確立を図った古代教会の指導者を何というか。　❽教父

❾紀元313年，ミラノ勅令を出した皇帝はだれか。　❾コンスタンティヌス帝（280？〜337？）

❿神と子イエスと聖霊とは，本来神から生じた一つのものであるという説は何か。　❿三位一体説

⓫三位一体の考え方を示した人物はだれか。　⓫アタナシウス（293？〜373）

⓬三位一体説を否定し，イエスと神とは同質でないと唱えた人物とはだれか。　⓬アリウス（250？〜336）

⓭アタナシウスの説を正統とし，アリウスの説を異端と判断した紀元325年に開催された宗教会議とは何か。　⓭ニカイア（ニケーア）の公会議

⓮原罪，贖罪，三元徳などパウロの思想を継承し，ローマ - カトリックの教義の確立に努力した教父とはだれか。　⓮アウグスティヌス（354〜430）

⓯罪深い人間にまでも与えられる神の無償の愛，超自然的な愛のことで，アウグスティヌスによれば，原罪から人間を救う唯一のものとは何か。　⓯恩寵

⓰神の愛や神への愛，隣人愛をラテン語で何というか。　⓰カリタス

⓱アウグスティヌスは，世界は二つの国の抗争の場とし　⓱神の国と地上の

たが，その二つの国とは何か。

⓲ アウグスティヌスは，二つの国の抗争に勝利するのはどこであるとしたか。

⓳ アウグスティヌスの代表的著書を二つあげよ。

⓴ 中世キリスト教の中心となった神学で，アリストテレス哲学を用いて体系化した哲学とは何か。

㉑ アリストテレスの哲学を研究し，人間の理性によって信仰を合理的に説明し，スコラ哲学を大成した人物とはだれか。

㉒ トマス＝アクィナスは自然の事物を認識する理性を何とよんだか。

㉓ トマス＝アクィナスは神の啓示による信仰を何とよんだか。

㉔ トマスは信仰と理性は矛盾しないが，どちらが優位に立つとしたか。

㉕ 哲学を神学の下位に位置づけたことで知られる格言とは何か。

㉖ トマス＝アクィナスの主著をあげよ。

㉗ 東ローマ（ビザンツ）皇帝レオ3世による726年の聖像破壊令を契機に，843年東ローマ帝国に誕生したキリスト教会とは何か。

㉘ 東ローマ皇帝が教皇を兼任する立場を何というか。

㉙「知らぬがために我信ずる」と述べ，神の存在の証明を試みたカンタベリー大司教とはだれか。

㉚ 理性と信仰を切り離して考えて，スコラ哲学を発展させ，人間の幸福は神を愛することであると説いた人物はだれか。

㉛ 哲学を神学から解放させ，唯名論の立場を貫いたスコラ哲学者とはだれか。

㉜ 神人合一を人間的極致とし，汎神論を説いたドイツの神秘主義思想家とはだれか。

㉝『知ある無知』などを著し，人間性肯定や合理的精神など近代につながる思想を説いたスコラ哲学者は誰か。

国
⓲ 神の国
⓳『告白』『神の国』
⓴ スコラ哲学
㉑ トマス＝アクィナス（1225〜74）
㉒ 自然（理性）の光
㉓ 神（信仰）の光
㉔ 信仰
㉕「哲学は神学の侍女」
㉖『神学大全』
㉗ ギリシャ正教会
㉘ 皇帝教皇主義
㉙ アンセルムス（1033〜1109）
㉚ スコトゥス（1266？〜1308）
㉛ オッカム（1300？〜49？）
㉜ エックハルト（1260？〜1327）
㉝ ニコラウス＝クザーヌス（1401〜64）

【論述問題】

> 原罪とは何か述べよ。

　神の創造した最初の人間であるアダムとエヴァが，禁断の木の実を口にして，楽園から追放された出来事に由来し，その子孫である人類が生まれたときから背負っている罪のことである。ユダヤ教においては律法に反することが強調されたが，イエスは原罪を内面的にとらえ，人間を弱きもの，罪深きもので罪を犯さざるを得ない存在であるとし，それゆえに神の愛こそが救いであると説いた。パウロは，原罪を人間の本性に基づく根源的な罪と理解し，人間は善を行おうとしても悪をなさざるを得ない哀れな存在であるとし，原罪からの救いはイエスへの信仰によってのみなされると説いた（信仰義認）。

> パウロによれば，イエス＝キリストの贖罪とはどのようなことか。

　イエス＝キリストによる原罪からの救いのこと。アダムとエヴァの堕罪により全人類は本来的に罪を負い，原罪が根本悪としてある。ユダヤ教が主張する律法の遵守によって，その罪が償われることは有限な人間にとっては不可能なことであり，神はその救いのためにキリストをつかわした。イエスの十字架の死は全人類の原罪の償いであり，人間はキリストを信じることにより神の救いにあずかる。

> 三位一体の理論を説明せよ。

　父なる神と子なるイエス，聖霊は，本来神から発生したもので，3つの位格は本来一つであるという教え。ローマ-カトリックの教義の中心をなし，3世紀前半にアタナシウスにより説かれ，その後，アウグスティヌスにより確立した。「父と子と聖霊の御名においてアーメン」ということばはこれに由来する。

◆ *INTRODUCTION*　第2節　イスラーム　啓示と戒律の宗教 ---・--・--・

【イスラーム教の成立】

○イスラーム：7世紀のアラビアで成立　政治・宗教・軍事一体の宗教的社会

○ムハンマド：メッカの商人　40歳の時，自らを預言者と自覚

　　　　　　　　アラブ社会の多神教を否定→唯一神信仰

　　　　　　　　旧勢力との対立

　　　　　　　　　↓

　　　　　　　　ヒジュラ（聖遷）→メディナ移住（622）＝イスラーム暦元年

　　　　　　　　　↓　　　　　　　　　メディナに教団国家を建設

　　　　　　　　ジハード（聖戦）→メッカ征服→イスラーム国家の建設

【イスラームの教義】

○イスラーム＝神への絶対服従

○アッラー（神）への絶対帰依

　アッラー：唯一神　創造主　愛の神

○預言者：ムハンマド―最大で最後の預言者

　＊アダム・ノア・アブラハム・モーセ・イエスも預言者

○聖典：『クルアーン（コーラン）』

　＊『旧約聖書』『新約聖書』も尊重

　＊ユダヤ教徒・キリスト教徒は「啓典の民」

○シャリーア（イスラーム法）：宗教的儀礼・刑罰・相続・日常生活全般の規範

○ムスリム：イスラームの信徒

○ムスリムの義務：六信五行―信仰対象と行為による信仰の表明

　六信（イーマーン）―アッラー，天使，啓典，預言者，来世，天命

　五行（イバーダート）―信仰告白，礼拝，断食，喜捨，巡礼

○現世と来世

　現世―教友愛を基本としたムスリムのウンマを建設

　来世―最後の審判の日に救われて天国に迎えられる

【イスラーム世界の展開：スンナ派とシーア派】

○ウンマ：ムスリムの信仰共同体

○カリフ：ムハンマドの後継者，ムスリムの指導者

　　　　　　4代アリーの子孫を正統とする→シーア派

　　　　　　家系にかかわらない→スンナ派

○イスラーム文化：ギリシャ思想・文化を継承→バグダード・コルドバ・グラナ
　　　　ダを中心に繁栄→ルネサンスへの影響
　アヴィセンナ〈イブン＝シーナー〉—哲学・医学・自然科学・音楽の研究
　アヴェロエス〈イブン＝ルシュド〉—イスラーム医学の大成
　　　　　　　　　　　　　　アリストテレスの研究→スコラ哲学へ

【イスラーム　啓示と戒律の宗教】

❶7世紀ごろ，アラビアの預言者によって創始された唯一絶対の人格神を信ずる世界宗教を何というか。	❶イスラーム（イスラーム教）
❷絶対的服従を意味するアラビア語とは何か。	❷イスラーム
❸イスラーム（教）の創始者はだれか。	❸ムハンマド（マホメット）(570 ?〜 632)
❹アラビア語で神を意味する，イスラームにおける唯一絶対神を何というか。	❹アッラー
❺ムハンマドがアッラーから受けた啓示，戒律，祭儀に関する規定，説教などを集めたイスラームの中心聖典を何というか。	❺クルアーン（コーラン）
❻イスラームの信徒のことをアラビア語で何というか。	❻ムスリム
❼正義の実現と一層の拡大，発展といった使命をもっているムスリムの共同体をアラビア語で何というか。	❼ウンマ
❽ムスリムの信仰のことをアラビア語で何というか。	❽イーマーン
❾ムスリムがアッラーに対して信仰を表明する行為のことをアラビア語で何というか。	❾イバーダート
❿イスラームで禁止されている行為で，神の像や絵画などを崇める行為を何というか。	❿偶像崇拝
⓫メッカでの旧勢力からの迫害から逃れるため，ムハンマドは622年にメッカからメディナ（マディーナ）に移住したが，このことを何というか。	⓫ヒジュラ（聖遷）
⓬ムハンマドがメッカの旧勢力と対立したのはなぜか。	⓬唯一神信仰，偶像崇拝の禁止を説き，アラビアの伝統的信仰を否定したから。

⓭ヒジュラの年，622年を元年とするイスラーム教の暦を何というか。

⓭ヒジュラ暦（イスラーム暦）

⓮のちにイスラームの重要な特色の一つとなるもので，メッカのクライシュ族との3度にわたる戦いのことをムスリムは何とよんだか。

⓮ジハード（聖戦）

⓯アラビア語で，ジハードは何という意味か。

⓯神のために奮闘努力すること

⓰自己の心の中の悪と闘い，自己を善くしようと努力することを何というか。

⓰大ジハード

⓱イスラームの教えを広め，イスラーム社会を守るために敵と戦うことを何というか。

⓱小ジハード

⓲ムスリムの信仰上の義務の総称を何というか。

⓲六信五行

⓳六信とは，具体的に何を信じることか，6つ答えよ。

⓳アッラー・天使・啓典・預言者・来世・天命

⓴五行の一つで，「アッラーの他に神はなく，ムハンマドは神の使徒である」と証言することを何というか。

⓴信仰告白（シャハーダ）

㉑五行の一つで，1日5回行ってアッラーへの信仰を示す行為は何か。

㉑礼拝（サラート）

㉒五行の一つで，イスラーム暦9月のラマダーン月に，日の出から日没まで飲食せず，食物を恵む神へ感謝する行いとは何か。

㉒断食（シャーム）

㉓五行の一つで，貧しい同胞を助けるために課せられる一種の救貧税を何というか。

㉓喜捨（ザカート）

㉔五行の一つで，聖地メッカに行き，アッラーへの絶対的帰依を示すことを何というか。

㉔巡礼（ハッジ）

㉕ユダヤ教，キリスト教でも説かれた世界の終末に下される神の裁きを何というか。

㉕最後の審判

㉖イスラーム教で目標とされた正しい人間関係で，民族や貧富の差を越えてムスリム同士が助け合う精神のことを何というか。

㉖友愛

㉗ムハンマドの死後，彼の代理人としてウンマを統治した人々のことを何というか。

㉗カリフ

㉘イスラーム教における三大聖地とはどこのことか。

㉘メッカ・メディナ（マディーナ）・

	エルサレム
❷ムハンマドの言行，社会習慣，規範およびムハンマドの伝えた慣行を意味するものを何というか。	❷スンナ
❸クルアーンとスンナを信仰の基礎とするイスラームの一派を何というか。	❸スンナ派
❸第4代カリフのアリーとその子孫を正統なウンマの指導者の後継者であると信じ，彼らに忠誠を誓うイスラームの一派を何というか。	❸シーア派
❸イスラーム教の聖地メッカの中心にあり，ムスリムの巡礼と礼拝の対象となっている神殿とは何か。	❸カーバ神殿
❸エルサレムにあり，ムハンマドが昇天したと伝えられる巨岩の上に築かれた礼拝堂とは何か。	❸岩のドーム
❸ムスリムに与えられた法で，宗教的儀礼のほか刑罰・相続・日常生活全般の規範を何というか。	❸シャリーア（イスラーム法）
❸アリストテレスと新プラトン主義の哲学を融合し，『医学典範』などを著し，広く医学・自然科学・音楽を研究した人物はだれか。	❸アヴィセンナ〈イブン＝シーナー〉（980～1037）
❸イスラーム医学を大成し，アリストテレスの研究にもすぐれ，スコラ哲学に影響を与えた人物はだれか。	❸アヴェロエス〈イブン＝ルシュド〉（1126～98）

【論述問題】

> イスラーム教におけるキリスト教との類似点及び相違点について述べよ。

　唯一神信仰，神の下における平等，信仰による終末における救済，神の啓示などの点は類似しているが，神と人間との媒介者であり内面の救い主であるキリストの存在を認めず，神と各人は信仰において直接つながり，開祖ムハンマドを最大の預言者としている。また，ローマ‐カトリックのような聖職者のヒエラルキーを設けていないこと，社会制度や政治・経済までもが宗教によって規定されること，政教一致の体制は独特である。

◆ *INTRODUCTION*　第3節　仏教　智慧と慈悲の宗教　①　バラモン教 ----

【古代インドの社会と宗教】
　○インド・アーリア社会
　　　アーリア人のインド侵入→農耕社会の成立―カースト制
　　　ヴァルナ→カースト：最高位バラモン（祭司）
　○バラモン教：自然崇拝の多神教　　　聖典―『ヴェーダ』『マヌ法典』
　　　輪廻：生と死の永遠の繰り返し→輪廻転生
　　　業（カルマ）：行為・行為により生じる潜在的影響力→来世を決定
　　　人生の目的：輪廻からの解放　禁欲苦行→解脱（輪廻からの解放）
　○ウパニシャッドの哲学：バラモン教の哲学的深化
　　　梵我一如→輪廻転生からの解脱＝永遠の安らぎ
　　　梵（ブラフマン・宇宙の原理）と我（アートマン・自己の本質）は同一

【仏陀の登場】
　○B.C.6〜5世紀：商工業の発達→都市化→社会の変化→バラモンの衰退
　○六師外道：仏教以外の教え―新思想
　○ジャイナ教：開祖ヴァルダマーナ　禁欲苦行・不殺生→解脱

【バラモン教】
❶紀元前15世紀ごろ，中央アジアからインダス川流域に移住し，農耕をはじめた民族の名をあげよ。

❷アーリア人の社会で支配の手段とされ，祭司階級を最高の権威とする厳格な身分制度を何というか。

❸カースト制度における主な4つの階級は何か。

❹カーストの基となった種姓を何というか。

❺カーストの基となった出身・血縁・職業を何というか。

❻祭式信仰を重んじた古代インドの宗教を何というか。

❼バラモンの権威を強調し，王法，司法などの内容を軸に社会生活全般にわたるインドの古代法典とは何か。

❽バラモン教の聖典を何というか。

❾複雑化した祭儀に関することがらや，哲学的思索を集

❶アーリア人

❷カースト制度

❸バラモン・クシャトリア・バイシャ・スードラ

❹ヴァルナ

❺ジャーティ

❻バラモン教

❼『マヌ法典』

❽『ヴェーダ』

❾リグ・サーマ・

大成した4つの『ヴェーダ』とは何か。

⓾ 『ヴェーダ』の奥義書で秘密の教えともされている古代インドの哲学を何というか。

⓫ ウパニシャッド哲学では宇宙の根本原理を何とよんだか。

⓬ ウパニシャッド哲学では自己の本質・本体を何とよんだか。

⓭ 宇宙の根本原理と個体の根本原理が一体であることを何というか。

⓮ 来世での結果をもたらす力をもつ行為のことを何というか。

⓯ 人間が前世・現世・来世の三世界に苦悩の生死を車輪のごとく繰り返すことを何というか。

⓰ 行為（業）の善悪により，その人間の幸不幸や運命が定められるとする考えを何というか。

⓱ 自分自身の行為の結果を自分が受けることを何というか。

⓲ 衆生（生命あるもの）がそれぞれの行為（業）によって，そこに行って住むことになるという6つの世界を総称して何というか。

⓳ 六道をすべてあげよ。

⓴ 輪廻からの解放を意味し，煩悩の世界からのがれて心の安楽に至ることを何というか。

㉑ バラモン教を起源とし，民間信仰を取り入れて形成された現在のインドの中心宗教を何というか。

㉒ ヒンドゥー教における創造神の名をあげよ。

㉓ ヒンドゥー教における維持神の名をあげよ。

㉔ ヒンドゥー教における破壊神の名をあげよ。

ヤジュル・アタルヴァ

⓾ ウパニシャッド哲学

⓫ ブラフマン（梵）

⓬ アートマン（我）

⓭ 梵我一如

⓮ カルマ（業）

⓯ 輪廻転生（サンサーラ）

⓰ 因果応報

⓱ 自業自得

⓲ 六道

⓳ 地獄・餓鬼・畜生・修羅・人間・天上

⓴ 解脱

㉑ ヒンドゥー教

㉒ ブラフマー

㉓ ヴィシュヌ

㉔ シヴァ

◆　*INTRODUCTION*　　②　仏陀の思想　-------------------------

【悟りへの道】

　　○仏陀（ブッダ）＝真理を悟った人＝覚者

　　　　　　　　　　　　真理＝ダルマ（法）

　　　※ガウタマ＝シッダールタ：釈迦族の皇子＝釈迦（釈尊）→仏陀

　　○仏教：仏陀（悟った人）の教え＝知恵と慈悲による悟りの教え

　　　　　　　バラモン教，カースト制批判→平等主義・真理探求

【苦とその原因】

　　○仏陀の教え

　　　真理の認識（悟り）→苦からの解放＝解脱

　　○四法印：人生と世界の4つの真理

　　　　　　　　一切皆苦：人生のすべては苦しみ

　　　　　　　　生・老・病・死・愛別離苦・怨憎会苦・求不得苦・五蘊盛苦

　　　　　　　　三毒（貪・瞋・癡）＝我執→煩悩→苦

　　　　　　　　諸行無常：世の中に永遠不変なものはない

　　　　　　　　諸法無我：世の中にそれ自体で存在する実体はない

　　　　　　　　涅槃寂静：煩悩が滅すると悟りが開け，永遠の安らぎが得られる

　　○八正道：苦を滅し悟りに至る方法

　　　　　　　　八正道＝中道：快楽でも苦行でもない偏りのない道

【四諦・縁起の説】

　　○縁起：すべての存在は相互依存→原因と条件により存在する

　　○四諦：人間と人生における4つの真理

　　　苦諦：人生は苦しみである

　　　集諦：苦しみの原因は煩悩（我執）にある

　　　滅諦：煩悩を滅すると苦が滅する

　　　道諦：苦を滅する方法は八正道である

【慈悲の徳】

　　○仏陀の教えの根本：智慧と慈悲

　　○智慧：四法印・四諦・縁起の法を知ること→悟り

　　○慈悲：一切衆生（すべての生命あるもの）への情愛・共感

　　　　　　　慈：他者への慈しみ，楽を与えること

　　　　　　　悲：他者への憐れみ，苦を取り除くこと

【仏陀の思想】･･･

❶バラモンの権威や祭式の考え方を批判し，永遠の真理を追究し，悟りを得ることを説いた宗教を何というか。

❷仏教とほぼ同時期に成立し，バラモン教を批判した宗教や思想を仏教の側からは何とよんだか。

❸「勝者」の意味で，一切の欲望に打ち勝った者を意味する宗教とは何か。

❹不殺生を貫き，マハーヴィラと尊称されたジャイナ教の開祖はだれか。

❺仏教の開祖で，悟りを得るために29歳で出家したカピラヴァストゥの王子とはだれか。

❻ブッダの出身部族名は何か。

❼ブッダが出家するきっかけとなった出来事は，人間の苦と悟りに関わる伝承として何と言われているか。

❽ブッダが真理を知り，悟りを開いたとされる地はどこか。

❾ブッダが生涯を終え，入滅したとされる地はどこか。

❿人生の真の安楽を得るために行う厳しい修行法を何というか。

⓫仏教では現実の世界と人間を支配している法則(真理)を何とよんだか。

⓬ブッダがベナレス郊外で行ったとされる最初の説法を何というか。

⓭この世の一切の存在は，一つとして独立するものはなく，相互に「縁って起る」とする考え方を何というか。

⓮人生の苦の原因に関する知識が暗く無知であることを何というか。

⓯人間の精神と身体のすべてを構成する5つの要素を総称して何というか。

⓰五蘊をすべてあげよ。

⓱すべての煩悩をなくし，高い悟りに達した境地（状態）

❶仏教

❷六師外道

❸ジャイナ教

❹ヴァルダマーナ（549～477B.C.)

❺ブッダ（仏陀・ガウタマ＝シッダールタ・釈迦・釈尊）（563？～483？B.C.)

❻シャカ族

❼四門出遊

❽ブッダガヤ

❾クシナガラ

❿苦行

⓫ダルマ（法）

⓬初転法輪

⓭縁起(十二縁起)

⓮無明

⓯五蘊

⓰色・受・想・行・識

⓱ニルヴァーナ

を何というか。

❶仏教における世界と人生の4つの基本的真理を何という
か。

❶四法印のなかで「人生で経験することはすべて苦であ
る」という考え方を何というか。

❷四法印のなかで「存在するすべてのものはとどまるこ
とがなく変化・生滅する」という考え方を何というか。

❷四法印のなかで「存在するすべてのものはそれ自体で
は存在せず，永遠不変の実体はない」という考え方を何
というか。

❷四法印のなかで「苦を脱した心静かな境地」を何とよ
んだか。

❷ブッダの教えを人間がするべき真理を実践の観点から
示した4つの真理の総称とは何か。

❷四諦のなかで「現実の人生の真相は苦である」という
真理を何というか。

❷四諦のなかで「苦の原因は煩悩にある」という真理を
何というか。

❷四諦のなかで「煩悩を滅すると心の安らぎの境地（状
態）に至る」という真理を何というか。

❷四諦のなかで「苦を滅するための修行の方法」につい
て示した真理を何というか。

❷生・老・病・死のように，人生で避けることのできな
い根本的な4つの苦しみを総称して何というか。

❷四苦を4つあげよ。

❸四苦のほかに，愛するものと別れるような苦しみを何
というか。

❸怨み憎んでいるものに会う苦しみを何というか。

❸求めるものが得られない苦しみを何というか。

❸心身から生じるもろもろの苦しみを何というか。

❸四苦と愛別離苦，怨憎会苦，求不得苦，五蘊盛苦を合
わせた苦しみの総称を何というか。

❸苦しんだり悩んだりする原因の盲目的な欲望のことを
何というか。

❸煩悩のなかで最も大きい3つのものの総称を何という

（涅槃）

❶四法印（しほういん）

❶一切皆苦（いっさいかいく）

❷諸行無常（しょぎょうむじょう）

❷諸法無我（しょほうむが）

❷涅槃寂静（ねはんじゃくじょう）

❷四諦（したい）（四聖諦）

❷苦諦（くたい）

❷集諦（じったい）

❷滅諦（めったい）

❷道諦（どうたい）

❷四苦

❷生・老・病・死

❸愛別離苦（あいべつりく）

❸怨憎会苦（おんぞうえく）

❸求不得苦（ぐふとくく）

❸五蘊盛苦（ごうんじょうく）

❸四苦八苦

❸煩悩（ぼんのう）（渇愛（かつあい））

❸三毒（三煩悩）

か。

❸三毒の「むさぼり」・「怒り憎しみ」・「心の迷い（無知）」の３つをそれぞれ何というか。　❸貪・瞋・癡

❸迷いの根本である煩悩を，自己中心的な見方からよんだものを何というか。　❸我執

❸快楽の生活と苦行の生活の両極端をさけた正しい道を仏教では何というか。　❸中道

❹快の道でも苦の道でもない中道のことで，涅槃に至るための８つの正しい修行の道を何というか。　❹八正道（八聖道）

❹八正道の一つで，正しいものの見方を何というか。　❹正見

❹八正道の一つで，正しい心のもちかたを何というか。　❹正思

❹八正道の一つで，正しいことばを用いることを何というか。　❹正語

❹八正道の一つで，正しい行為を何というか。　❹正業

❹八正道の一つで，正しい生活を何というか。　❹正命

❹八正道の一つで，正しい努力を何というか。　❹正精進

❹八正道の一つで，正しい心を失わないことを何というか。　❹正念

❹八正道の一つで，正しい精神統一をすることを何というか。　❹正定

❹四法印・縁起・四諦などを理解して得たものを何というか。　❹智慧

❺他者をいつくしみ愛することを何というか。　❺慈悲

❺他者に楽を与えることを１字で述べよ。　❺慈

❺他者の苦を取り除くことを１字で述べよ。　❺悲

❺ブッダの弟子たちによってまとめられたブッダのことばを記した最古の仏典を何というか。　❺『スッタニパータ』

❺真理のことばという意味で，『法句経』と訳され，仏教の人生観・世界観が記された仏典は何か。　❺『ダンマパダ』

【論述問題】

> バラモン教と仏教の教えについて簡単に比較せよ。

　バラモン教が，バラモンを最高位とするカースト制度によって身分階級を明確化しているのに対して，仏教では，慈悲行と八正道の実践によって一切の衆生は救われると説き，カースト制度を否定して平等主義を強調した。また，バラモン教は自然崇拝の多神教であり，仏教にもゴータマ＝ブッダのほかに多くの仏がいるが，仏は真理を悟った存在として信仰の対象となっている。

> ブッダの根本思想について説明せよ。

　四法印（一切皆苦・諸行無常・諸法無我・涅槃寂静）や四諦（苦・滅・集・道）を認識し，人生は苦であり，すべては無常・無我であるという真理を認識するところに苦しみから解放される悟りがある。そのためには快楽と苦行の中道である八正道を実践することが大切であり，悟ったもの（ブッダ）は他者への慈悲を日々行う。

> 仏教の説く「慈悲」と，キリスト教の説く「アガペー」の意味を説明し比較せよ。

　「慈」とは楽しみを与えること。「悲」とは苦しみを取り除くことを意味する。「アガペー」は，神の絶対愛で，恵まれていないものへの愛，敵をも愛する博愛を意味するのに対し，「慈悲」は，それをさらに広げ「生きとし生けるものすべてを愛する」という生命への徹底的な愛を意味する。

◆　*INTRODUCTION*　　　③　仏教のその後の展開

【部派仏教の成立】
　　○教団（出家者と在家者）の成立
　　　　三宝（仏・法＜教え＞・僧侶＜教団＞）への帰依＝三帰
　　　　五戒：不殺生・不偸盗・不邪淫・不妄語・不飲酒
　　○部派仏教の成立：B.C.3世紀頃
　　　　教団規則の解釈→分裂→部派仏教：上座部（保守的）と大衆部（進歩的）

【大乗仏教の隆盛】
　　○大乗仏教の成立：1世紀頃
　　　　教団の改革運動と在家者の活動→大乗仏教
　　○大乗仏教の教え
　　　　部派仏教の出家中心主義を批判→小乗仏教
　　＊部派仏教―阿羅漢（自己の悟りを目指す）を理想
　　　　大乗仏教の理想：菩薩―悟りを求めて万人を救う
　　○六波羅蜜：布施・持戒・忍辱・精進・禅定・般若

【空の思想とその展開】
　　○空の思想：大乗仏教の思想：ナーガールジュナ（竜樹）により確立→中観派
　　　　　　　　諸法無我・縁起の法→一切皆空：すべての存在は固定的実体をもた
　　　　　　　　ない→無自性
　　○悟り：すべては空であると知ること

【唯識説と仏性論】
　　○唯識説：大乗仏教の思想：アサンガ（無著）・ヴァスバンドゥ（世親）が代表
　　　　　　　識：意識・心のはたらき・心がつくり出した表象
　　　　　　　唯識：心のはたらきと心がつくり出した表象のみがある→実在の否定
　　○悟り：識だけがある，心もまた夢幻であると知ること
　　○一切衆生悉有仏性：生きとし生けるものはすべて仏の本性を有する

【大乗仏教の伝播】
　　　大乗仏教：インド→中央アジア→中国→朝鮮→日本
　　　上座部系仏教：インド→東南アジア

【仏教とその後の展開】・・・

❶ B.C.3世紀ころ，仏教の保護と布教につとめたマウリヤ朝の王はだれか。	❶アショカ王（在位 268〜232B.C.）
❷アショカ王にならって，B.C.2世紀中ころ，仏教を信奉したクシャーナ朝の王はだれか。	❷カニシカ王 （?〜? B.C.）
❸ブッダの没後，弟子たちが仏陀の教えを記し，経典としてまとめたことを何というか。	❸仏典結集
❹ブッダの没後，100年たったころ教団が分裂し二十に分派したが，そのころの仏教を何というか。	❹部派仏教
❺部派仏教のなかで，教団の規則を重んじ，戒律の遵守を強調した保守的部派を何というか。	❺上座部
❻部派仏教のなかで，実践とブッダの精神に重じた進歩的部派を何というか。	❻大衆部
❼在家信者が敬うべき3つのものを総称して何というか。	❼三宝
❽三宝とは何か。	❽仏・法（教え）・僧（教団）
❾三宝への帰依を何というか。	❾三帰
❿ブッダの教えを正しく実践するために日常生活において守るべき5つの戒律を総称して何というか。	❿五戒
⓫五戒をすべてあげよ。	⓫不殺生・不偸盗・不邪淫・不妄語・不飲酒
⓬ブッダの在世中から没後の分裂していた時期までの仏教を何というか。	⓬原始仏教
⓭1世紀頃，部派仏教の教団改革運動と在家者の活動により誕生した仏教を何というか。	⓭大乗仏教
⓮大乗仏教が上座部など部派仏教の出家中心主義を批判してよんだものを何というか。	⓮小乗仏教
⓯大乗仏教が理想とした悟りを求めて万人を救うことを目指す求道者を何というか。	⓯菩薩
⓰小乗仏教が理想とした自己の悟りを目指す修行者を何というか。	⓰阿羅漢
⓱インドから東南アジアへ伝播した仏教を何というか。	⓱南伝仏教
⓲インドから中央アジア，中国，朝鮮日本へと伝播した	⓲北伝仏教

仏教を何というか。

❶ブッダの教えと人格を慕って集まった信者の集団を何というか。

❷大乗仏教の思想の特色の一つで，自己の悟りを求めることよりも，他者の救済をめざすあり方を何というか。

㉑上座部仏教において強調された立場で，自らの悟りを求めるあり方を何というか。

㉒仏となる可能性・本性のことを何というか。

㉓一切の衆生は仏陀となる可能性（仏性）をそなえているので成仏できるものであるという。これを大乗仏教では何とよんだか。

㉔存在するあらゆる事物は，何一つ固定的な実体をもたないという大乗仏教の根本思想を何というか。

㉕「空」の考え方を哲学的にまとめあげた大乗仏教の思想家はだれか。

㉖すべての存在は，それ自体で実体をもたないのが本性であることを何というか。

㉗「空」の思想を展開し，大乗仏教に大きな影響を与えたナーガールジュナの著書は何か。

㉘ナーガールジュナの後継者により形成された学派を何というか。

㉙存在するものはすべて意識の所産であるという大乗仏教の思想を何というか。

㉚大乗仏教の中心思想である唯識を確立した思想家はだれか。

㉛無着（アサンガ）の弟で，「唯識」の考え方を「唯識二十論」にまとめあげた思想家はだれか。

㉜仏教の経典を中国語訳（漢訳）して知られる仏僧はだれか。

㉝大乗仏教において，出家者にさだめられている6つの実践徳目の総称を何というか。

㉞六波羅蜜のなかで，他に財を与え安心を与える実践徳

---

❶サンガ（教団）

❷利他

㉑自利

㉒仏性

㉓一切衆生悉有仏性

㉔空

㉕ナーガールジュナ（竜樹）（150？〜250？）

㉖無自性

㉗『中論』

㉘中観派

㉙唯識

㉚アサンガ（無著・無着）（395？〜470？）

㉛ヴァスバンドゥ（世親）（400？〜480？）

㉜鳩摩羅什

㉝六波羅蜜

㉞布施

目を何というか。

㉟六波羅蜜のなかで，戒律を守り自己反省を促す実践徳目を何というか。　㉟持戒（受戒）

㊱六波羅蜜のなかで，様々な苦しみに耐え忍ぶ実践徳目を何というか。　㊱忍辱

㊲六波羅蜜のなかで，修行に努め，努力を続ける実践徳目を何というか。　㊲精進

㊳六波羅蜜のなかで，何事にも惑わされず精神を統一し，真理を得る実践徳目を何というか。　㊳禅定

㊴六波羅蜜のなかで，真実の知恵によって迷いを取り除こうとする実践徳目を何というか。　㊴智慧

㊵迷いの身であっても発心さえすれば仏となることができると説いた大乗仏教の思想を何というか。　㊵即心是仏（即心即仏）

㊶ブッダの直接の教え（経），教団の戒律（律），弟子たちによる教え（論）などをあわせて何というか。　㊶三蔵

㊷7世紀ころインドにおもむき，仏教の研究をし，中国仏教の形成に大きな影響を与えた唐の仏僧はだれか。　㊷玄奘三蔵（602 ～ 664）

㊸空の思想が説かれている大乗仏教初期の経典は何か。　㊸『般若経』

㊹『般若経』に記され，空の思想を表したことばは何か。　㊹色即是空

㊺蓮華経ともよばれ，日本では天台宗や日蓮宗で重んじられている大乗仏教の中心経典は何か。　㊺『法華経』

㊻「一切衆生悉有仏性」のことばが記されている大乗仏教後期の中心経典は何か。　㊻『涅槃経』

㊼唯識派の思想の根本原理で，あらゆるものをつくり出す心の根本的な働きを何というか。　㊼アーラヤ識

㊽宇宙に遍在する永遠の絶対的真理としての仏を意味することばとは何か。　㊽法身

㊾仏が現世での化身としてラマ（僧）となったとする活仏の教えを説く大乗仏教の一派は何か。　㊾チベット仏教（ラマ教）

㊿チベット仏教やイスラームでみられる地面に伏して祈る行為を何というか。　㊿五体投地

【論述問題】

> 大乗仏教と南伝（小乗・上座部）仏教の特色について比較せよ。

　大乗仏教ではあらゆる人間の救済をめざし，慈悲の心，利他行を中心として説かれているが，南伝仏教では個人主義，戒律主義，出家主義を基本としている点に大きな相違がある。また，大乗仏教では万人の救済を願い慈悲を実践する菩薩を理想として，他者を救うことが自己への悟りにつながるとするが，南伝仏教では，阿羅漢を理想として，世俗をはなれてひたすら修行と研鑽にいそしむことにより自己の悟りを得ようとする。

第３章　人生の智慧〜中国思想◇◇◇◇◇◇◇◇◇◇◇◇◇◇◇◇◇◇◇◇◇◇◇◇

◆ *INTRODUCTION*　　①　孔子と儒家の思想

【中国思想の源流】

○周代の思想：祖先の祭祀→血縁共同体の倫理

　天の思想：天→天意・天命→人間の世界

　礼：宗教的儀礼→慣習的ルール→共同体の社会規範

　礼制：封建社会の倫理

○諸子百家の成立

　周の衰退→諸侯の台頭・国家の乱立・抗争→春秋戦国時代（B.C.8〜３世紀）

　乱世→諸侯の富国強兵政策→治世の方策と思想→諸子百家

○諸子百家の思想（儒家・道家以外）

　墨家〈墨子〉：兼愛・交利・非攻・節用

　法家〈韓非子〉：法治主義

　名家〈公孫竜〉：論理的思考

　兵家〈孫子〉：兵法・戦略

　陰陽家〈鄒衍〉：陰陽五行

　縦横家〈張儀・蘇秦〉：外交

　農家〈許行〉：農本主義

【仁の思想　孔子の思想】

○儒家〈孔子・孟子・荀子〉：人間としてのあるべき生き方と徳による政治

○孔子の思想：弟子たちとの対話→『論語』

○道：人倫の道　政治の道

○仁：すべての徳の根本＝あるべき心のあり方

　　　　愛，忠，信，孝，克己，孝悌，忠恕

○礼：仁の具体的表れ（ことば・行い）

　　　　克己復礼─仁礼一体

　　　　仁の具体的表現→礼　礼の内面化→仁

【君子の徳】

○君子：仁と礼を修め，道を求め修養する人格者→あるべき為政者

　政治：君子の徳に基づく→徳治主義

○徳の原理：中庸

[中国思想の源流]••

❶周の時代に成立した万物の最高原理で，天地を支配し　｜❶天
王朝の権威を支え，中国の古代思想の中心となったもの
は何か。

❷周の封建制度の治者階級の基盤であった宗族の間で守　｜❷宗法（そうほう）
るべきルール（氏族結合のきずな）を何というか。

❸天の意思と命令のことを何というか。　｜❸天命

❹天命をうけて天の代行者として政治を行う人物のこと　｜❹天子
を何というか。

❺紀元前8世紀から紀元前3世紀にかけて，周が衰退　｜❺春秋戦国時代
し，各地に諸侯が登場し，覇権を争った時代を何という
か。

❻有徳者が天命を受けて，天命を失った為政者に替わる　｜❻易姓革命
ことを何というか。

❼春秋時代末から戦国時代にかけて，人材登用の気運の　｜❼諸子百家
なかで登場した思想家とその学派を総称して何という
か。

❽人間としての徳を修め人格を完成することと社会秩序　｜❽儒家（じゅか）
の維持を重んじ，為政者の徳に基づく統治を説き，日本
にも大きな影響を与えた学派は何か。

❾儒家の教えを批判して人為的な道徳や政治を否定し，　｜❾道家
個人の安心立命と自然にかなった人間や社会のあり方を
目的とした学派を何というか。

❿儒家の教えは偏愛に基づくとして否定し，万人への平　｜❿墨子（ぼくし）（470？〜
等な愛を唱えるとともに，侵略戦争を否定し，勤労と節　390？B.C.）
約を説いた人物はだれか。

⓫墨子を祖とする学派を何というか。　｜⓫墨家

⓬墨子の根本思想で，自他の別なく無差別平等な愛を何　｜⓬兼愛（けんあい）
というか。

⓭万人への無差別平等の愛は結果的に自己の利益とな　｜⓭兼愛交利
り，国家の利益ともなるという考え方を何というか。

⓮墨子の思想の一つで，戦争は人々に何の利益も幸福も　｜⓮非攻（ひこう）
もたらさないとし，侵略戦争を否定する考え方を何とい
うか。

⓯墨子の思想の一つで，人々を幸福にするには，浪費を　｜⓯節用

せず節約し，すすんで実利をとるという考え方を何というか。

⑯宇宙万物の生成・変化・消長を陰と陽の二つの原理によって解釈する考え方を何というか。

⑯陰陽説

⑰陰陽の二気は万物を生み，この陰陽の変化により人間の日常生活に欠くことのできない5つの元素が循環すると説く考え方を何というか。

⑰陰陽五行説

⑱陰陽五行説を説く学派を何というか。

⑱陰陽家

⑲社会秩序の規範としての法による信賞必罰を励行し，のちに秦の始皇帝に採用され，天下統一に貢献した学派を何というか。

⑲法家

⑳法家が説く法と刑罰を重視した立場を何というか。

⑳法治主義

㉑法家の思想を大成した人物はだれか。

㉑韓非子
（？～233B.C.）

㉒名（名称・概念）と実（形・本質）との関係を明らかにし，弁論術や説得の方法を重んじた学派を何というか。

㉒名家

㉓名家を代表する思想家で，戦国時代，趙に仕えた人物はだれか。

㉓公孫竜（310?～250?B.C.）

㉔軍事力を重視し，戦争・戦略・戦術について説いた学派を何というか。

㉔兵家

㉕日本では「風林火山」で知られ，兵家を代表する人物はだれか。

㉕孫子（？～？B.C.）

㉖諸国間の同盟や外交政策により国力の強化と安定を図った学派は何か。

㉖縦横家

㉗縦横家の一人で，秦に対抗するために他の6国に「合従の策」を説いた人物はだれか。

㉗蘇秦
（？～317B.C.）

㉘縦横家の一人で，秦と他の6国がそれぞれ和議を結ぶ「連衡の策」を説いた人物はだれか。

㉘張儀
（？～309B.C.）

㉙君臣の区別なく農耕に基づく自給自足の平等社会を目指し，農本主義を説いた学派は何か。

㉙農家

㉚農家の代表的人物で，神農（農業神）を崇拝した人物はだれか。

㉚許行（？～？B.C.）

【仁の思想　孔子】……………………………………………………

❶周の聖王の時代を理想として社会秩序の回復をめざ
し，人間としての正しいあり方と為政者の徳に基づく政
治を説いた春秋時代の思想家はだれか。

❷諸子百家の代表的思想で，孔子を祖とし，道徳的人格
の完成と社会秩序の確立を目指した学派を何というか。

❸孔子は人間のあるべき生き方や政治のあるべきあり方
を何とよんだか。

❹孔子の思想の中心で，すべての徳の根本であり，人間
が求めるべき心のあり方を何というか。

❺元来は宗教上の儀礼であったが，仁とともに孔子の思
想の中心をなし，一切の行為の規範で，仁の徳が客観的
に外にあらわれたものは何か。

❻行為や言動の正しさを示す徳を何というか。

❼親への敬愛の情，親子間の親愛の情にもとづく徳を何
というか。

❽徳の一つで，身を慎み，謙虚にしたがうことを何とい
うか。

❾兄や年長者への恭順の情，兄弟間や年長者と年少者の
つながりにおける親愛の情に基づく徳を何というか。

❿自然な親愛の情に基づく仁の根本とは何か。

⓫自己を偽らず，誠実に他者と接し，互いに認め合う徳
を何というか。

⓬良心にしたがい，自分を欺かず，真心をつくすという
徳を何というか。

⓭他者の立場に立って考え行動し，他者を心から思いや
る徳を何というか。

⓮仁の本質である自己自身の真心と他者への思いやりと
は何か。

⓯自己にうち克ち，自らを律し向上させようとすること
を何というか。

⓰自己にうち克ち，礼に立ち返り礼を行うことを何とい
うか。

❶孔子（551 ？～
479 ？ B.C.）

❷儒家（儒教）

❸道

❹仁

❺礼

❻義

❼孝

❽恭順

❾悌

❿孝悌

⓫信

⓬忠

⓭恕

⓮忠恕

⓯克己

⓰克己復礼

【君子の徳】**••**

❶徳の実現に不可欠な過不足のない状態を何というか。　❶中庸

❷元来は為政者の意味であるが，儒家の思想では有徳の　❷君子
人格者のことで，道を求めて実践にはげむ理想的人間像
を何というか。

❸徳を修めた君子が仁と礼によって国を治めるという儒　❸徳治主義
家の政治思想を何というか。

❹孔子のことばや孔子と弟子たちとの対話などを記した　❹『論語』
書で，孔子の思想を具体的・実践的に記した儒家思想の
根本となる経典は何か。

❺克己復礼のことばで知られ，孔子の弟子で最高の秀才　❺顔回（521？〜
とされる人物は誰か。　490？ B. C.）

❻孔子の弟子で，孝悌を仁の根本と理解し，子の称号を　❻有子（515？〜
もつ人物は誰か。　467？ B. C.）

❼孔子の弟子で，孔子の説いた仁を忠恕と解釈して儒家　❼曾子（505？〜？
思想を発展させ，子の称号をもつ人物はだれか。　B. C.）

❽孔子の孫で，曾子に学び，徳の本質を中庸として人倫　❽子思（483？〜
の正しい道を説いた人物は誰か。　402？ B. C.）

❾子思の著書とされている経典は何か。　❾『中庸』

◆ *INTRODUCTION*　　② 儒教の展開

【性善説　孟子】

　○孔子の思想→儒家思想→儒家の教え＝儒教：君子の道─道徳と為政者の精神的
　　　　　　　　　　　　支柱

　○孟子：孔子の後継者　儒家思想の発展─道徳と政治のあり方

　○性善説：人間の本性は善─生来の心を大切に育てる→徳の実現

　○四端：生来もつ4つの善なる心：惻隠・羞悪・辞譲・是非

　○四徳：惻隠→仁・羞悪→義・辞譲→礼・是非→智

　○大丈夫：理想的人物像　道徳的人格者　浩然の気

【王道政治】

　○五倫：父子─親・君臣─義・夫婦─別・長幼─序・朋友─信

　○王道政治：徳治主義→為政者の徳に基づく政治
　　　　　　　　　　仁義　人民本位

　○易姓革命：為政者が徳を失うと天命が改まる＝革命

【性悪説　荀子】

　○荀子：儒教の継承者　礼を強調

　○性悪説：人間の本性は悪
　　　　　　　　　礼の強調＝外的規範の教化→心の育成

　○礼治→法治主義（法家・韓非子）

【朱子学と陽明学】

　○儒学の成立：儒教の経典の成立→経典研究→儒学─日本でも江戸時代に隆盛
　　　　　　　　　四書（『論語』『孟子』『大学』『中庸』）
　　　　　　　　　五経（『詩経』『書経』『易経』『礼記』『春秋』）

　○朱子学：宋代に朱子により大成─存在論・道徳論・政治論などの体系的思想
　　　　　　　理気二元論─理（万物・宇宙の原理）と気（事物を構成する運動物質）
　　　　　　　性即理─万物の理＝人間の性（本然の性）
　　　　　　　居敬窮理─つつしみをもつことによって理を窮める→聖人
　　　　　　　格物致知─物の理を窮めると真の知に至る
　　　　　　　修己治人─君子の道＝道徳と政治

　○陽明学：明代に王陽明により大成─朱子学批判　実践の強調
　　　　　　　心即理─生まれながらの心＝理
　　　　　　　良知─是非善悪を判断する心→致良知
　　　　　　　知行合一─「知ること」＝「行うこと」

[性善説　孟子]………………………………………………………………

❶魯の隣国の鄒に生まれ，孔子の孫である子思の門人に学び，儒教を大成した人物はだれか。

❷孟子の思想の根本をなすもので，人間の本性は善であり，不善や悪は後天的な要因によるとする立場を何というか。

❸孟子は人間が生まれながらにもつ善なる心を総称して何とよんだか。

❹四端の一つで，他人の不幸を見過ごせないあわれみの心を何というか。

❺四端の一つで，自分や他人の悪や不正を憎む心を何というか。

❻四端の一つで，他者を尊重し譲る心を何というか。

❼四端の一つで，善悪を正しく判断する心を何というか。

❽四端の心を養い育てることにより実現する徳の総称を何というか。

❾惻隠の心から生じる徳とは何か。

❿羞悪の心から生じる徳とは何か。

⓫辞譲の心から生じる徳とは何か。

⓬是非の心から生じる徳とは何か。

⓭道徳にかない，天地にみなぎる正しい勇気によって何にも屈しない不動の心を何というか。

⓮孟子は，四徳を修め浩然の気を養い続ける理想的人間像を何とよんだか。

❶孟子（372？〜289？B.C.）

❷性善説

❸四端

❹惻隠の心

❺羞悪の心

❻辞譲の心

❼是非の心

❽四徳

❾仁

❿義

⓫礼

⓬智

⓭浩然の気

⓮大丈夫

【王道政治】………………………………………………………………

❶孟子が説いた，父子・君臣・夫婦・長幼・朋友の5つの人間関係とそこにおけるそれぞれの徳を総称して何というか。

❷父子の間の徳とは何か。

❸君臣の間の徳とは何か。

❹夫婦の間の徳とは何か。

❺長幼の間の徳とは何か。

❻朋友の間の徳とは何か。

❼孟子が説いた四徳に前漢の董仲舒が加えた徳を総称

❶五倫

❷親

❸義

❹別

❺序

❻信

❼五常

して何というか。

❽董仲舒が加えた徳とは何か。　　　　　　　　　　　❽信

❾孟子が特に重んじた他者への思いやりの徳と社会にお　❾仁義
ける正しさと徳を何というか。

❿孟子が説いた，為政者が仁義の徳によって民衆の幸福　❿王道（政治）
をはかる政治を何というか。

⓫王道政治に対し，武力や権力に基づく政治を何という　⓫覇道（政治）
か。

⓬天命が改まり，為政者の姓がかわることを意味し，民　⓬易姓革命
意にしたがわない為政者が天命を失いその地位を追われ
ることを何というか。

⓭天が人の行いを監視して，悪政が行われれば天災によ　⓭天人相関説
り警告し，改められなければ天命が失われるという自然
界と人間界との関わりを何というか。

⓮孟子による著書を何というか。　　　　　　　　　　⓮『孟子』

【性悪説　荀子】･･･

❶孔子の思想を継承発展させ，仁の具体的表れとしての　❶荀子（298?〜
礼を重んじ，外的規範としての道徳を説いた人物はだれ　　238? B.C.）
か。

❷荀子の思想の根本をなすもので，人間の本性は悪であ　❷性悪説
り，礼の教化により善を実現する立場を何というか。

❸性悪説にもとづき，礼により本性的悪を矯正し，人心　❸礼治主義
を正し社会秩序を保つことを目的とした荀子の政治的立
場を何というか。

❹荀子により強調された，礼により社会秩序を維持し，　❹礼楽
音楽により人心を和らげ，人と社会とを教化することを
何というか。

❺荀子による著書を何というか。　　　　　　　　　　❺『荀子』

【儒学の成立】･･･

❶儒教の経典である9つの書を総称して何というか。　❶四書五経

❷四書をすべてあげよ。　　　　　　　　　　　　　　❷『論語』『孟子』
　　　　　　　　　　　　　　　　　　　　　　　　　　『大学』『中庸』

❸五経をすべてあげよ。　　　　　　　　　　　　　　❸『書経』『詩経』

『易経』『春秋』
『礼記』

❹儒教の経典を研究する学問を何というか。

❺南宋の儒学者で，主知主義的な立場から存在論，道徳論，政治論などの体系的学問を大成した人物は誰か。

❻朱子により大成された儒学を何というか。

❼朱子学において，宇宙・万物の原理とされるものを何というか。

❽朱子学において，事物の構成要素である物質的元素のことを何というか。

❾理と気によって存在を説明する思想を何というか。

❿朱子学において，自分の知をきわめようと思えば物についての理をきわめなければならないとするあり方を何というか。

⓫朱子学において，欲望を捨て心を正し，理に従いつつしむあり方を何というか。

⓬朱子学において，万物に宿る理を窮めることを何というか。

⓭朱子学において，つつしみにより人欲を捨て，万物の理を窮めることを何というか。

⓮人間の心の本体である性は天地自然の理そのものに通じるという考え方を何というか。

⓯理に通じる人間の本来的な性を何というか。

⓰人間の本来的な性ではなく，気に妨げられた性を何というか。

⓱人間が努力して天の理との一致を回復しようとする朱子学が理想とした状態を何というか。

⓲朱子学において，天の理と一体となった理想的人間像を何というか。

⓳自らが道徳的修養により人格を高め，その徳によって民衆を教化し導くことを何というか。

⓴『大学』に記された「事物・事象を見つめ考え」，「知に到達し」，「自らを欺かず」，「心を正しく保つ」という修養法をそれぞれ何というか。

㉑『大学』に記された「徳によって自己を修め」，「家庭

❹儒学

❺朱子
（1130〜1200）

❻朱子学

❼理

❽気

❾理気二元論

❿格物致知（かくぶつちち）

⓫居敬（きょけい）

⓬窮理（きゅうり）

⓭居敬窮理

⓮性即理

⓯本然の性

⓰気質の性

⓱天人合一

⓲聖人

⓳修己治人（しゅうこちじん）

⓴格物・致知・誠意・正心

㉑修身・斉家・治

内をととのえ」，その後「国を治め」，「天下を平らかに
する」という思想と修養法を何というか。

㉒明代の儒学者で，朱子学の観念性を否定して，『伝習録』
などを著し，実践を強調した人物はだれか。

㉓王陽明により確立した儒学を何というか。

㉔陽明学において，朱子学の「性即理」に対し，理を人
間の内面に求め，生まれながらの心そのものが理である
とする考え方を何というか。

㉕陽明学において，人間の心にある先天的な善悪是非の
判断力，論理的な感受性，行為の自律的な規範意識を何
というか。

㉖陽明学において，人間の内面に先天的に備わっている
良知のままに生きることを何というか。

㉗陽明学において，具体的な事物や状況において正しく
心をはたらかせ，良知を磨くことを何というか。

㉘陽明学において，知ることと日常生活における実践と
はひとつのものであるという考え方を何というか。

㉙知行合一について述べた王陽明のことばとは何か。

㉚朱子と同時代に活動し，王陽明に影響を与えた北宋の
儒学者は誰か。

国・平天下

㉒王陽明
（1472〜1529）

㉓陽明学

㉔心即理

㉕良知

㉖致良知

㉗事上磨練

㉘知行合一

㉙「知は行の始め
であり，行は知
の完成である」

㉚陸象山
（1139〜92）

◆　***INTRODUCTION***　　③　道家の思想　----------------

【老荘思想】

○老荘思想：道家の思想　儒家批判―「大道廃れて仁義あり」　超俗的思想

○道：宇宙（万物）の根源＝無・無名

○老子：生没年不詳　『老子』

　　　無為自然：ありのままあるがままの自然の働きとその状態

　　　柔弱謙下：自然のままに身をゆだね，他者に譲る生き方

　　　小国寡民：理想の国家＝領土が狭く人口が少ない自給自足の共同体

○荘子：万物斉同：無為自然の世界＝万物は本来平等一体

　　　心斎坐忘：知恵・執着を捨てる（心斎）→自己を忘れ自然と一体となる（坐忘）

　　　真人：理想的人間像　自然との一体＝絶対的自由の境地（逍遙遊）

○道教：道家の思想と呪術的民間信仰の融合

【道家の思想】------------------------------------

❶儒家と並び中国思想を代表し，人知や作為を否定してあるがままのあり方や生き方を説く学派は何か。

❷道家はその代表的人物の名をとって何といわれるか。

❸生没年は不詳であるが，春秋時代の思想家とされる道家の祖はだれか。

❹道家の思想の根幹で，一切のものがそこから生じ，そこに帰るとする宇宙の根本原理・万物の根源を何というか。

❺有を有たらしめるもので，道の別の名ともいえる絶対的・無限定的なものを何というか。

❻老子の思想の一つで，道の作為のないありのままのはたらきのこと，また，人為を捨て，自然に従ってありのままに生きることを何というか。

❼無為自然にもとづく生き方で，他者に譲り，争わない態度を何というか。

❽仁義などの道徳は本来の道が廃れたために人為的に生じたもので，本来の道は無為自然であるという意味のことばは何か。

❶道家

❷老荘思想

❸老子(?～？B.C.)

❹道（タオ）

❺無

❻無為自然

❼柔弱謙下

❽「大道廃れて仁義あり」

❾水のように柔弱で争わず，どのような形にもなり，自然のままにあることが善いとすることばは何か。

❿老子の理想とした社会で，自然のままに生活する自給自足の村落共同体，人口が少なく領土の小さな国のことを何というか。

⓫老子が著したとされる書物は何か。

⓬戦国時代の宋の思想家で，老子の思想を継承し，老荘と併称され道家を形成した人物はだれか。

⓭荘子の思想の一つで，ものごとの是非善悪の判断はすべて相対的であり，宇宙万物の道からみれば，万物はすべて平等一体であるとする考え方を何というか。

⓮荘子は，知恵や執着を捨てて心を空虚にすることを何とよんだか。

⓯荘子は，自己を忘れて知恵や執着を捨てて心を空虚にすることを何とよんだか。

⓰分別や執着を捨てて心をつつしみ，心を空しくし，いながらにして自己の心身すべてを忘れ，無為自然の境地へ至る修養法を荘子は何とよんだか。

⓱荘子の思想で，社会的名声や評価など人為的価値観から自由になり，天地自然と一体となった境地に悠々として生きることを何というか。

⓲人為を捨て，すべてを受け入れる肯定の精神をもって自然に身を委ねて生きるという理想の人間像を荘子は何とよんだか。

⓳荘子が夢の中で蝶になったという寓話で，万物斉同・逍遙遊を表したとされるものは何か。

⓴無価値とされるものにも，あるがままの価値があるという考えを何というか。

㉑道家の思想に呪術的な民間信仰が加わって形成された中国の宗教は何か。

㉒道教が取り入れた，自然界と人間界のあらゆる現象を気の状態変化と5つの元素（木・火・土・金・水）から説明する理論を何というか。

---

❾「上善は水の如し」

❿小国寡民（しょうこくかみん）

⓫『老子』（『老子道徳経』）

⓬荘子（? ～ ?B.C.）

⓭万物斉同（ばんぶつせいどう）

⓮心斎（しんさい）

⓯坐忘（ざぼう）

⓰心斎坐忘

⓱逍遙遊（しょうようゆう）

⓲真人（至人）

⓳胡蝶の夢

⓴無用の用

㉑道教

㉒陰陽五行説

【論述問題】

孔子の「仁」について述べよ。

　孔子の思想の核心である「仁」は，人と人のあいだに自然に備わった慈しみ，思いやりの感情で，すべての徳の根本であり，忠恕・孝悌・愛・克己・信などのことばで表現される。曾子が強調した忠恕は真心と思いやりの心で，孝悌は親子間の自然な情愛，兄弟姉妹や親しい年長者と年少者間の恭順の情愛であり，有子は孝悌が仁の根本であるとした。

孟子の性善説とはどういうことか。説明せよ。

　孟子は，人間はすべて本来的に善なる本性をもち，四端（惻隠，羞悪，辞譲，是非）の心である思いやり，悪をにくむ心，他人にゆずる心，正しい判断力をもっているとした。彼によれば，それらの心を正しく導き，充実させると仁・義・礼・智の四徳が実現する。

孔子の考えは，孟子・荀子にどのように受け継がれたか。

　孔子において，心のあり方としての仁，その仁が外にあらわれた客観的・具体的な行為や規範・秩序として礼が，車の両輪のように考えられていた。その後，孔子の思想を継承した孟子は，心のあり方（仁）を強調し，その根拠として性善説，一方の荀子は規範（礼）による外的教化を強調し，その根拠として性悪説を説いた。

儒家と道家の説く「道」について比較せよ。

　儒家の説く「道」とは，「学問の道」，「人としての道（道徳）」，「政治の道」など，人間の踏み行うべき「道」であり，その思想の中心に，「仁」と「礼」の徳目をおき，これらを実践してこそ，人間としてのあるべきあり方と理想的な社会が実現すると説いた。

　道家の説く「道」とは，「宇宙の根源」で「天地自然の道」で本来，名をつけられないものである。この「道」は人智で計り知ることができないもので「無」ともよばれる。人間がこの世の中で，いかほどのことをしても，それはとるに足らない，些細なことである。「道」は作為がなく（無為），自ら

そうなっている（自然）ので，人間もありのまま，あるがままの「無為自然」
に生きることが賢明な生き方で，ここから円満なよい社会が生まれると説い
た。

> 老子の説く「無為自然」の考えを儒家の立場と比較して述べよ。

　道家によれば仁・義などの実践道徳は人為・作為的な立場で混乱の因とな
るので人為を排し自然のままに生きることを主張した。自然に生きることは，
道に従って生きることであり，この道は宇宙の原理，万物の根源として説か
れ，儒家の人倫の道と対比的である。
　無為自然とはこのような道にかなうあり方のことであり，ありのままの自
然な姿で生きることである。道徳は究極には人為的で相対的であるが，無為
自然は時代や地域，それぞれの価値を超越した普遍の生き方である。

第4章　人生における芸術◇◇◇◇◇◇◇◇◇◇◇◇◇◇◇◇◇◇◇◇◇◇◇

◆ *INTRODUCTION*　　①　人生における芸術

【人生における芸術】　人生における芸術の意義と価値
　　○芸術と美
　　　　芸術─美的価値のあるものの創造とその作品
　　　　　　　　絵画，彫刻，建築，音楽，文学，演劇，映画 etc.
　　　　美─うつくしいもの，きれいなもの
　　　　　　　対象と鑑賞する主体との間の精神的浄化
　　　　芸術の誕生─人生における感動→自己をみつめ，新しい自己を創造する
　　　　　　　　　　　　　　　　　　→感動の表現
　　　　芸術の意義─精神の向上と人生の指針
　　○美の諸相
　　　　・自然美─自然に内在する美…風景美，人物美など
　　　　・芸術美─人間が美そのものを意図してつくり上げた作品の中の美
　　　　　　　　　…絵画，彫刻，建築，音楽，文学，演劇，映画などの作品
　　　　・機能美─人間の技術が生み出した機能的構成的な美，美そのものではなく付
　　　　　　　　　随的なもの…日本刀の反り，自動車や飛行機の体型

【人生における芸術】••

❶美的価値のある対象を創造する活動とその作品の総称で，本来は技術的活動を意味するものを何というか。	❶芸術
❷芸術の対象となる価値観念で，うつくしいもの，きれいなことを何というか。	❷美
❸芸術が究極的に表現するものは何か。	❸人生の感動や新しい創造
❹芸術の人生における意義とはどういうことか。	❹精神の向上や人生の指針
❺芸術作品を味わい，楽しみ，理解することで，感覚・感性と知性で総合的に理解，評価することを何というか。	❺鑑賞
❻芸術の一部門で，視覚・触覚に訴え，平面的・空間的	❻美術

に美を表現するものを何というか。

❼絵画，彫刻，工芸，建築のように平面や空間に形で美を表現する芸術を何というか。　❼造型芸術

❽音楽や文学のように時間の流れのなかで作者の精神や美を表現する芸術を何というか。　❽時間芸術

❾文学，美術，音楽といった芸術に加え，人間の動きを素材とする芸術を総称して何というか。　❾総合芸術

❿総合芸術にあてはまるものはなにか。　❿演劇，映画

⓫自然に存在する事物や人物のなかに見いだされる美を何というか。　⓫自然美

⓬人間が美そのものの表現を目的として作品のなかに見いだされる美を何というか。　⓬芸術美

⓭人間の技術が生み出した機能的構成的美を何というか。　⓭機能美(技術美)

⓮視覚や聴覚，触覚など感覚に訴える美を何というか。　⓮感覚美

⓯崇高，荘厳，悲壮など精神に訴える美を何というか。　⓯精神美

⓰14 世紀にイタリア諸都市で始まり，15 世紀から 16 世紀にかけて全盛となった古典文芸の復興運動を何というか。　⓰ルネサンス

⓱16 世紀から 17 世紀の初頭にかけて成立した，洗練された技巧と複雑な構成，非現実的色彩を特色とする美術様式を何というか。　⓱マニエリスム

⓲17 世紀から 18 世紀にかけての，ルネサンスの端正な作風とは異なる躍動的劇的表現を特色とする美術様式と音楽傾向を何というか。　⓲バロック派

⓳バロック派の後，18 世紀初頭にフランスで成立した美術様式で優美で繊細な表現を特色とし，宮廷文化の一支柱となったものを何というか。　⓳ロココ派

⓴17 世紀のフランス，18 世紀のイギリス・ドイツに成立した哲学・文学・音楽・美術の思潮・様式で，ギリシャ・ローマの古典文化を理想とした調和と均整の形態，人間精神の尊重を特色としたものは何か。　⓴古典主義（古典派，クラシシズム）

㉑18 世紀末から 19 世紀にかけてヨーロッパの主流となった哲学・文学・音楽・美術の思潮・様式で，個性，感情を尊重し，自由な傾向を特色としたものは何か。　㉑ロマン主義（ロマン派，ロマンティシズム）

㉒19 世紀の中期，ヨーロッパで成立した文学・美術の　㉒写実主義（リア

思潮・様式で客観性を重んじ，現実を厳しくみつめ，人
生や社会の真実を表すことを目的としたものは何か。

❷19世紀の後半，フランスに成立した美術・音楽・文
学の様式と傾向で，事物を客観的に捉えるものではなく，
瞬間的，主観的な印象の表現を特色とするものは何か。

❷20世紀初頭のフランスに起こった絵画運動で野獣主
義と訳され，内面の表現を目的としたものは何か。

❷フロイトの影響を受け，無意識や夢の世界の表現を目
的とした非理性的・非現実的・創造的な表現を特色とし
た美術様式を何というか。

❷複数の視点から見た像を一元的に描いたり，分割した
りする手法をとった20世紀初頭の絵画運動は何か。

❷バロック派を代表するオランダの画家で，「夜警」な
どで知られる画家はだれか。

❷バロック派を代表するスペインの画家で，「ブレダの
開城」などで知られる画家はだれか。

❷バロック派音楽の代表で「マタイ受難曲」などで知ら
れるドイツの音楽家はだれか。

❸バロック派音楽の大成者で「水上の音楽」などで知ら
れるドイツの音楽家はだれか。

❸『若きウェルテルの悩み』や『ファウスト』で知られ
るドイツの最大の小説家・詩人とはだれか。

❸ゲーテとともにドイツ文学を代表する巨匠で『群盗』
や『ウィリアム＝テル』で知られる詩人とはだれか。

❸古典主義絵画の代表者で「ナポレオンの戴冠」などの
作品で知られるフランスの画家とはだれか。

❸古典派音楽の代表者で「時計」などで知られる「交響
曲の父」と呼ばれるオーストリアの音楽家はだれか。

❸古典派音楽の頂点に立つ天才で，「フィガロの結婚」「魔
笛」などで知られ，歌劇，交響曲，歌曲などあらゆる分
野にすぐれた作品を残した音楽家はだれか。

❸モーツァルトとならぶ古典派音楽の巨匠で「運命」「田
園」「第九」などで知られる音楽家とはだれか。

❸フランス古典主義文学の三大劇作家とはだれか。

リズム）

❷印象主義（印象
派）

❷フォービズム

❷シュールレアリ
ズム（超現実主
義）

❷キュビズム（立
体派）

❷レンブラント
（1606 ～ 69）

❷ベラスケス
（1599 ～ 1660）

❷バッハ
（1685 ～ 1750）

❸ヘンデル
（1685 ～ 1759）

❸ゲーテ
（1749 ～ 1832）

❸シラー
（1759 ～ 1805）

❸ダビッド（1748
～ 1825）

❸ハイドン
（1732 ～ 1809）

❸モーツァルト
（1756 ～ 91）

❸ベートーヴェン
（1770 ～ 1827）

❸コルネイユ，ラ
シーヌ，モリ

㊳フランスロマン派美術の指導的存在で「民衆を率いる自由の女神」などで知られる画家はだれか。

㊴近代歌曲の創始者とされ，「冬の旅」や「未完成」などで知られるドイツロマン派の音楽家はだれか。

㊵楽劇の創始者で「ニーベルングの指輪」などで知られるドイツロマン派の音楽家はだれか。

㊶フランス自然主義の代表者で「晩鐘」など農民の生活を題材とした画家はだれか。

㊷フランス印象派の巨匠で，「扇を持つ女」など人物画や女性の肖像画に多くの傑作を残す画家はだれか。

㊸近代彫刻の完成者で内面の感情や生命の躍動を表現し「考える人」で知られる彫刻家はだれか。

㊹「ゲルニカ」などの作者で，現代美術の巨匠はだれか。

エール

㊳ドラクロア
（1798 ～ 1863）

㊴シューベルト
（1797 ～ 1828）

㊵ワーグナー
（1813 ～ 83）

㊶ミレー
（1814 ～ 75）

㊷ルノワール
（1841 ～ 1919）

㊸ロダン
（1840 ～ 1917）

㊹ピカソ
（1881 ～ 1973）

【論述問題】

芸術の人生における意義とは何か。

　芸術はその作品が表現する感動や美，思想や心情，生き方を通して，私たちの精神をより美しく，豊かにする。芸術は感性・感覚によって受け取るものと思われがちであるが，芸術作品には，作者の思想や哲学が反映され，私たちの人生の指針となる意義をもつ。

第3編　　**現代社会と倫理**

第1章　現代社会の倫理的課題◇◇◇◇◇◇◇◇◇◇◇◇◇◇◇◇◇◇◇◇◇◇◇◇

◆　*INTRODUCTION*　　　近代の誕生 ------------------------

【近代とは何か】

　○西洋の歴史区分：古代（ギリシャ・ローマ以前）・中世（4〜14世紀）
　　　　　　　　　　　近代（15〜19世紀）・現代（20世紀以降）

　○近代：15〜19世紀―ルネサンス・宗教改革・近代科学の成立・産業革命・
　　　　　市民革命

　　　　　人間尊重の精神→市民社会・資本主義・民主主義・社会福祉・公共性

　○近代とは何か：M.ウェーバーの説―合理化

【合理化と近代科学】

　○近代化の核心：合理化＝脱呪術化（M.ウェーバーの説）
　　　↑自然現象：神的霊的な働きから法則性へ→合理的思考
　　近代自然科学の発達＝科学革命（バターフィールドの説）

　○近代社会の成立：ルネサンス・宗教改革・近代科学

【合理的な考え方と社会の進歩】

　○科学の発達：科学の影響→学問・思想・文化・日常生活

　○実証主義：19世紀フランスの思想―科学的思考方法で社会的事象を考察
　　　　　　　　コント―社会学（社会科学）の祖
　　　　　　　　　　　検証可能な経験的事実に基づく考察→社会と人類の進歩
　　　　　　　　　　　人間の知識―神学的段階・形而上学的段階・実証的段階

　○進化論：ダーウィン―生物の種の変化により下等なものから高等なものへと進
　　　　　　　　　　　　化し，現在の状態に至っている
　　　　　　　スペンサー―社会進化論
　　　　　　　社会―軍事型・法律型・産業型へと進化する

【近代社会がもたらしたもの】

　○科学・技術の進歩→近代社会の進歩→組織・機構の分業化・専門化

→組織・機構の巨大化・複雑化

○近代社会における組織・機構の管理・運用：官僚制（ビューロクラシー）

→合理化・系統化・分業化・専門化

→階層的秩序の成立・個人の無力感

【近代社会の限界】

○現代社会：近代社会の延長→近代社会の限界

○近代社会の功罪：合理化→自立する個人と個人の無力感・不安

→科学・技術の発達→自然の支配と制御→環境問題・生命倫理

＊社会とは何か：大衆社会・地域社会・管理社会・国際社会→人間はいかに生きるか？

＊自己と他者：自己と他者との共感・共生・協調→自他の共栄・共存へ

＊個人と社会：個人の幸福と公共の福祉　個人の自由と社会の秩序

【現代社会の倫理的課題】‥‥‥‥‥‥‥‥‥‥‥‥‥‥‥‥‥‥‥

❶西ヨーロッパにおいて，生活・思考・社会のあり方が合理的・科学的になった状況を何というか。

❷世界史において，近代とはいつ頃のことであるか。

❸20世紀のドイツの社会学者で，社会的事象を科学的に探究し，近代社会学を確立した人物はだれか。

❹M.ウェーバーは近代化の特色は何であるとしたか。

❺M.ウェーバーは合理化の特色は何であるとしたか。

❻脱呪術化をになった近代における出来事は何か。

❼イギリスの歴史家バターフィールドは，近代自然科学の成立を何とよんだか。

❽西洋近代の骨格を定めた3つの出来事は何か。

❾19世紀のフランスで，自然科学の方法を社会的事象に適用し，自然と同じように法則を見出すことを求めた社会学者はだれか。

❿コントが唱えた学問的立場を何というか。

❶近代化

❷14・15世紀から19世紀頃

❸マックス＝ウェーバー（1864～1920）

❹合理化

❺脱呪術化

❻近代自然科学の発達

❼科学革命

❽ルネサンス，宗教改革，近代自然科学

❾コント（1798～1857）

❿実証主義

⓫ コントは人間の知識を進歩の段階として3段階に分類したが，その3つとは何か。

⓬ 生物の種の変化により下等なものから高等なものへと進化するという学説を何というか。

⓭ ガラパゴス諸島などの現地調査から生物進化論を説いた19世紀イギリスの博物学者はだれか。

⓮ ダーウィンが生物の進化の本質とした，環境に適応する種が生存するという考えを何というか。

⓯ 進化論を人間や社会に適用し，体系的学問を確立したイギリスの哲学者はだれか。

⓰ スペンサーが説いた社会学の学説を何というか。

⓱ スペンサーは社会を進歩の段階として3段階に分類したが，その3つとは何か。

⓲ 近代における組織の構造の特色を二つあげよ。

⓳ 近代における組織と人間とのかかわりの問題点を二つあげよ。

⓴ M.ウェーバーは，近代における巨大な組織を能率的に管理・運営するしくみを何とよんだか。

㉑ 大衆による決定が社会の動向を左右する社会は何か。

㉒ 自然的契機によって成立し，生活様式や規範などに関して人々が共通意識を持っている共同体を何というか。

㉓ 巨大化した組織を効率よく運営するために民衆が管理される社会を何というか。

㉔ 大衆社会の均質化・俗物化を批判し，『大衆の反逆』を著したスペインの思想家はだれか。

⓫ 神学的段階・形而上学的段階・実証主義的段階

⓬ 進化論

⓭ ダーウィン（1809～82）

⓮ 自然淘汰（自然選択）

⓯ スペンサー（1820～1903）

⓰ 社会進化論

⓱ 軍事型・法律型・産業型

⓲ 分業化・専門化

⓳ 無力感・不安

⓴ 官僚制

㉑ 大衆社会

㉒ 地域社会（コミュニティ）

㉓ 管理社会

㉔ オルテガ（1883～1955）

【論述問題】

> **近代化とはどのようなことか述べよ。**

　西洋の歴史において14，5世紀から始まるとされ，18，9世紀に確立した合理的・科学的思考とそれに基づく生活・文化・学問などの状態を近代化という。M.ウェーバーによれば，近代化とは合理化であり，合理化とは世界の事象・事物の成り立ち，価値観や思考が呪術から解放されること（脱呪術化）である。

第２章　現代社会を生きる倫理◇◇◇◇◇◇◇◇◇◇◇◇◇◇◇◇◇◇◇◇◇◇◇

◆　*INTRODUCTION*　　　第１節　ルネサンスと宗教改革 ‐・‐・‐・‐・‐・‐
　　　　　　　　　　　　　　①　自己肯定の精神

【ルネサンスとヒューマニズム】

○ルネサンス：ギリシャ・ローマ古典文化の再生→文芸復興（14〜16世紀）
　　　↓　　　　　北イタリアの自由都市で成立（フィレンツェ，ジェノヴァなど）
　　芸術家たちの活動←大商人の保護・文化的伝統・東方貿易による文化交流

○ダンテ：ルネサンスの先駆者―『神曲』―中世文学の集大成と近代文学の萌芽

○ヒューマニズム（人文主義）：ギリシャ・ローマの古典文研究の方法
　　　　　　　　　　　　　　→人間性尊重の精神
　　　　　　　　　　　　　　　学問的先駆者…ダンテ・ペトラルカ・ボッカチオ

○美術：ギリシャ・ローマ神話や『聖書』を題材
　　　　　ボッティチェリ，レオナルド＝ダ＝ヴィンチ，ミケランジェロ，ラファエロ

○万能人：ルネサンス的理想像
　　　　　レオナルド＝ダ＝ヴィンチ，アルベルティ，ミケランジェロ

【新しい人間観　ピコ】

○ピコ＝デラ＝ミランドラ：『人間の尊厳について』
　　　　　　　　　　　　　人間＝「天上的でも地上的でもない存在」
　　　　　　　　　　　　　人間の尊厳＝自由意志→近代的人間観の確立

○人間の本質としての自由→西洋近代思想の人間観

○マキャベリ：『君主論』―君主＝強さと狡さ，権謀術数→マキャベリズム
　　　　　　　人間性の探究→政治と道徳との分離→政治の宗教・道徳からの独
　　　　　　　立→近代的政治観の成立

【ルネサンスとヒューマニズム】……………………………………………………

❶ヨーロッパのキリスト教徒がイスラーム教徒に対して
11世紀末から13世紀後半にわたって行った軍事的遠征
を何というか。

❶十字軍

❷「再生」を意味し，14世紀ころに北イタリアの自由
都市から始まり，のちにヨーロッパに広がった古代ギリ
シャ・ローマの文芸復興運動を何というか。

❷ルネサンス

❸キリスト教教会の力が強かった中世において，神を中心とした人生観や世界観をきずく立場を何というか。

❸神中心主義

❹元来は古典文献研究の方法を意味したが，のちに人間性を尊重し，人間性を束縛しようとするものからの解放を意味したルネサンス期の思想を何というか。

❹ヒューマニズム（人文主義）

❺ルネサンス期にあらわれた理想的人間像をいい，学術や芸術などのさまざまな分野で個性を最高度に発展させた人間を何というか。

❺万能人（普遍人）

❻ルネサンスの先駆けをなし，『新生』などの著作で知られるフィレンツェ生まれの詩人はだれか。

❻ダンテ（1265〜1321）

❼ダンテの大作で，彼自身が地獄・煉獄・天国の三界を遍歴するという内容の宗教的叙事詩とは何か。

❼『神曲』

❽人文主義の先駆者の一人で，恋人ラウラへの愛を歌ったイタリア語の叙情詩集『カンツォニエーレ』を著したイタリアの詩人はだれか。

❽ペトラルカ（1304〜74）

❾人文主義の先駆者の一人で，ダンテを研究し，中世封建社会を大胆に風刺した作品を著したイタリアの詩人・小説家はだれか。

❾ボッカチオ（ボッカチョ）（1313〜75）

❿10人の語り手が物語をするという形で，世相を風刺し，教会や聖職者を批判するボッカチオの作品は何か。

❿『デカメロン』

⓫理想主義的な美の表現で近代絵画に影響を与え，ギリシャ神話を題材にした「春」,「ヴィーナスの誕生」で知られる画家はだれか。

⓫ボッティチェリ（1444？〜1510）

⓬イタリア - ルネサンスの代表的な万能人で，天文学・解剖学・物理学・哲学など幅広い分野にわたって活躍し，「モナ＝リザ」などの絵画で知られている人物はだれか。

⓬レオナルド＝ダ＝ヴィンチ（1452〜1519）

⓭レオナルドが『福音書』を題材としイエスと12使徒を描いた絵画とは何か。

⓭「最後の晩餐」

⓮レオナルドが絵画作品に用いた，自分の目に映る世界をありのままに平面上に立体的に描く方法を何というか。

⓮遠近法

⓯レオナルドと並んで，万能人とされたイタリア - ルネサンスの芸術家で，彫刻・絵画・建築などに多くの才能を発揮し，システィナ礼拝堂の大壁画「最後の審判」で知られる人物はだれか。

⓯ミケランジェロ（1475〜1564）

⓰ミケランジェロが,『旧約聖書』に記されている古代イスラエルの理想の名君を表現した彫刻作品は何か。

⓰「ダヴィデ」

⓱優美・繊細で調和のとれた手法を用い,「聖母子像」など古典主義的作風で知られる画家はだれか。

⓱ラファエロ
（1483 ～ 1520）

⓲ラファエロが古代ギリシャの哲学者たちを題材とした壁画は何か。

⓲「アテネの学堂」

⓳プラトン・アカデミーを代表するイタリア - ルネサンスの人文主義者・哲学者で, プラトンの全著作のラテン語訳を行った人物はだれか。

⓳フィチーノ
（1433 ～ 99）

⓴メディチ家が盟主となり, サンタ・マリア・デル・フィオーレ大聖堂のあるルネサンスの中心都市はどこか。

⓴フィレンツェ

【新しい人間観　ピコ】

❶イタリア - ルネサンスの人文主義者で, 人間は他の動物と違って自己のありかたを自ら決定することができる存在であると説いた人物はだれか。

❶ピコ＝デラ＝ミランドラ
（1463 ～ 94）

❷ピコ＝デラ＝ミランドラがローマで大討論会を開こうと計画した際の演説草稿は何か。

❷『人間の尊厳について』

❸ピコ＝デラ＝ミランドラが人間の尊厳とし, 後に西洋近代思想の人間観の中心的テーマとなったものは何か。

❸自由意志

❹イタリアの歴史家・政治学者で, フィレンツェ共和政府で外交官として活躍し, 近代政治学の端緒を開いたルネサンス期の人物はだれか。

❹マキャベリ
（1469 ～ 1527）

❺マキャベリの主著で, 強力な国家をつくるための統治者のあり方を論じた著書は何か。

❺『君主論』

❻君主は目的遂行のためには手段を選ぶ必要はないとし, 倫理・道徳からの政治の解放を説いたマキャベリの考え方は何と呼ばれるか。

❻マキャベリズム

❼フランス - ルネサンスの作家で, スコラ的教育や僧侶の生活などを風刺した『ガルガンチュア物語』や『パンタグリュエル物語』の著者はだれか。

❼ラブレー
（1494 ～ 1553）

❽イタリア - ルネサンスの哲学者で, 共産主義的理想国家を描いた『太陽の都』を著した人物はだれか。

❽カンパネラ
（1568 ～ 1639）

❾イギリスの劇作家・詩人で『ハムレット』,『ヴェニス

❾シェークスピア

の商人』,『ロミオとジュリエット』などの著者として知られる人物はだれか。　　　　　　　　　　　　　(1564 〜 1616)

❿『ドン = キホーテ』などの著者として知られるスペインの小説家はだれか。　　❿セルバンテス
　　　　　　　　　　　　　　　　　　　　　　　(1547 〜 1616)

◆　*INTRODUCTION*　　②　宗教観の転換　③　人間の偉大と限界 - - - -

【真の信仰へ　ルター】
　○ローマ教会の世俗化と堕落:贖宥状の販売→ヒューマニストからの批判
　○ヒューマニズムの宗教的展開→聖書研究→教会批判とプロテスタンティズム
　　エラスムス:『痴愚神礼讃』―教会と聖職者の腐敗を批判
　　　　　　　　　　　　　　　人間の自由意志に基づく信仰
　○ルター:ドイツの宗教改革者→ルター派　『キリスト者の自由』
　○ルターの改革:教皇の贖宥状乱発と教会体制への批判→『95 カ条の意見書』
　　　　　　　　→破門→諸侯の支援により改革断行
　　信仰義認:救済は個人の信仰のみ
　　聖書中心主義:信仰のよりどころは聖書のみ
　　万人司祭主義:人は神と直接関わる→聖俗は平等
　　職業召命観:職業は神のたまもの→平等
　○中世的信仰観の打破 →個人の信仰の確立

【内面からの信仰　カルヴァン】
　○カルヴァン:フランスの宗教改革者→カルヴァン派　『キリスト教綱要』
　○カルヴァンの改革:ジュネーブでの宗教改革→市政改革
　　予定説:神の絶対性の強調→救済は神の意志(予定)
　　職業召命観:職業＝神の召命→職業に専念→禁欲・勤勉(世俗倫理)
　　　　　　　　職業は万人平等→商人の営利追求の肯定→近代資本主義社会の成立
　　　　　　　　M. ウェーバー『プロテスタンティズムの倫理と資本主義の精神』
　○ローマ・カトリック教会の刷新運動:反宗教改革　世界各地への伝道
　　　　　　　　　　　　　　　イグナティウス = デ = ロヨラ
　　　　　　　　　　　　　　　フランシスコ = ザビエル

【モラリストの想い】
　○モラリスト:16 〜 17 世紀フランスの思想家
　　　　　　　普遍的な人間と社会の探究→理性・情念・意志

```
　　　　　＊モラル←モレス（習俗・規範）
　○モンテーニュ：『エセー』
　　　　　　不寛容・偏見→憎しみ→野蛮・争い・戦争
　　　　　　自己を見つめる→「われ何を知るか（ク‐セ‐ジュ）」
　　　　　　懐疑論→人間とは何かの倫理的考察
　○パスカル：『パンセ』
　　　　　　人間＝悲惨さと偉大さ→「人間は考える葦である」
　　　　　　　中間者→キリストの愛による救い
　　　　　　三つの秩序：身体・精神・愛
　　　　　　精神―幾何学的精神（科学的法理的思考）
　　　　　　　　―繊細の精神（現象の背後にある真理と愛を直観）
```

【真の信仰へ　ルター】

❶ローマ教会の統一的組織のもととされるキリスト教のことを何というか。

❶ローマ・カトリック教（カトリシズム）

❷16 世紀のはじめ，ヨーロッパでおこった一連の反ローマ教会運動とは何か。

❷宗教改革

❸ルネサンスの精神に基づき宗教改革の思想的背景となったものは何か。

❸宗教的ヒューマニズム（聖書研究）

❹宗教改革の先駆者で，ローマ教皇からのイギリスの政治的，宗教的独立を主張し，カトリック教会の堕落を批判した人物はだれか。

❹ウィクリフ（1320 ？～84）

❺ローマ・カトリック教会を厳しく批判し，コンスタンツ公会議で火刑に処せられたボヘミアの宗教改革者はだれか。

❺フス（1369 ？～1415）

❻宗教改革の先駆者とされ，フィレンツェの道徳的，政治的退廃を批判したが，反対者によって火刑に処せられたイタリアの修道士はだれか。

❻サヴォナローラ（1452 ～ 98）

❼オランダのヒューマニストで，教会と聖職者の腐敗・堕落を批判し，真の信仰に生きる個人のあり方を探究し，『自由意志論』を著した人物はだれか。

❼エラスムス（1466 ～ 1536）

❽エラスムスの著書で，王侯貴族・哲学者・聖職者など

❽『痴愚神礼讃』

を風刺したものは何か。

❾エラスムスは何を強調したか。

❿エラスムスとともに当時を代表するヒューマニストで，イギリス国教会の成立をめぐり国王ヘンリー8世と対立して刑死したイギリスの政治家はだれか。

⓫トマス＝モアの著書で，初期の資本主義社会における貧富の差を批判し，私有財産制を否定し，共産主義的理想社会を描いたものは何か。

⓬ドイツの宗教改革者で，聖書の研究に基づき，教会批判を行い，教皇から破門されながらも宗教改革を断行した人物はだれか。

⓭十字軍従軍免除にはじまり，それを買えば悔い改めることなくして信者の罪そのものが赦されるという証明書とは何か。

⓮16世紀に入り，教会の資金確保のために贖宥状を乱発したフィレンツェのメディチ家出身の教皇はだれか。

⓯贖宥符の発行に対して，ウィッテンベルク城教会の門の扉にはって抗議したルターの文書を何というか。

⓰ルターの著書で，「キリスト者はすべての者の上に立つ自由な君主で，だれにも従属しない」「キリスト者はすべての者に奉仕する僕であり，すべての人に従事する」と記されているものは何か。

⓱人が義とされ，神からの救いがもたらされるのは律法の行いによるのではなく信仰によるのであるというルターの考えを何というか。

⓲信仰のよりどころを神のことばをしるした聖書にのみもとめるルターの立場を何というか。

⓳聖職者か否かの区別なく，キリストを信ずるものはすべて司祭であるというルターの思想を何というか。

⓴聖書の福音を最も重視し，イエスの教えを信ずることによってのみ救われるとする立場を何というか。

㉑ルターの影響を受け，16世紀の前半に展開された農民による反教会，反領主の闘争で，運動が激化するにつれてルターと決別した闘争を何というか。

❾自由意志

❿トマス＝モア（1478～1535）

⓫『ユートピア』

⓬ルター（1483～1546）

⓭贖宥状

⓮レオ10世（1475～1521）

⓯『95カ条の意見書（論題）』

⓰『キリスト者の自由』

⓱信仰義認（信仰のみ）

⓲聖書中心主義（聖書のみ）

⓳万人司祭主義

⓴福音主義（エヴァンゲリッシュ）

㉑ドイツ農民戦争

㉒ドイツ農民戦争の指導者はだれか。

㉓スイスのチューリッヒで宗教改革の運動を行い，カトリック教徒との戦いで戦死した人物はだれか。

㉒トマス＝ミュンツァー
（1489 ？～ 1525）

㉓ツヴィングリ
（1484 ～ 1531）

【内面の信仰　カルヴァン】‥‥‥‥‥‥‥‥‥‥‥‥‥‥‥‥‥‥‥‥‥‥‥‥‥‥‥‥‥‥

❶フランスの宗教改革者で，スイスのジュネーブで宗教・政治の改革にあたり，教会法の制定，評議会の組織など，教会の粛正，市政の刷新につとめた人物はだれか。

❷神の絶対的権威への服従や神の栄光のための奉仕などが説かれたカルヴァンの著書は何か。

❸カルヴァンによりジュネーブでなされた，神聖な権威にもとづいて行われる政治を何というか。

❹神は絶対で，救われる者と救われない者との人間の運命は，神のはかり知れない意志によってあらかじめ定められているという思想を何というか。

❺すべての人間の職業は神から与えられたものとするルターやカルヴァンの考えを何というか。

❻信徒に課せられた日常における世俗的倫理には何があるか。

❼各々の職業がもっている道徳的秩序や規範を何というか。

❽ローマ・カトリック教会の宗教的権威に対し，『聖書』に基づく個人の信仰心を重んずるルターやカルヴァンが主張したキリスト教を何というか。

❾プロテスタントの教え，信仰のあり方，救済観などを何というか。

❿カルヴァンの思想に基づく信仰のあり方・宗派を何というか。

⓫労働は神から与えられたものと考え，それに励むことを説くカルヴィニズムの人間像を何というか。

⓬近代資本主義の精神の基底がプロテスタントの教えであると分析した 20 世紀ドイツの社会学者はだれか。

❶カルヴァン
（1509 ～ 64）

❷『キリスト教綱要』

❸神政政治（テオクラシー）

❹予定説（救済予定説）

❺職業召命観

❻勤勉・禁欲・節制など

❼職業倫理

❽プロテスタント

❾プロテスタンティズム

❿カルヴィニズム

⓫職業人

⓬マックス＝ウェーバー
（1864 ～ 1920）

⓭ M. ウェーバーが近代資本主義の精神について宗教的観点から考察した著書は何か。

⓭『プロテスタンティズムの倫理と資本主義の精神』

⓮イギリス国教会のローマ教会的制度・思想に対して改革を主張したカルヴァン派の信徒のことを何というか。

⓮ピューリタン（清教徒）

⓯フランスにおけるカルヴァン派の信徒のことを何というか。

⓯ユグノー

⓰プロテスタントの動きに対して，厳格な規律による教会体制の刷新や海外への布教活動を行ったローマ・カトリック教会内の改革を何というか。

⓰反宗教改革

⓱ジェスイット教団ともよばれ，反宗教改革の運動の中心となった修道会を何というか。

⓱イエズス会

⓲イエズス会を創設した人物はだれか。

⓲イグナティウス＝デ＝ロヨラ（1491? ～ 1556）

⓳イエズス会の宣教師で，1549 年，日本に初めてキリスト教を伝えた人物はだれか。

⓳フランシスコ＝ザビエル（1506 ～ 52）

【人間の偉大と限界】

❶社会や人間についてその真のあり方を随想風に記した16 世紀から 18 世紀のフランスの思想家たちを何というか。

❶モラリスト

❷16 世紀のカトリックとプロテスタントの対立抗争の時代にあって，人間中心主義の立場から人間としてのあり方を説いたフランスのモラリストはだれか。

❷モンテーニュ（1533 ～ 92）

❸モンテーニュが自己や日常生活を深く観察し，それについての感想を書いた著書は何か。

❸『エセー（随想録）』

❹人間研究の態度についていったモンテーニュの有名なことばとは何か。

❹「私は何を知るか（ク-セ-ジュ）」

❺モンテーニュの思想にあらわれている偏見や独断を排除するため普遍的真理を疑う立場を何というか。

❺懐疑論（懐疑主義）

❻モンテーニュは混乱と不安の時代にあって，人間がもつべき精神は何であるとしたか。

❻寛容さ

❼人間の矛盾とそれに伴う不安と苦悩を救うものとし

❼パスカル

て，キリスト教の立場から人間の尊厳と生き方を説いた，フランスの数学者・物理学者としても高名なモラリストはだれか。

❽人間の真相とあるべきあり方について，キリスト教の立場からその尊厳を記したパスカルの著書とは何か。

❾思考が人間を偉大にし，人間の尊厳が思考のうちにあるということをいったパスカルの有名なことばとは何か。

❿人間が偉大と悲惨，天使と獣の間を揺れ動く存在であるということを表したパスカルのことばとは何か。

⓫自己の悲惨さから目をそむけ，自己省察を欠いた怠惰な状態をパスカルは何とよんだか。

⓬宇宙と対峙した人間の驚異と不安を述べたパスカルのことばとは何か。

⓭パスカルが説いた人間の三つの秩序とは何か。

⓮パスカルは人間にその悲惨さを見つめさせるとともにそれを超えた神の恵みを何と呼んだか。

⓯ものごとを定義からはじめて論理的に展開する合理的・科学的精神をパスカルは何とよんだか。

⓰現象の背後にある原理や愛を直観的に把握する精神をパスカルは何とよんだか。

⓱モラリストが用いた金言，警句，箴言（しんげん）などと訳される人生や社会について簡潔な表現で表した句や文のことを何というか。

（1623～62）

❽『パンセ（瞑想録）』

❾「人間は考える葦である。」

❿中間者

⓫気晴らし

⓬「この宇宙の沈黙（しんかん）は私を震撼させる。」

⓭身体（物質）・精神・愛

⓮愛の秩序

⓯幾何学的精神

⓰繊細の精神

⓱アフォリズム

【論述問題】

> ルネサンス時代の「万能人」の意味を説明せよ。

ルネサンス期の理想的人物像で，自由意志により，無限の能力を信じ，あらゆる人間的能力を開発した人間のことで，芸術をはじめ諸学問に秀でたレオナルド＝ダ＝ヴィンチがその代表とされる。またミケランジェロもその系列にある。

ルネサンスの思想史上の意義について述べよ。

　ルネサンスの文芸運動は，大商人の保護のもとに成立し，かぎられた階層の人々のものであったが，中世キリスト教のもつ偏向的一面を打破し，自由な人間の精神とありのままの肉体の美を表現したことは人類史上に大きな意義をもつ。また，ギリシャ・ローマの古典研究から発したヒューマニズムは人間尊重の精神となり，宗教改革や後世の合理主義思想に大きな影響を与えた。

ルターの宗教改革の背景と思想の特色を述べよ。

　当時，ローマ・カトリック教会は世俗権力を有し，教義も排他的となり，聖職者も堕落し，教皇レオ10世は中世以来の贖宥符を増発し，財政を確保していた。ルターはそうした状況に『95ヵ条の意見書』を提出し破門されたが，諸侯の支援も受けて改革の根拠が「信仰のみ」「聖書のみ」にあるとして，イエスの福音に帰ることを中心に主張している。

カルヴァンの予定説について説明せよ。

　カルヴァンによれば，人間の罪からの救済は教会の権威や儀式はもちろんのこと，個人の内面的信仰とも無関係で，神の絶対的な意志により予定されている。神の選びは人間の努力などを越えたものであり，人間はただ神を信仰し，神の意志に従って生きなければならない。

カルヴァンの職業観が後世に与えた影響について述べよ。

　カルヴァンによれば，すべての職業は神から与えられた召命で，それ自体に貴賤上下はなく，聖と俗の差別もない。各人は神を信じ，勤勉・節制を重んじ，それぞれの職業と労働に専念することが大切である。そうすると，商人は商人としての仕事，すなわち，営利の追求に専念すればよいことになり，ここに営利追求の肯定の思想が成立する。この考え方は西ヨーロッパ・北ヨーロッパの新興市民に重んじられ，M.ウェーバーによるとそれがのちの資本主義の精神の支柱となった。

◆　*INTRODUCTION*　　　第2節　合理論と経験論　－・－・－・－・－・－・－

①　自然への目と科学的なものの見方

②　事実と経験の尊重

【近代科学の成立】

○近代科学の成立：人間尊重の精神→自然を対象→自然現象をありのままに考察
　　　　　　　　　→近代科学

○新しい宇宙観の成立：中世的宇宙観から近代的世界観へ

　コペルニクス：天動説から地動説へ

　ガリレイ：望遠鏡の発明と地動説の主張

　ケプラー：惑星の三大法則

　ニュートン：万有引力の法則　機械論的自然観

○近代科学の成立：経験的事実→自然界の数量的法則

　自然観の変質―自然への試み→人間が活用する自然

【知は力なり　ベーコン】

○F. ベーコン：経験論の祖　実験・観察の重視と帰納法　『ノヴム - オルガヌム』

○経験論：知識の源泉は経験（実験・観察）

○学問：目的ではなく手段→生活の便利さ

　　　　知識の活用→自然の支配→人類の進歩・発展＝「知は力なり」

【帰納法と科学的思考】

○真の知識：経験→事象に共通する法則→真理

○イドラの除去：イドラ（偏見・思い込み・偶像）―種族・洞窟・市場・劇場

　↓

○帰納法：実験・観察→考察・検証→法則

　A は…である

　B は…である　　　すべての〜は…である

　C は…である

【自然への目と科学的なものの見方】……………………………………………

❶西ヨーロッパにおいて，16 〜 17 世紀に成立した，経験的事実に基づいて実証的に自然を探究し考察した学問を何というか。

❶近代（近代自然）科学

❷近代自然科学の確立において，人間はどのようなことによって自然現象のなかに合理的法則を求めていったか。

❷観察と実験

❸静止した地球が宇宙の中心であり，そのまわりを太陽とすべての天体が回るという宇宙観を何というか。

❸天動説

❹天動説を主張した 2 世紀のローマの天文学者・地理学者はだれか。

❹プトレマイオス（83 〜 168）

❺太陽を中心に地球とその他の惑星が回り，運動しているという宇宙観を何というか。

❺地動説

❻『天体の回転について』という著書で，地動説を学問的に発展させた，ポーランドの天文学者はだれか。

❻コペルニクス（1473 〜 1543）

❼ルネサンス期のイタリアの哲学者で，コペルニクスの地動説を支持し，無限の宇宙に，無数の太陽と太陽系，無数の地球が存在するという考えを唱え，火刑に処せられた人物はだれか。

❼ブルーノ（1548 〜 1600）

❽太陽を中心とする惑星運行の法則を発見した，ドイツの天文学者はだれか。

❽ケプラー（1571 〜 1630）

❾自作の望遠鏡によって天体を観測し，コペルニクスらの地動説を裏づけたイタリアの物理学者，数学者はだれか。

❾ガリレオ＝ガリレイ（1564 〜 1642）

❿ガリレイが宗教裁判にかけられるきっかけとなった，地動説の正しさを実質的に述べた著書は何か。

❿『天文対話』

⓫ガリレイが発見した法則を一つあげよ。

⓫慣性の法則，自由落下の法則などから一つ

⓬ガリレイが残した言葉で，自然には数学的な法則で理解できるもののみが実在するという意味のものは何か。

⓬「自然の書物は数学のことばで書かれている。」

⓭イギリスの数学者，物理学者で，古典力学を確立し，近代自然科学を大成した人物はだれか。

⓭ニュートン（1643 〜 1727）

⓮ニュートンの 3 大発見とは何か。

⓮万有引力・微積

分法・光のスペクトル分析

⓯万有引力の法則を説いたニュートンの著書は何か。 ⓯『プリンキピア』

⓰ニュートンが『プリンキピア』で提示した，3つの運動の法則とは何か。 ⓰慣性の法則・運動方程式・作用反作用の法則

⓱自然は力学的法則にしたがって精巧な機械のように動き存在するという自然観を何というか。 ⓱機械論的自然観

⓲自然の事物や事象には霊的なものが宿っているという自然観を何というか。 ⓲生命的自然観

⓳自然の事物や事象，出来事はある意図にしたがって変化・発展するという自然観を何というか。 ⓳目的論的自然観

⓴『形而上学』などを著し，目的論的自然観を説いた古代ギリシャの哲学者はだれか。 ⓴アリストテレス（384〜322B.C.）

【事実と経験の尊重】‥‥‥‥‥‥‥‥‥‥‥‥‥‥‥‥‥‥‥‥‥‥‥‥‥‥‥‥‥‥‥‥‥‥

❶感覚的経験が知識の源泉であると考える立場を何というか。 ❶経験論

❷16世紀から17世紀にかけてのイギリスの政治家，随筆家・哲学者で，経験論の祖といわれる人物はだれか。 ❷ベーコン（1561〜1626）

❸学問はそれ自体が目的ではなく生活を豊かにするための手段であり，知識は自然に対する人間の支配をつくり上げるというベーコンのことばは何か。 ❸「知は力なり」

❹経験的事実からもたらされた自然法則にしたがってこそ，自然を支配し，活用できるというベーコンのことばは何か。 ❹「自然は服従することによってでなければ征服されない」

❺個々の経験から出発して，それらに共通する法則や原理を求めていく真理探究の方法を何というか。 ❺帰納法

❻正しい知識の獲得を妨げる，人間が陥りやすい先入観や偏見をベーコンは何とよんだか。 ❻イドラ

❼人間が自然にもつ感覚の誤りや臆見などから生じる偏見を何というか。 ❼種族のイドラ

❽個人の性向，生活環境・教育・交友などから生じる個人的な偏見を何というか。 ❽洞窟のイドラ

❾交流の場などで，不適切なことばの使用や不確かな情報などから生じる偏見を何というか。

❾市場のイドラ

❿伝統，因習，権威などを無批判に受け入れるところから生じる偏見を何というか。

❿劇場のイドラ

⓫アリストテレスの論理学に対して，イドラの除去や帰納法による真理の発見を論じ，観察・実験の重要性を説明したベーコンの主著は何か。

⓫『ノヴム - オルガヌム』（『新機関』）

⓬架空の島を舞台に，科学技術の発達により豊かな生活が実現した理想社会をテーマにしたベーコンの未完の物語を何というか。

⓬『ニュー - アトランティス』

⓭経験論の代表的哲学者で，すべての対象は経験を通して認識されると説くとともに，社会契約説の思想家としても知られる人物はだれか。

⓭ロック（1632 〜 1704）

⓮ロックが，生得観念を否定し，あらゆる観念は経験により形成されると説いた著書は何か。

⓮『人間知性論』

⓯生得観念を否定し，生まれたときの人間の心は何も書かれていないということをロックは何と表現したか。

⓯タブラ - ラサ（白紙）

⓰アイルランド出身の経験論の代表的哲学者で，すべてのものは知覚されることによって存在が知られると主張した人物はだれか。

⓰バークリー（1685 〜 1753）

⓱事物は知覚されることにより存在するというバークリーの経験論の立場を端的に表すことばは何か。

⓱「存在するとは知覚されること」

⓲外界の事物の実在を否定し，心のみが実在するという立場を何というか。

⓲唯心論

⓳ロック，バークリーを継承した経験論の哲学者で，あらゆる事物のあらわれを経験によるとし，客観的実体は存在せず知覚のみが実在すると説いた人物はだれか。

⓳ヒューム（1711 〜 76）

⓴ヒュームは，因果関係の客観性すら否定し，人間の心を何であると表したか。

⓴知覚の束

㉑ヒュームのように主観的認識も客観的認識も否定することにより，何も知り得ないとする立場を何というか。

㉑懐疑論

◆ *INTRODUCTION*　③　理性の光

【コギト「私は考える」デカルト】

　○デカルト：合理論の祖　理性的思考の重視と演繹法　『方法序説』

　○知識の源泉…生得観念　理性の推理

　○真の知識：明晰判明な原理→理性の思考→真理

　○方法的懐疑：確実な原理を求めるためにすべてを疑う→疑いえないもの＝疑っ
　　　　　　　　ている自己→理性主体　「われ思う，ゆえにわれあり」

【合理論と理性的人間観】

　○良識：理性＝万人に平等にあたえられているもの
　　　　　　　　＝確実な原理＝哲学の第一原理→近代的精神の確立

　○演繹法：理性が確実とした原理（公理・定理）→理性による論証→一般法則→
　　　　　　個々の事例→真理（知識）

　○四つの規則：明証性・分析・総合・枚挙

　○生得観念：人間が生来もつ観念（神・精神・物体）→合理論

　○自我（私）：世界の一切を認識する確固たる存在＝理性（精神）─物体を認識

　○実体＝他に依存せずそれ自体で存在するもの

　○物心二元論：二つの実体─物体（延長＝広がり）と精神（理性＝思考のはたらき）
　　　　　　　　自然＝物体→機械論的自然観

　○心身二元論：人間における実体＝精神と身体→人間の身体は精密な自動機械＝物体

　○情念：身体から生じるものを精神が受容→驚き・愛憎・欲望・喜び・悲しみ

　○高邁の精神：理性に基づく意志のはたらき→情念の統制→徳

【経験論と合理論】

　○経験論：F. ベーコンを祖　知識の源泉は感覚的経験　生得観念の否定

　　　　　　ロック：生得観念の否定→人間の心は「白紙（タブラ - ラサ）」

　　　　　　バークリー：経験論の徹底→「存在するとは知覚されること」

　　　　　　ヒューム：因果関係は人間の心の習慣→事実の客観性の否定
　　　　　　　　　　　→人間の心は「知覚の束」

　○合理論：デカルトを祖　知識の源泉は生得観念と理性の推理

　　　　　　スピノザ：汎神論（神即自然）

　　　　　　　　　　　人間の幸福＝「永遠の相の下に」自然を認識

　　　　　　　　　　　→理性にもとづき自然を貫く法則を認識する

　　　　　　ライプニッツ：生得観念の強調

　　　　　　　　　　　　　モナド（単子）─すべての存在の最小単位

　　　　　　　　　　　　　宇宙＝モナドにより形成　神の予定調和

【理性の光】……………………………………………………………………………

❶すべての認識は理性のはたらきにより導き出された原理を基礎としてのみ成立するとする考えを何というか。

❶合理論

❷フランスの哲学者で，近代哲学の祖，合理論の先駆者といわれる人物はだれか。

❷デカルト
　（1596 ～ 1650）

❸どのような場合でもすべての人にとって確実な原理をデカルトは何とよんだか。

❸明晰判明な原理

❹デカルトが主張した，真理を見いだすための方法としてすべてのものを疑ってみることを何というか。

❹方法的懐疑

❺方法的懐疑によってすべてを疑ったが，疑いつつある自我の意識そのものを否定することはできないということをデカルトは何ということばで表現したか。

❺「われ思う，ゆえにわれあり」（「コギト - エルゴ - スム」）

❻考える自己を成り立たせる人間の本質的な精神のはたらきを何というか。

❻理性（理性的思考）

❼理性が確実と判断した原理に基づき，理性の推理によって論理的・必然的に結論を導き出し，個々の事実・命題を立証する方法を何というか。

❼演繹法

❽デカルトが，真理を探究する方法の具体的規則とした四つの規則をあげよ。

❽明証性・分析・総合・枚挙

❾他に依存せずそれ自体で存在するものを何というか。

❾実体

❿デカルトによれば，思惟を属性とする実体は何か。

❿精神

⓫デカルトによれば，延長を属性とする実体は何か。

⓫物体

⓬精神と物体はそれぞれ独立した実体で，互いに異なる存在であるとするデカルトの存在論を何というか。

⓬物心二元論

⓭精神と物体との二元論は，人間においては何とよばれるか。

⓭心身二元論

⓮精神と肉体との結合から生まれる欲望・喜び・悲しみ・愛・憎しみ・驚きなどの意識の表れを何というか。

⓮情念

⓯情念を自らの理性的な意志によって統制するところから生まれる気高い精神のことを何というか。

⓯高邁の精神

⓰人間が先天的にもっている観念のことを何というか。

⓰生得観念

⓱デカルトの説いた生得観念を三つあげよ。

⓱神・精神・物体

⓲学問的方法論を自伝的に記し，「われ思う，ゆえにわれあり」のことばが述べられているデカルトの主著は何

⓲『方法序説』

か。

⓳ デカルトが『方法序説』の冒頭で「この世で最も公平にあたえられているもの」とした理性と同義のものは何か。

⓳ 良識（ボン‐サンス）

⓴ 神の存在証明や物心二元論について書いたデカルトの主著は何か。

⓴ 『省察（せいさつ）』

㉑ 心身二元論に基づき，身体から生起した驚き，愛憎，喜び，悲しみなどについて論じたデカルトの著書は何か。

㉑ 『情念論』

㉒ デカルトの合理論を継承しつつも，精神と物体は神の属性であり，神が唯一の実体であると説いたオランダの哲学者はだれか。

㉒ スピノザ（1632〜77）

㉓ 一切を神の自己表現とし，情念にひきずられずに明晰な思考によってあるがままに必然として直観することをスピノザはどのようなことばで表現したか。

㉓ 「永遠の相（そう）の下（もと）」

㉔ 自然は神のあらわれであるというスピノザの思想を表す語は何か。

㉔ 神即（すなわち）自然

㉕ 神は世界に遍在し，自然は神のあらわれであり，神と世界とは同一であるとする神学的立場を何というか。

㉕ 汎神論（はんしんろん）

㉖ ラテン語で，人間の精神を幾何学的に論証したスピノザの著書は何か。

㉖ 『エチカ』

㉗ ドイツの哲学者，数学者で，微積分法の発見者としても知られ，ロックの経験論を否定して生得観念を強調した合理論を説いた人物はだれか。

㉗ ライプニッツ（1646〜1716）

㉘ あらゆる事物を構成する最小の精神的要素をライプニッツは何とよんだか。

㉘ モナド（単子）

㉙ モナドがそれぞれにおいて個性的に宇宙を表現しながら，全体として調和がとれるのは神の配慮によるものだという考えをライプニッツは何とよんだか。

㉙ 予定調和

㉚ モナドや予定調和を説いたライプニッツの主著は何か。

㉚ 『モナドロジー（単子論）』

【論述問題】

> ベーコンの「知は力なり」というのはどのような意味か，述べよ。

　学問はそれ自体，目的でなく，環境や状態の改善，生活の向上のための手段であり，自然法則を認識しそれを用いて自然を征服し，人間生活に役立つようにするためのものと考えた。そこで得た知は人間にとっての大きな力である，という意味である。

> デカルトの「われ思う，ゆえにわれあり」というのはどのような意味か，述べよ。

　デカルトの根本命題で，すべてを疑ったが，なお疑いつつある自我の意識そのものを否定することはできない，という意味である。デカルトは，確実な真理を見いだすために方法的懐疑により，可能なかぎりすべてを疑った。しかしその結果，現に疑っている自分の存在は確実であることに気づいた。それが理性主体であり，デカルトはこれをもって確実な原理として理性の哲学を説いた。

◆　*INTRODUCTION*　　第 3 節　社会契約説と啓蒙思想
　　　　　　　　　　　　①　民主社会の原理　②　人権思想の展開

【人権の尊重と社会契約】

○ 17 世紀西ヨーロッパの政治：絶対王政─官僚制と常備軍
　　　　　　　　　　　　　　　↑　　→国王中心の国家体制
　　　　　　　　　　　王権神授説：フィルマー　ボシュエ

○合理主義的視点からの考察：自由な個人としての権利の追求

○社会契約説：人民と国家（政府）・個人と社会・自己と他者の関係の考察→あ
　　　　　　　るべき社会
　　　　　　　自然状態：国家（政府）が形成される以前の状態
　　　　　　　人間の自然状態：人間の本性
　　　　　　　自然権：人間が個人として生まれながらにもつ権利→人権思想

人物	ホッブズ	ロック	ルソー
著書	『リヴァイアサン』	『統治二論』	『社会契約論』
自然状態	万人の万人に対する闘争	平和→財産の所有→争い	平和→理想的状態
人間本性	利己的・自己保存の欲求	理性的存在・自然法に従う	理性的・自己愛・憐れみ
自然権	自由権・欲求充足の権利	自由・平等・財産の所有権	自由・平等・公共の福祉
社会契約	人民：自然権の委譲 統治者に服従 統治者：自然権の分配 平和と安全 法と武力の支配 絶対的権力	人民：自然権の信託 政府を信任 抵抗権・革命権 政府：人民の信託→議会 人民主権→代議制 自然権の保障 法の支配	最高原理＝一般意志 人民：一般意志に従う 自然権の相互譲渡 政府を任命 政府：一般意志に従う 人民の公僕 人民主権
政治形態	絶対王政型	議会制民主制型	直接民主制型

【フランス啓蒙主義】

○封建的旧体制（アンシャン - レジーム）への批判→理性による啓蒙

○人権思想：モンテスキュー：三権分立（『法の精神』）
　　　　　　ヴォルテール：寛容の精神・封建的因習の批判（『寛容論』）
　　　　　　ディドロ・ダランベール：『百科全書』の編集→百科全書派

【民主社会の原理】……………………………………………………………………

❶封建制と近代政治の過渡期にあり，ルイ14世などのように君主が絶対権力をもつ政治制度を何というか。

❷国家の起源または王権の由来を，直接・間接に神の摂理に求める学説を何というか。

❸王権神授説を唱えた代表的なイギリスとフランスの思想家はそれぞれだれか。

❹1215年，ジョン王が，貴族・市民たちに屈服させられ，貴族・聖職者・市民の特権を認めた文書を何というか。

❺16世紀末に起こり，18世紀に最高潮に達したヨーロッパの革新的思想で，旧来の人々の偏見や無知の状態から民衆を解放しようとする思想を何というか。

❻ブルジョワ階級を担い手とし，絶対主義から近代社会へと体制を変化させた社会改革を何というか。

❼国家権力が君主に集中している政治制度を何というか。

❽1628年に国王チャールズ1世の専制政治に対して国民の法律上の権利を守るため国王に提出して署名を得たものとは何か。

❾イギリスで清教徒を中心とする議会派がチャールズ1世の専制政治に対して起こした1642年の革命とは何か。

❿1688年，イギリスでチャールズ2世，ジェームズ2世の反動的，専制的な政策に対して議会が行った流血をともなわなかった革命を何というか。

⓫名誉革命のとき議会が発した権利の宣言をまとめたものを何というか。

⓬国や社会などの諸制度ができる以前の人間の自発的なあるがままの状態を何というか。

⓭自然状態において人間が生まれながらにもつ権利を何というか。

⓮人間社会において人為によらずに存在する普遍的な法則のことを何というか。

⓯国家や政府は主体的な自由平等の個人が自由意志にも

---

❶絶対主義（絶対王政）

❷王権神授説

❸イギリス：フィルマー（1589?～1653），フランス：ボシュエ（1627～1704）

❹マグナ-カルタ（大憲章）

❺啓蒙思想(主義)

❻市民（ブルジョワ）革命

❼専制君主制

❽権利の請願

❾ピューリタン（清教徒）革命

❿名誉革命

⓫権利章典

⓬自然状態

⓭自然権

⓮自然法

⓯社会契約説

とづき契約関係を結ぶことによって成立するという考え
を何というか。

⓰自然法思想は古代ギリシャにまで遡るとされるが，理性が自然を支配しているとし，世界理性と人間理性との関わりを論じた学派は何か。

⓰ストア学派

⓱自然法は理性に基づくとし，その立場から人権や平和について考察したオランダの法学者とはだれか。

⓱グロティウス
　（1583 〜 1645）

⓲グロティウスが，戦争においても国家や個人が守るべき国際法があるとして著した本は何か。

⓲『戦争と平和の法』

【ホッブズ】・・

❶ベーコンの経験論とデカルトの合理論に学び，物体論・人間論・市民論の三部作を完成させたイギリスの哲学者・政治学者はだれか。

❶ホッブズ
　（1588 〜 1679）

❷ホッブズのいう自然権とはどのようなものか。

❷自己保存と欲求充足のために何でもできる権利

❸ホッブズは人間の自然状態は何であるといったか。

❸闘争状態

❹人間は自己保存という本能にもとづいて行動し，何の規制も受けないという自然状態では個人は不安と敵意と恐怖にとりつかれるということをホッブズは何と表現したか。

❹「万人の万人に対する闘争」（「人間は人間に対して狼」）

❺ホッブズは，社会の安全と人権の保障のために，人民はどうすべきであると述べたか。

❺各自の自然権を主権者に委譲

❻ホッブズは，人民は主権者に対してどうあるべきであるとしたか。

❻絶対的服従

❼ホッブズによれば，主権者は人民を何によって統治するか。

❼法と軍事力

❽ホッブズは，結果的にはどのような政治形態を理論づけたか。

❽絶対主義（絶対王政）

❾ホッブズが理想を託したとされ，王政復古後に厚遇を受けたイギリス国王はだれか。

❾チャールズ2世
　（在位 1660 〜 85）

❿ホッブズが社会契約説について述べた，『旧約聖書』に出てくる怪物の名が著書名となっているものは何か。

❿『リヴァイアサン』

【ロック】……………………………………………………………………

❶イギリス経験論の代表的哲学者・政治学者で，社会契約説を主張した，名誉革命の理論的指導者とはだれか。

❷ロックによれば，自然権とは何であるか。

❸ロックは，人間の自然状態はどのようなものであるといったか。

❹政府が人民の同意にそむいて人民の自然権を侵すことがあれば人民はこれに抵抗し，これを倒すことができるというロックが唱えた権利を何というか。

❺統治者も，被統治者も法に従うことを何というか。

❻ロックは，契約によって政府を設け，権力を特定の人にゆだねることを何といったか。

❼国家権力の起源と主権が人民にあるとする考え方を何というか。

❽ロックにより理論的に基礎付けられ，国民により選ばれた代表者による議会が中心となり政治を行う制度を何というか。

❾名誉革命を理論的に正当化しようとしてロックによって 1690 年に書かれた著書は何か。

❿ロックの考えが強く影響している，アメリカの独立革命のとき 1776 年に出された文書とは何か。

❶ロック （1632 〜 1704）
❷生命・自由・財産の所有の権利
❸自由・平等で理性的であるがやや不完全
❹抵抗権（革命権）
❺法の支配
❻信託
❼人民主権
❽議会制民主主義
❾『統治二論』（『市民政府二論』）
❿アメリカ独立宣言

【ルソー】……………………………………………………………………

❶時計職人の子としてジュネーブに生まれたフランス啓蒙期の思想家で，1749 年『学問芸術論』がアカデミーの懸賞論文として当選し，有名となった人物はだれか。

❷人間のつくった習慣やすべての不自然なものをきらった自然主義思想をあらわすルソーのことばとは何か。

❸ルソーは，自然状態において人間のもっている根源的な二つの感情を何であるとしたか。

❹ルソーは私利私欲を求める個人の意志を何とよんだか。

❺ルソーは個人的利益を求める特殊意志の総和を何とよ

❶ルソー （1712 〜 78）
❷「自然に帰れ」
❸自己愛と憐憫（じ愛と憐れみ）
❹特殊意志
❺全体意志

んだか。

❻個人的な特殊意志に対して，すべての人の共通の利益を求める意志をルソーは何とよんだか。　❻一般意志

❼ルソーが理想としたもので，国民自らが直接に国家意思の決定と執行に参加するという考えを何というか。　❼直接民主主義

❽ルソーによれば，国家の主権はだれに存するか。　❽人民

❾ルソーによれば，政府は人民にとって何であるか。　❾公僕

❿ルソーの思想が強く影響しているという，1789年にフランスでおこった絶対主義を倒した市民革命のとき出された宣言を何というか。　❿フランス人権宣言

⓫自然状態がやがて社会状態に移行するにつれて不平等が始まるという，1755年に出たルソーの著書は何か。　⓫『人間不平等起源論』

⓬社会契約について，1762年にルソーの著した本は何か。　⓬『社会契約論』

⓭人間の自然な本性を尊重し，文明社会を批判したルソーの教育書は何か。　⓭『エミール』

【啓蒙主義】‥‥‥‥‥‥‥‥‥‥‥‥‥‥‥‥‥‥‥‥‥‥‥‥‥‥

❶フランス革命前の旧制度を何というか。　❶アンシャン・レジーム

❷フランスの絶対王政を批判し，公共精神にもとづく政治形態として民主的共和制を理想としたフランスの政治学者・哲学者はだれか。　❷モンテスキュー（1689〜1755）

❸ロックの思想を明確に発展させ，国家権力を立法・行政・司法に分立し，権力間の抑制均衡により，権力の濫用を防止し，国民の政治的自由を保障しようとする考えを何というか。　❸三権分立

❹三権分立などの政治理論を説いたモンテスキューの主著は何か。　❹『法の精神』

❺パリの公証人の子として生まれ，フランス社会の不合理を攻撃し，カトリック教会の偽善と腐敗を得意の毒舌で痛烈に暴露したフランスの哲学者・文学者はだれか。　❺ヴォルテール（1694〜1778）

❻特定の宗教・宗派を絶対化せず，他を容認することをヴォルテールは何とよんだか。　❻宗教的寛容

❼異端迫害事件に際して，ヴォルテールが宗教的寛容を　❼『寛容論』

啓蒙精神に基づいて論じた著書は何か。

❽ヴォルテールが書いたイギリスの信仰の自由，政治の自由を賞賛した批判的な見聞記を何というか。 ❽『哲学書簡』

❾18世紀後半に刊行され，フランスの啓蒙思想の集大成である一大著作とは何か。 ❾『百科全書』

❿『百科全書』を執筆した人々を総称して何とよぶか。 ❿百科全書派

⓫『百科全書』の執筆の中心的人物で，国民教育の理念をもち歴史を推進するものとしてとらえたフランスの革命思想家はだれか。 ⓫ディドロ（1713〜84）

⓬『百科全書』の協力者で『百科全書序論』を書いたフランスの数学者・物理学者・哲学者はだれか。 ⓬ダランベール（1717〜83）

⓭百科全書派の一人で，啓蒙期に倫理学を組織的に研究した学者はだれか。 ⓭エルヴェシウス（1715〜71）

⓮百科全書派の一人で，ドイツ貴族の出身でフランスで一生を過ごし，「唯物論の聖書」といわれた『自然の体系』を著した人物はだれか。 ⓮ドルヴァック（1723〜89）

⓯人間の意識の世界を力学的法則で説明しようとするもので，ディドロ・ドルヴァックなどのフランス唯物論者によって主張された考えとは何か。 ⓯機械論的唯物論

【論述問題】

> ホッブズ・ロック・ルソーの社会契約説の相違を述べよ。

　ホッブズは，自然状態では「万人の万人に対する闘争」となってしまうので各人が自己の自然権をすすんで放棄して，その権利の譲渡契約をかわして国家をつくり，平和を維持すると考えた。ロックは，自然状態を理性にしたがって生活する平和な状態と考え，自然権を守り，より保障された生活を送るために人民は相互に契約をかわして政府を設け，その政府が人民の自然権を侵すことがあれば，これを倒すことができる革命権をもっていると考えた。ルソーは，不正と悪徳に満ちた社会状態を脱し，自由と平等を実現するため，各人の共通の利益をめざし，それを実現しようとする一般意志にもとづいて人民が契約をかわして国家を形成すべきであると考えた。

◆　*INTRODUCTION*　　　第4節　自由と幸福　　-・-—-・-—-・-—-・-—-
　　　　　　　　　　　　①　人格の尊重と自由　カント

【カントの批判哲学】

　○批判哲学（主義）：合理論と経験論の批判・総合→近代哲学の大成
　　　　　　　　　　　　理性能力の吟味・探究

　○理性能力のアンチノミー：①世界には時間的・空間的限界があるか？
　　　　　　　　　　　　　　②世界のすべてを単純な要素に分割することが出来
　　　　　　　　　　　　　　　るか？
　　　　　　　　　　　　　　③人間に自由はあり得るか？
　　　　　　　　　　　　　　④神は存在するか？

　○人間の認識能力：「現象」のみを知り，「物自体」は知り得ない
　　　　　　　　　　「認識が対象に従うのではなく，対象が認識に従う」
　　　　　　　　　　＝認識における理論理性の「コペルニクス的転回」
　　　　　　　　　　認識＝感性（感覚により対象を受容）＋悟性（概念を形成）
　　　　　　　　　　＊感性と悟性はアプリオリ（先天的）

　○ドイツ観念論（理想主義）：大陸合理論とイギリス経験論の批判・総合
　　　　　　　　　　　　　　　後進国ドイツにおける〝内面への道〟
　　フィヒテ：人間の最大の徳＝道徳的努力　『全知識学の基礎』
　　シェリング：汎神論的自然観—すべての事象は神の表れ

【自律としての自由】

　○人間存在：本能と欲求—自然法則の支配→不自由
　　本能と欲求からの解放＝自由—意志の自律→道徳的人格
　○人間：理性的存在—理論理性（認識）と実践理性（道徳）
　○実践理性：意志に働きかけ道徳法則を命ずる
　○道徳法則：定言命令「いついかなる場合でも〜せよ」
　　　　＊仮言命法「もし…ならば〜せよ」
　　形式主義：行為の内容ではなく心のあり方（形式）を重視
　　動機主義：行為の結果よりも「どのような思いで行為したか（形式）」を重視
　　普遍妥当性：万人に通じる行為の基準
　　　　＊格率：行為の主観的原理→個人的差異
　○人格主義：人格—道徳法則に自律的に従う主体

【善意志と目的の国】

　○善意志（意志の善さ）：無条件に善いもの→すべての徳や能力を善にする意志
　　　　　　　　　　　　　　善意志がなければ，勇気も知力も悪となり得る
　○目的の国：善意志をもつ人格の共同体
　○幸福：徳にふさわしい幸福の希求
　○永久平和論：目的の国の社会的・世界的実現→個人の人格を国家に適用

【人格の尊重と自由　カント】……………………………………………

❶18世紀後半から19世紀にかけて，合理論と経験論を批判・総合した哲学を何というか。

❷ドイツ観念論の祖で，三大批判書を著した哲学者はだれか。

❸人間の認識能力に関して，合理論と経験論を批判的に総合したカントの哲学の立場を何というか。

❹批判哲学においてカントが考察・吟味した人間の能力とは何か。

❺カントは，ヒュームの著作を読み，理性の認識能力を問う以前の自分の状態をどう表現したか。

❻カントは，主観が客観を規定し認識をつくりあげることを天動説と地動説になぞらえて何とよんだか。

❼カントの認識論の特色（コペルニクス的転回）を端的に表すことばとは何か。

❽カントは，人間が知りうる対象は何であるとしたか。

❾カントは，人間の認識能力では知りえない事物それ自体の真の存在を何とよんだか。

❿カントは，認識にあたり事物を感覚で受容する能力を何とよんだか。

⓫カントは，認識にあたり事物を概念で構成する能力を何とよんだか。

⓬カントは，悟性が先天的（アプリオリ）にもつ分量・性質・関係・様相の概念を何とよんだか。

⓭カントは，事物の認識にかかわる理性を何とよんだか。

❶ドイツ観念論

❷カント
　（1724～1804）

❸批判哲学（批判主義）

❹理性

❺「独断のまどろみ」

❻コペルニクス的転回

❼「認識が対象に従うのではなく，対象が認識に従う。」

❽現象

❾物自体

❿感性

⓫悟性

⓬カテゴリー
　（純粋悟性概念）

⓭理論理性

⓮カントは，宇宙の始まりと終わり，神の存在などの理論理性の二律背反を何とよんだか。	⓮アンチノミー
⓯理論理性とは異なり，意志に働きかける理性を何というか。	⓯実践理性
⓰カントの三大批判書の一つで，認識能力を論じた著書を何というか。	⓰『純粋理性批判』
⓱カントの三大批判書の一つで，道徳的能力を論じた著書を何というか。	⓱『実践理性批判』
⓲カントの三大批判書の一つで，美，崇高，超越的存在など理性と感性とを媒介する能力を論じた著書を何というか。	⓲『判断力批判』
⓳カントは，行為をする際に個人がそれぞれもつ意志の主観的原則（傾向性）を何とよんだか。	⓳格率（格律）
⓴カントは，行為の際に実践理性が意志に命ずる普遍的な法則を何とよんだか。	⓴道徳法則
㉑カントは，利害にかかわらず，それ自体を尊重して道徳法則に従うことを何とよんだか。	㉑義務
㉒カントは，義務を内面的な動機として，道徳にかなうことを何とよんだか。	㉒道徳性
㉓カントは，道徳法則に行為の結果としてかなっていることを何とよんだか。	㉓適法性
㉔カントは，自らの理性にしたがって道徳法則をうちたて，それに従うことを何と呼んだか。	㉔自律
㉕カントは，欲求の充足ではなく，道徳法則に自律的に従うことを何とよんだか。	㉕自由
㉖カントは，自らの意志ではなく神や規範など外的なものに従うことを何とよんだか。	㉖他律
㉗カントによれば，道徳法則に従い無条件に絶対的に善といえるものは何であるか。	㉗善意志
㉘カントは，道徳法則に従う善意志が，理性的な義務の念から発する感情を何とよんだか。	㉘良心（良心の声）
㉙カントは道徳的な価値判断の基準を人間が行為をする際の心のあり方にあるとしたが，この考え方を何というか。	㉙動機主義
㉚道徳的な価値判断の基準を人間行為の結果に求める考え方を何というか。	㉚結果主義
㉛「もし～したいなら～せよ」とする条件付きの命令を	㉛仮言命令（命法）

何というか。

㉜「無条件に〜せよ」とする普遍的必然的な命令を何という　　　㉜定言命令(命法)
か。

㉝道徳法則がいつでも万人に通じることを何というか。　　　　　㉝普遍妥当性

㉞道徳法則をうちたて，自らそれに従うことのできる自　　　　　㉞人格
律的な人間を何というか。

㉟人格の完成を目的とし，そこに最高の価値を求める考　　　　　㉟人格主義
え方を何というか。

㊱カントは，自他の人格は手段ではなく何のために用い　　　　　㊱目的
るべきであるとしたか。

㊲自他の人格を互いに尊重しあう理想的な社会(共同体)　　　　　㊲「目的の王国」
を何というか。　　　　　　　　　　　　　　　　　　　　　　　　　　(「目的の国」)

㊳カントが理想社会を世界的な規模に拡大することに　　　　　　㊳永久平和
よって実現しようとしたことは何か。

㊴国際社会のあり方と永久平和についてカントが記した　　　　　㊴『永久（永遠）
著書は何か。　　　　　　　　　　　　　　　　　　　　　　　　　　　平和のために』

㊵カントの影響を受けて主観的観念論を著したドイツの　　　　　㊵フィヒテ
哲学者はだれか。　　　　　　　　　　　　　　　　　　　　　　　　　(1762〜1814)

㊶フィヒテはフランス軍占領下のベルリンで民衆に演説　　　　　㊶『ドイツ国民に
を行ったが，その演題とは何か。　　　　　　　　　　　　　　　　　告ぐ』

㊷カント，フィヒテのあとを受けて，主観と客観（精神　　　　　㊷シェリング
と自然）は基本的に同一であると主張したドイツの哲学　　　　　　(1775〜1854)
者はだれか。

㊸シェリングはすべての事象は絶対者である神の表れで　　　　　㊸汎神論的自然観
あるとしたが，このような自然観を何というか。

㊹シェリングの主著を一つあげよ。　　　　　　　　　　　　　　㊹『超越論的観念
　　　　　　　　　　　　　　　　　　　　　　　　　　　　　　　論の体系』など

㊺『若きウェルテルの悩み』などで知られ，カントの影　　　　　㊺ゲーテ
響を受けた古典主義文学の代表的人物はだれか。　　　　　　　　　(1749〜1832)

㊻自由・愛・救済をテーマとして人間の尊厳を著したゲー　　　　㊻『ファウスト』
テの代表的戯曲とは何か。

㊼『群盗』などの作者として知られ，ゲーテとともにド　　　　　㊼シラー
イツ古典文学を代表する詩人・小説家はだれか。　　　　　　　　　(1759〜1805)

【論述問題】

> ### カントの形式主義・動機主義とはどういうことか説明せよ。

　カントの唱える道徳法則はユダヤ教・仏教における戒律のように，行為の具体的内容を示すものではない。それは「いつ，いかなるときでも～せよ」と命ずるものではあるが，その命令は行為をする際の意志の形式，つまり心のあり方そのものにかかわるのであり「何をするか」ではなく「いかにするか」が，そして行為の結果よりも動機のあり方が重視される。それゆえにカントの立場は形式主義・動機主義といわれる。

> ### カントはなぜ善意志のみを無条件に善であるとしたのか説明せよ。

　知恵・勇気・克己などは古来から人間の徳とされ，すぐれたものとみなされてきた。しかし，これらを使用するのは意志であり，その意志が邪悪であれば，非常な悪となり害となる。たとえば知恵あるものが犯罪をしたならばどうなるか。最悪の状況となるであろう。すべての徳といわれるものは，実は意志の善さを前提とするのであるから，善意志のみが無条件に善なるものである。

◆　*INTRODUCTION*　　②　自己実現と自由　ヘーゲル

【自己実現と自由】

　　○世界の本質：精神→精神の基本的働き＝自覚「自分は〜である」

　　○自覚：他者を通じてなされる─自分を映し出す何か他のものを介してなされる

　　　真の自覚：自分の内面にあるものを自分に外の何かに表現する＝自己外化

　　○自由：自己外化→他者との関わりにおいての自己実現→自由→幸福

【絶対精神の目的と自由】

　　○絶対精神：世界全体を支え，包括する究極の精神

　　　世界精神─世界史を支配する絶対精神─世界史の目的＝自由の実現

　　　　　　　各時代に国家・民族・個人などを介して自由を実現→理性の狡智

　　○自由の展開：一人の自由（古代オリエント）→少数の自由（古代ギリシャ・ロー

　　　　　　　　マ）→万人の自由（近代ヨーロッパ）

　　　世界史：人類の自由の実現の場

【弁証法】

　　○弁証法：世界のすべての事物と事象の存在と運動を支える原理

　　　　　　　自己のなかに自己と対立・矛盾するものを含み，その対立がさらに否

　　　　　　　定され変化発展する

　　　　　　　すべての存在は本来あるべきもの（必然）へと変化・発展する

　　　　　　　正（テーゼ）─反（アンチテーゼ）─合（ジンテーゼ）

　　　　　　　＊止揚（アウフヘーベン）

【人倫と自由の実現】

　　○自由：「理性的であるものこそ現実的であり，現実的であるものこそ理性的で

　　　　　　ある。」

　　　　　　行動的・現実的・具体的自由→自分が求めるものを求め，なろうとする

　　　　　　ものになる自由

　　○人倫：個人の自由が実現する場　個人と全体，法と道徳との融合の場→幸福

　　　　　　相互承認（自己と他者が互いに認め合う）の実現の場

　　　　　　行為の規範：法（客観的・外面的規範・秩序）と道徳（主観的・内面的

　　　　　　　　　　　　規範・人格）

　　○人倫の3段階：個人の成長の場でもある人倫→社会的存在としての個人

　　　・家族：愛に基づく自然の共同体

　　　・市民社会：独立した個人の利益追求→欲望の体系

　　　・国家：家族の共同性と市民社会における個人の独立性の止揚→人倫の最高形態

　　　　　　　→真の自由の実現

【自己実現と自由　ヘーゲル】……………………………………………………

❶世界のすべての存在を成り立たせるものを精神とし，ドイツ観念論を大成したのはだれか。

❷ヘーゲルは，世界と人間の本質は何であると説いたか。

❸ヘーゲルによれば，精神の本質とは何か。

❹自己の思想や理念などを外に表す行為を何というか。

❺ヘーゲルは，世界全体を支え，包括する究極の精神を何とよんだか。

❻ヘーゲルは，世界史においてその主体となる精神を何とよんだか。

❼絶対精神（世界精神）が世界史のなかで展開し，実現するものは何か。

❽世界史と自由についてのヘーゲルのことばとは何か。

❾ヘーゲルは，自由の目的は何であると説いたか。

❿ヘーゲルによれば，世界史において自由はどのような展開を遂げるか。

⓫ヘーゲルによれば，世界精神が自由を実現する際に何を介してなされるとしたか。

⓬ヘーゲルは，歴史において自由の実現がなされるときに，はたらくものを何とよんだか。

⓭ヘーゲルは，この世のすべての事物と人間は，どのように形をとげるとしたか。

⓮ヘーゲルは，世界のすべての事物と事象の存在と運動を支える原理を何とよんだか。

⓯弁証法の基本構造とは何か。

⓰弁証法における「反」の本質とは何か。

❶ヘーゲル
　（1770 ～ 1831）

❷精神

❸自覚（自己意識）

❹自己外化

❺絶対精神

❻世界精神

❼自由

❽「世界史は自由の意識の進歩である」

❾人間の自己実現と世界の発展

❿一人の自由・少数者の自由・万人の自由

⓫個人・民族・国家・出来事など

⓬理性の狡智

⓭本来あるべき姿へと変化・発展する

⓮弁証法

⓯正（テーゼ）・反（アンチテーゼ）・合（ジンテーゼ）

⓰自己のなかにおいて自己と矛盾・対立し否定

	すること
❶⓻弁証法における「合」の本質とは何か。	❶⓻自己のなかにおいて否定されたものがさらに否定されてより高次のものとなること
❶⓼弁証法において，対立・矛盾するものを統合する働きを何というか。	❶⓼止揚（アウフヘーベン）
❶⓽現実と理性の一致を主張したヘーゲルのことばは何か。	❶⓽「理性的なものは現実的であり，現実的なものは理性的である。」
❷⓪ヘーゲルは，自由な精神が具体化した共同体や組織のことで，個々人の自由と社会全体の幸福とが実現する場を何とよんだか。	❷⓪人倫
❷❶ヘーゲルによれば，人倫において，自己と他者が互いに存在や人格を認め合うことを何というか。	❷❶相互承認
❷❷人倫の形態のなかで，夫婦・親子などの間の愛情によって結びついた共同体を何というか。	❷❷家族
❷❸人倫の形態のなかで，各自が自由・平等の立場で自己の欲望を満足させ，利益を求める場を何というか。	❷❸市民社会
❷❹ヘーゲルは，各人が欲望を満たそうとする場である市民社会を何とよんだか。	❷❹欲望の体系
❷❺ヘーゲルは，市民社会では各人が利益を求めるために競争・対立した結果，どのような状態になるとしたか。	❷❺人倫の喪失（喪失態）
❷❻ヘーゲルは，家族における共同性と市民社会における個人の独立性を統合した人倫の最高形態は何であるとしたか。	❷❻国家
❷❼人間と世界の本質を精神とし，精神が弁証法的に，より高次の段階へと展開することを論じた著書は何か。	❷❼『精神現象学』
❷❽法・道徳・人倫および人倫の三段階について論じたヘーゲルの著書は何か。	❷❽『法の哲学』
❷❾『法の哲学』の序文にあり，一つの時代がつくりあげた歴史の意義や特色は，その時代が終わった後で理解・	❷❾「ミネルヴァのフクロウは夕暮

検証されるという意味のことばとは何か。

れどきに飛び立つ。」

【論述問題】

> ヘーゲルが説く「精神」と「自由」の特色をカントの思想と比較して述べよ。

　ヘーゲルは人間と世界の本質を精神であるとし，究極の精神を絶対精神とよんだ。絶対精神は自由を歴史のなかで実現することを目的とし，歴史における各時代の精神も個々の人間の精神も，自由の実現とともにより高次のものへと発展する。その発展の原理が弁証法である。

　カントが人間理性を有限なものとし，自由を道徳的な自律として，内面的・個人的にとらえているのに対し，ヘーゲルは行動・表現における現実的・具体的な自由で，国家や社会において法や制度として実現し，そこにおいて，個人は理性的で自由な存在となるとした。

◆　***INTRODUCTION***　　③　幸福と功利～功利主義　ベンサムとミル ‥‥‥‥
　　　　　　　　　　　　　　④　創造的知性と幸福～プラグマティズム

【最大多数の最大幸福　ベンサム】
　○ A. スミス：古典派経済学―個人の幸福（利益）追求と社会全体の繁栄の一致
　　　　　　　　「神の見えざる手」（『国富論』）
　　　道徳の根拠＝他者への共感（シンパシー）→道徳感情
　　○功利主義：近代市民社会の幸福論←現実主義・実用主義（イギリスの伝統的思想）
　　　功利＝有用性（役立つこと）→行為の基準は幸福をもたらすか否か
　　　　　　　善・道徳の基準＝功利＝有用性→幸福
　　○ベンサム：人間は快楽（快適さ）を求め苦痛を避ける存在→幸福＝快楽＝善・
　　　　　　　　苦痛＝悪
　　　　　　　　量的功利主義―快楽は同質→計算可能→快楽計算
　　　　　　　　快楽の基準―強さ・持続性・確実性・実現時期の近さ・多様性・純
　　　　　　　　粋性・範囲
　　　　　　　　→「最大多数の最大幸福」＝市民社会の倫理＝万人の幸福
　　　　　　　　制裁―人間は利己的存在→制裁による快楽追求の統制
　　　　　　　　物理的制裁・政治（法律）的制裁・道徳的制裁・宗教的制裁

【不満足なソクラテス　ミル】
　○ J.S. ミル：人間―快楽だけでなく苦痛を引き受けることのできる存在
　　　　　　　　快楽―身体的・物質的快楽と内面的・精神的快楽
　　　　　　　　質的快楽主義―快楽の質的差異・個人的差異→高次の快楽＝精神的快楽
　　　　　　　　「満足した豚であるよりも不満足な人間の方がよく，満足した愚か
　　　　　　　　者よりも不満足なソクラテスの方がよい。」
　　　　　　　　制裁―内的制裁＝良心→道徳
　　　　　　　　幸福―献身の行為＝他者の役に立つこと　社会的貢献　愛→隣人愛

【プラグマティズム】
　○プラグマティズム：アメリカの思想←経験論・功利主義とピューリタニズム・
　　　　　　　　　　　　開拓者精神
　　　　　　　　　　　　創造的知性→個人の自由と社会の確立
　○パース：知識・観念の源泉は行動である＝行動主義
　　　　　　観念の意味は行動により明らかになる
　○ジェームズ：価値（真偽・善悪・美醜）の基準は有用性＝実用主義
　　　　　　　　有用性＝真理　観念的理論の否定

【民主主義の実現と幸福　デューイ】：道具主義と民主主義の哲学
　○デューイ：民主主義→個人と社会との調和→知性の働き
　　　　　　　創造的知性→問題解決の道具＝道具主義
　　　　　　　道具主義―思考はよく生きるための手段
　　　　　　　実用主義―価値の多様性・個別性→唯一不変の価値の否定→民主主
　　　　　　　義の実現

【幸福と功利～功利主義　ベンサムとミル】

❶科学技術の進歩により18世紀におこった，生産手段・生産様式の進歩とそれにともなう社会構造の著しい変革を何というか。	❶産業革命
❷産業革命により本格的に成立した，私有財産の追求と個人の自由競争を特色とする経済思想及び経済体制を何というか。	❷資本主義
❸経済の主体が国家やその他の機関から統制をうけることなく，自己の利益追求を考え，自由に経済活動が行えるとする理論を何というか。	❸自由放任（レッセ‐フェール）
❹18世紀イギリスの経済学者で，経済活動の自由放任（レッセ‐フェール）を主張した人物はだれか。	❹アダム＝スミス（1723～90）
❺アダム＝スミスが従来の重商主義政策に反対し，自由放任に基づき市民の経済活動による富の増大を推進する経済学を説いた著書は何か。	❺『国富論（諸国民の富）』
❻個人の利益追求は社会全体の利益に自ずからつながるという意味で，アダム＝スミスが述べたことばは何か。	❻「（神の）見えざる手」
❼アダム＝スミスや『人口論』で知られるマルサスらが所属し，経済の自由放任主義を説いた学派は何か。	❼古典派経済学
❽人間が生来もつとされる善悪や正不正をわきまえる感情を何というか。	❽道徳感情
❾アダム＝スミスの道徳論の基本にある，他人の幸福や不幸に心を動かされる感情を何というか。	❾共感（シンパシー）
❿アダム＝スミスが道徳的判断の基準としてあげた共感を具体的人物になぞらえて示したことばは何か。	❿公平（中立）な観察者
⓫幸福や利益など生活に役立つこと，有用性のことを何というか。	⓫功利

⓬有用性・有益性を行為や価値判断の基準とする思想を何というか。

⓬功利主義

⓭近代市民社会の倫理観として，功利主義がめざしたことは何か。

⓭個人の幸福と社会全体の幸福との調和

⓮18世紀イギリスの社会的要求にこたえ，功利主義の立場から人間観・倫理観を説き，思想としての功利主義を確立した人物はだれか。

⓮ベンサム（1748～1832）

⓯ベンサムによれば，人間とはどのような存在であるか。

⓯快楽を求め苦痛を避ける存在

⓰ベンサムによれば，幸福とは何であるか。

⓰快楽

⓱快楽・幸福を増大させる行為を善とし，損なう行為を悪とする道徳の原理を何というか。

⓱功利の原理

⓲ベンサムは，快楽は均一で，人間にとって望ましい快楽は量的に判断できるとしたが，この立場を何というか。

⓲量的快楽主義

⓳ベンサムは，快楽と苦痛は比較計量して判断できるとしたが，このことを何というか。

⓳快楽計算

⓴ベンサムが示した快楽計算の7つの基準をあげよ。

⓴強さ・持続性・確実性・近さ・豊かさ・純粋性・関係者数

㉑ベンサムが功利主義思想の目的として述べたことばは何か。

㉑「最大多数の最大幸福」

㉒近代市民社会の理想としての「最大多数の最大幸福」が意味するものは何か。

㉒万人の幸福

㉓「最大多数の最大幸福」の実現の前提となるベンサムの幸福観とは何か。

㉓社会は個人の総和であり，個人の幸福の総和が社会の幸福となる

㉔ベンサムの幸福観の基本となる人間観を示したことばは何か。

㉔「各人は等しく一人として数えられ，何人もそれ以上に数えられてはならな

い。」

❻個人の幸福追求が利己主義に陥ったり，他者の利益を損なわないようにするための4つの制裁とは何か。

❻自然的制裁・政治（法律）的制裁・道徳的制裁・宗教的制裁

❻功利主義の原理を確立したベンサムの著書は何か。

❻『道徳および立法の諸原理序説』

❼ベンサムとは異なる人間観から快楽には身体的・物質的でないものもあるとした人物はだれか。

❼J.S.ミル（1806～73）

❽ミルはより高次の快楽は何であると説いたか。

❽精神的快楽

❾ミルは快楽に質的差異があるとしたが，ベンサムとは異なるこの立場を何というか。

❾質的功利主義

❿ミルのことばで，質的功利主義の立場から精神的快楽こそが高尚な品性をもつ人間の求めるものであると述べたものは何か。

❿「満足した豚であるよりは不満足な人間の方がよく，満足した愚か者であるよりは不満足なソクラテスの方がよい。」

❸❶ベンサムの4つの制裁に対して，ミルが強調した制裁を何というか。

❸❶内的制裁

❸❷内的制裁とは具体的にはどのようなものか。

❸❷良心，公共心，義務感など

❸❸ミルは，真の快楽であり真の幸福であるのはどのような行為であるとしたか。

❸❸献身

❸❹献身とは具体的にどのようなことか。

❸❹社会的貢献，純粋な愛など

❸❺ミルは功利主義道徳の理想は何であるとしたか。

❸❺キリスト教の隣人愛

❸❻ミルは自己の自由の行使は他者に害をおよぼしたり，他者の自由を損なわないかぎりにおいて認められるとしたが，このことを何というか。

❸❻他者危害の原則

❸❼質的功利主義や幸福について論じたミルの著書は何

❸❼『功利主義』

か。

❸❽他者危害の原則や精神的自由について論じたミルの著書は何か。

❸❽『自由論』

【創造的知性と幸福〜プラグマティズム】..

❶イギリスから移住し，厳しい生活環境と闘いながら西部開発を進め，のちにアメリカ合衆国を築き上げていったアメリカ人の精神を何というか。

❶フロンティア-スピリット

❷形而上学に替わる新しい思想をつくることを目的として，1870年代の初頭に，ハーバード大学の若い科学者が開いていた会を何というか。

❷形而上学クラブ

❸形而上学クラブの学者たちが影響を受けていた進化論を代表する人物はだれか。

❸ダーウィン
（1809〜82）

❹現実の生活や行動に際して有用な知識や科学的思考を重視する思想を何というか。

❹プラグマティズム

❺形而上学クラブの中心人物で，プラグマティズムの創始者とはだれか。

❺パース
（1839〜1914）

❻プラグマティズムに影響を与えたイギリスの思想を3つあげよ。

❻ピューリタニズム，経験論，功利主義

❼すべての観念の源泉は行為にあり，観念の意味は行為を通して明らかになり確かめられるとする立場を何というか。

❼行動主義

❽パースの思想を発展させて，プラグマティズムを広め，「生活に役立つ」という観点からの思想を提唱した人物はだれか。

❽ウィリアム＝ジェームズ
（1842〜1910）

❾プラグマティズムを世界的に有名にしたジェームズの著書とは何か。

❾『プラグマティズム』

❿ジェームズは，真偽・善悪・美醜などの基準はどこにあると説いたか。

❿（真理の）有用性

⓫『プラグマティズム』のなかに記された，ジェームズの根本思想である「真理の有用性」を端的に表すこととは何か。

⓫「真理であるから有用，有用であるから真理」

⓬「真理の有用性」を重視する立場を何というか。

⓬実用主義

⓭ジェームズは，真理の有用性の観点から，真理を絶対

⓭仮説

的・普遍的なものではなく何であると主張したか。

⓮仮説による行動が真であるか偽であるかを決定する手続きを何というか。

⓮検証

⓯プラグマティズムを大成し，その立場から民主主義の哲学，民主主義教育を提唱して，20世紀の哲学と教育に大きな影響を与えたのはだれか。

⓯ジョン＝デューイ（1859 ～ 1952）

⓰デューイは知性の役割を真理探究だけではなく，何であるとしたか。

⓰問題解決に向けての道具（道具的能力）

⓱知性を問題解決のために行動を導く能力とするデューイの立場を何というか。

⓱道具主義

⓲デューイは，日常生活における問題解決を行い，具体方策を講じる知性を何とよんだか。

⓲創造的知性（実験的知性）

⓳デューイにより提唱された，日常生活における諸問題を発見し，自らが主体的にその解決に取り組む学習を何というか。

⓳問題解決学習

⓴デューイの教育観を表すことばは何か。

⓴「なすことによって学ぶ」

㉑哲学であつかう問題に，科学の実験的方法を活かさなければならないとするデューイの立場を何というか。

㉑実験主義

㉒実用性を重視したデューイの価値観はどのようなものか。

㉒価値の多様性・個別性

㉓デューイが価値観の多様性に基づき目指したものは何か。

㉓民主主義の実現

㉔デューイが 1919 年に日本を訪れた際，東京大学で行った講演をもとにしたプラグマティズムの入門書とされる著書は何か。

㉔『哲学の改造』

㉕民主主義社会の実現を主張したデューイの教育に関する主著とは何か。

㉕『民主主義と教育』

【論述問題】

ベンサムと J.S. ミルの思想の共通点と相違点を述べよ。

　ベンサムもミルも各人の幸福増進につとめることが思想の根本的な特色であり，その際，個人の幸福追求が利己主義にならないように制裁を設けた。しかし，功利主義追求の過程で，ベンサムは快楽を均一とし量的に計量し，ミルは質的にとらえて精神的快楽を強調した。制裁においては，ベンサムは外的制裁を，ミルは内的制裁を重視している。

プラグマティズムの現代的意義及びその問題点について述べよ。

　プラグマティズムの実用主義や多元的価値観は，現代における価値観やライフスタイルの多様化の思想的支柱となり，また，異文化理解や自由な思考・行動・交流を促進したが，その一方で，真理の有用性を強調するあまり，現実に役立つ知識のみを重視する傾向を助長した。

◆ *INTRODUCTION*　　　第 5 節　社会主義と実存主義
　　　　　　　　　　　　① 　人間性の回復を求めて〜社会主義

【人間疎外の原因　マルクス】
　　○ 19 世紀の思想的課題：資本主義の矛盾＝貧富の差・社会的連帯の喪失→人間疎外
　　　　　　　　　　　　　　人間疎外（人間性の喪失）の克服
　　○空想的社会主義：労働者の困窮→労働条件・労働環境の改善─人道主義的立場
　　　オーエン・サン＝シモン・フーリエ─理想的共同体の構想
　　　科学的分析の欠如→空想的社会主義（エンゲルスの批判）
　　　＊トマス＝モア『ユートピア』，ルソー『人間不平等起源論』
　　○マルクス：科学的社会主義　マルクス・エンゲルス『共産党宣言』『資本論』
　　　　　　　　人間の本質は労働→生活の向上と根本的な喜び
　　　　　　　　資本主義社会─生産物の商品化→労働の商品化→労働疎外（労働の
　　　　　　　　本質の喪失）
　　　　　　　　人間疎外・労働疎外の克服←労働者の人間性の回復←資本主義体制
　　　　　　　　の改革

【唯物史観】
　　○唯物史観：ヘーゲル批判─世界の本質は物質
　　　　　　　　人間の生活と生産が社会を形成し動かす
　　　　　　　　生産　生産力（労働手段と労働力）と生産関係（生産における人間関係）
　　　　　　　　＊上部構造（法や政治，思想等）と下部構造（経済）＝土台
　　　　　　　　下部構造の変化→上部構造の変化
　　　　　　　　生産力と生産関係の矛盾→階級闘争→新たな生産関係→新しい社会
　　　　　　　　制度
　　　　　　　　「歴史とは，常に階級闘争の歴史である」
　　○社会主義＝資本主義の必然的帰結
　　　　資本主義社会＝私有財産制→人間疎外→階級闘争→プロレタリア革命
　　　　私有財産制の廃止→経済の平等→人間疎外の克服→社会主義
　　○マルクス主義：マルクスとエンゲルスが唱えた思想─哲学・経済学・社会主義
　　　　　　　　　　を体系化

【人間疎外の原因　マルクス】‥‥‥‥‥‥‥‥‥‥‥‥‥‥‥‥‥‥‥

❶科学技術の発達により，18世紀後半のイギリスで起こった生産技術の向上と生産様式の変革を何というか。

❷18世紀頃の西ヨーロッパで成立し，個人の自由な経済活動を保障し，かつ財産の私有を認める経済体制を何というか。

❸生産手段の公有化に基づき，資本主義社会の矛盾である労働者の困窮，経済格差，失業などの社会問題の是正を図る思想を何というか。

❹資本主義社会の矛盾を人道主義的観点から批判し，労働条件や労働者の生活環境の改善を目指した思想を何というか。

❺イギリスの空想的社会主義者で，ニューラナーク工場において労働者の労働条件の改善や生活環境の整備に取り組んだのはだれか。

❻オーエンが，社会主義的な理想をめざし，アメリカ合衆国で建設した共同体を何というか。

❼オーエンが，社会環境が人間形成に与える影響を唯物論的視点から説いた著書は何か。

❽フランスの空想的社会主義者で，産業者が地主や資本家・貴族等に代わって政権を担い，科学と労働に基づく産業社会を説いた人物はだれか。

❾フランスの空想的社会主義者で，貧富の差や人間性の喪失は商業資本家と政府の無策にあるとして批判した人物はだれか。

❿フーリエが提唱した農村的協同組合を基本とする私有財産のない社会を何というか。

⓫世界の本質を物質とし，社会の変化・展開の原理は経済活動にあるとする立場を何というか。

⓬ヘーゲル哲学の根幹をなし，世界の本質は精神にあり，すべての事象の根底には精神の働きがあるとする立場を何というか。

⓭ドイツの哲学者で，ヘーゲル哲学を否定し，唯物論の立場から資本主義社会におけるさまざまな問題を科学的に分析し，理想社会の実現としての社会主義を説いた人

❶産業革命

❷資本主義

❸社会主義

❹空想的社会主義

❺ロバート＝オーエン
（1771～1858）

❻ニューハーモニー村

❼『新社会観』

❽サン＝シモン
（1760～1825）

❾フーリエ
（1772～1837）

❿ファランジュ

⓫唯物論

⓬観念論

⓭マルクス（1818～83）

物はだれか。

⓮マルクスの共同研究者で，オーエンらの社会主義を空想的社会主義とよんだ人物はだれか。

⓯エンゲルスの著書で，空想的社会主義への評価と批判に始まり，マルクスの思想の基礎理論を展開したものは何か。

⓰ヘーゲルとマルクスの媒介者として社会主義に大きな影響を与えた哲学者で，ヘーゲルを批判し，近代における唯物論的立場を確立した人物はだれか。

⓱空想的社会主義に対して，資本主義を歴史的に検証し，科学的に分析したマルクスとエンゲルスによる社会主義を何というか。

⓲マルクスは人間を他者とのかかわりのなかで生き，相互に助け合う存在であるとし，そのことを何とよんだか。

⓳人間の本質で，自由な自己実現であり，他者との人間的なつながりをもつ活動をマルクスは何であるとしたか。

⓴本来自分のものである労働の成果と喜びが失われ，労働が人間と対立し，やがて人間が労働に支配されることをマルクスは何とよんだか。

㉑ヘーゲル哲学において，自分の内面にあるものが外にあらわれることを何というか。

㉒ヘーゲル哲学においては，自己外化されたものが自己と対立するものとなったことを意味し，マルクスにおいては，労働の成果としての生産物が自己からはなれて対立するようになり，やがて人間が自己らしさを失うことを何というか。

㉓マルクスは，類的存在である人間が，社会的連帯を失い，労働疎外，自己疎外に陥り，非人間的な状態になっていることを何とよんだか。

㉔マルクスは人間疎外を克服し，人間性を回復するためには何が必要であるとしたか。

⓮エンゲルス
（1820 ～ 95）

⓯『空想から科学へ』

⓰フォイエルバッハ（1804 ～ 72）

⓱科学的社会主義

⓲類的存在

⓳労働

⓴労働疎外（疎外された労働）

㉑自己外化

㉒自己疎外

㉓人間疎外

㉔資本主義体制の根本的改革

【唯物史観】••

❶マルクスは，世界を動かすものは精神でも理性でもなく，何であるとしたか。

❷マルクスは，生産の二つの要素とは何であるとしたか。

❸人間が土地，資本，労働力という生産手段を用い，ものをつくり出す力を何というか。

❹ある社会における生産過程での社会的人間関係を何というか。

❺近代資本主義における生産関係とは具体的に何か。

❻社会の発展とともに増大していく生産力と固定化される生産関係との矛盾により生ずる争いを何というか。

❼歴史と階級闘争にかかわるマルクスのことばとは何か。

❽社会を構成している要素の中で政治，宗教，思想，哲学など精神や意識にかかわる領域のことを何というか。

❾社会を構成するなかで，その社会を決定していく土台となる生産力と生産関係に基づく経済の領域を何というか。

❿マルクスの哲学において，世界の歴史は経済（生産力や生産関係）である下部構造を土台にして，その変化・発展が上部構造に影響を与えるという歴史観を何というか。

⓫フォイエルバッハの唯物論とヘーゲルの弁証法を批判的に応用することで確立したマルクスの方法論を何というか。

⓬商品の交換価値は本来その商品を生産するために費やされた労働の量と等しいはずであるが，資本家は利潤として労働者からその労働の対価を搾取している，とするマルクスの説を何というか。

⓭近代資本主義社会において，生産手段をもちうる新興

❶生産（生きるための生産）

❷生産力と生産関係

❸生産力

❹生産関係

❺資本家（ブルジョワ）と労働者（プロレタリア）の関係

❻階級闘争

❼「歴史はつねに階級闘争の歴史である。」

❽上部構造

❾下部構造

❿唯物史観（史的唯物論）

⓫唯物弁証法（弁証法的唯物論）

⓬剰余価値説

⓭ブルジョワ階級

市民階級を何というか。

（ブルジョワジー）

⓮近代資本主義社会において，自己が所有する生産手段をもち得ず，自分の労働力を提供する階級を何というか。

⓮プロレタリア階級（プロレタリアート）

⓯マルクスとエンゲルスによる実践理論で，労働者階級が資本家階級を倒して政権を握り，自由で平等な社会を実現しようとする改革を何というか。

⓯社会主義革命（プロレタリア革命）

⓰マルクスとエンゲルスが説いた理想社会で，生産手段と利益の全人民的共有に基づき能力に応じて働き，必要に応じて分配を受ける平等な社会を何というか。

⓰共産主義社会

⓱マルクスは，資本主義社会において，人と人との関係が商品と非本来的な労働を介して物と物との関係になっていったことを何とよんだか。

⓱物象化

⓲マルクスは，資本主義社会において，本来労働に価値があるにもかかわらず，商品や貨幣が重んじられていることを何とよんだか。

⓲物神崇拝

⓳マルクスとエンゲルスの共著で，近代市民社会を分析し，社会・政治・思想などを規定するのは物質的生活の様式であると説いたものは何か。

⓳『ドイツ・イデオロギー』

⓴マルクスとエンゲルスの共著で，「ヨーロッパに妖怪があらわれた。」で始まり，科学的社会主義の理論を展開したものは何か。

⓴『共産党宣言』

㉑『共産党宣言』の結びの一文は何か。

㉑「万国の労働者よ，団結せよ。」

㉒マルクスが資本主義経済を分析し，資本家による労働者の搾取や「疎外される労働」などを論じた著書は何か。

㉒『経済学・哲学草稿』

㉓マルクスとエンゲルスの共著で，ヘーゲルの観念的歴史観を否定し，貨幣，資本の分析から資本主義の矛盾を考察し，必然的に社会主義，共産主義へと移行することを説いたものは何か。

㉓『資本論』

㉔マルクスが『経済学批判』の序文において，唯物史観を表したことばとは何か。

㉔「人間の意識がその存在を規定するのではなく，人間の社会的存在がその意識を

規定する。」

㉕マルクスとエンゲルスが説いた体系的社会主義を何というか。

㉕マルクス主義

㉖1917年，世界で初めてロシアにおいてプロレタリア革命を成功させ，ソビエト連邦を確立して社会主義国家誕生の指導者となったのはだれか。

㉖レーニン
(1870〜1924)

㉗唯物史観に基づき，資本主義と帝国主義を分析して社会主義の必然性を説いたレーニンの主張を何というか。

㉗マルクス・レーニン主義

㉘レーニンの著書で，資本主義が高度に発展した段階では余剰生産物の市場を求めて，帝国主義化するとしたものは何か。

㉘『帝国主義論』

㉙レーニンの革命理論で，常に搾取される側の貧困な労働者の団結や抵抗が，また植民地化された民族の抵抗が革命を起こす要因と説いた考えを何というか。

㉙暴力革命論

㉚マルクスの唯物史観と革命論を否定し，労働組合や議会を通して社会主義化を進めることを説いたドイツの社会主義者はだれか。

㉚ベルンシュタイン(1850〜1932)

㉛議会制民主主義を尊重し，プロレタリア独裁や暴力革命を否定して，合法的手段により社会主義を目指そうとする考えを何というか。

㉛社会民主主義

㉜ベルンシュタインの修正社会主義を取り入れたドイツの政党は何か。

㉜社会民主党

㉝イギリスにおいて，議会制民主主義の理念を尊重し，議会政治のなかで社会主義的政策の実現をめざした修正社会主義を何というか。

㉝フェビアン社会主義（フェビアニズム）

㉞イギリスの修正社会主義を推進した団体を何というか。

㉞フェビアン協会

㉟フェビアン協会の創始者で，道徳的理念や理想主義をもって人民の幸福な生活を追求，徐々に社会主義を実現しようと説いた人物はだれか。

㉟ウェッブ夫妻
シドニー
(1859〜1947)
ベアトリス
(1858〜1943)

㊱イギリスの劇作家で，ウェッブ夫妻とともにフェビアン協会の指導者であった人物はだれか。

㊱バーナード＝ショウ
(1856〜1950)

❸❼フェビアン協会の影響を受け，議会を通じて社会主義的政策を実施する理念をもつ政党は何か。

❸❼イギリス労働党

【論述問題】

> オーエン，サン＝シモン，フーリエ等が空想的社会主義者といわれる根拠を述べよ。

産業革命後，進展した社会での害悪を道徳的観点より追求し，私有財産の否定にまで至ったが，その手法は人道的で，資本主義の成立やその問題点の科学的分析が欠けていたため。

> マルクスの展開した疎外という概念を三つの観点から述べよ。

労働者が生産した商品が資本家の所有になってしまう「生産物の疎外」，人間にとって本質的であるべき労働が賃労働にはないという「労働よりの疎外」，人間は自己実現のため人間性を発揮すべきなのにできないという「人間性よりの疎外」。

> マルクスが説いた唯物史観をヘーゲルの歴史観と比較して述べよ。

ヘーゲルは世界と人間の本質を精神であるとし，究極の精神である絶対精神（世界精神）は自由の実現を歴史の展開のなかで実現するとした。それに対し，マルクスは世界の本質は物質であり，人間の社会構造の土台は下部構造である経済であり，下部構造の変化・発展が上部構造である政治や文化に影響を与えているとした。経済の根本である生産力と生産関係の矛盾が階級闘争を生じさせ，社会的な革命を引き起こし新たな社会をつくるのである。

> 修正社会主義の目指した方向を述べよ。

マルクス主義の基本的理論とされる革命による体制変革を否定し，労働組合の強化などにより労働者階級の地位や発言力を高め，議会制度を通じて，社会福祉制度の確立や経済格差を是正するなど社会主義的な政策を実現していくことを目的とした。

◆ *INTRODUCTION*　② 　人間存在の地平～実存主義 ┄─・─・─・─・─・─・─

【超越者との出会い　キルケゴール】

　○実存主義：既成の哲学の批判と人間性回復の思想

　　近代社会における諸問題→人間の画一化・平均化・大衆化→人間存在の探究

　○実存：現実存在＝現にここにいる自己自身の在り方→主体性，個別性の強調

　　　　　　非理性・主体性・独自性の哲学→宗教的実存と無神論的実存

　○キルケゴール：宗教的実存主義の祖

　　例外者意識→主体的真理の探究→不安・絶望「絶望とは死に至る病である」

　　　　→実存（真実の自己）

　○実存の三段階

　　美的実存―享楽的生→「あれもこれも」（欲望・本能）→不安・絶望

　　倫理的実存―「あれかこれか」＝良心的・倫理的社会生活→罪の自覚・良心の呵責

　　　　　　　　　　　　→不安・絶望

　　宗教的実存―罪へのおそれとおののき→「神の前の単独者」→神の恵み

【神の死と超人　ニーチェ】

　○ニーチェ：無神論的実存主義の祖

　○キリスト教批判：神の愛→弱者への甘やかし・強者への怨恨（ルサンチマン）

　　→奴隷道徳→ニヒリズム（虚無主義：生きる意味・価値の喪失）

　○ニヒリズムの克服：力への意志→既成の価値観の打破→「神は死んだ」

　　　　　　　　　　　　→新たな価値の創造→ニヒリズムの克服→超人

　　＊超人の哲学：力への意志と永劫回帰の認識→運命愛

【実存的交わり　ヤスパース】

　○限界状況：「人間は至るところで限界状況に囲まれている」

　　　　　　　　限界状況との遭遇→自己の有限性の自覚→不安・絶望→無と存在の

　　　　　　　　地平→包括者（超越者）との出会い→実存（真実の自己）

　○実存的交わり：実存→孤独と絶望→他者との人格的交わり＝実存的交わり

　　　　　　　　　→愛しながらの闘い（理性と愛）

【死へとかかわる存在　ハイデガー】
　　○存在の探究：人間の特質→存在を問うこと→「存在とは何か？」→「人間存在
　　　　　　　　　とは何か？」
　　　　　　　　現存在（ダーザイン）―人間の本来的あり方―世界内存在・時間
　　　　　　　　的存在→死へとかかわる存在→良心的生
　　　　　　　　＊ひと（世人・ダス-マン）：日常性に埋没→非本来的存在
　　○西洋文明批判：人間における「存在忘却」→自己の拠り所の喪失＝「故郷の喪失」
　　　　　　　　　＊フッサール：現象学―意識と世界の本質的な関わりを厳密に捉
　　　　　　　　　　　　　　　　える＝現象学的還元
　　　　　　　　　　　　　　　　人間の意識：外部の世界に向かう（志向性）
　　　　　　　　　　　　　　　　世界：人間の意識にあらわれている現象

【自由と責任　サルトル】
　　○人間存在：存在すること自体に意味をもつ＝実存―「実存は本質に先立つ」
　　　　　　　　即自存在：事物それ自体として存在
　　　　　　　　対自存在：新しい自己を形成しようとする存在
　　　　　　　　自己自身をつくりあげる＝投企的存在
　　○自由：自己の生き方を自己自身が決める＝人間の本質・尊厳
　　　　　　自由であること＝責任をもつこと→「人間は自由の刑に処せられている」
　　　　　　自由（自己投企）と責任→全人類に自己を参加させること（アンガージュ
　　　　　　マン）→社会的連帯

【その他の実存主義者】
　　○ドストエフスキー：ロシアの文豪「神がいなければすべてが許される」
　　○メルロ＝ポンティ：身体性―身体は主体と客体の両面をもつ→自己と世界を
　　　　　　　　　　　　つなぐ媒体
　　　　　　　　　　　　生きられた身体・生きられた世界
　　○ボーヴォワール：フェミニズム・『第二の性』
　　　　　　　　　　　「人は女に生まれるのではなく，女になるのだ。」
　　○カミュ：不条理の哲学―人生や世界は不条理であるが，人間は絶望の中にあっ
　　　　　　　ても不条理と向き合い生きる喜びを見出す

[超越者との出会い　キルケゴール]…………………………

❶人間が生きるにあたって，本来もっていた喜びや悲しみを失い，単なる「もの」として扱われ，人間性を喪失してしまう状況を何というか。

❷人間を単なる認識の対象として考えるのではなく，個々の人が歴史のなかで生きることを実感し，日々の生活で自己を意識できなくなった状態を何というか。

❸人間が個々の個性を失い，一つの規格品のような存在でしかない状況を何というか。

❹本来は現実存在という意味であり，現にここに生きる自己自身のあり方を何というか。

❺19世紀の西ヨーロッパで成立した思想で，個々の人間が現実のなかに自己をみつめ，真の自己とあるべき生き方を探究する思想を何というか。

❻実存主義の哲学が，普遍性や合理性を重視した近代哲学を批判し，人間のあり方として強調したことは何であるか。

❼絶対的・超越的存在者（神）との関係のなかで，主体的な生き方を追究しようとした実存主義の立場を何というか。

❽絶対的・超越的存在者（神）に依存せず，現実をみつめ自己と向き合い，超克することで自己を確立しようとする実存主義立場を何というか。

❾実存主義の先駆者とされ，客観的・普遍的真理を探究した近代哲学を批判し，主体的・個性的な生き方のなかでの自己を求めた人物とはだれか。

❿キルケゴールの哲学的出発点になったもので，自分は他と異なる独自な存在であるという意識を何というか。

⓫キルケゴールが求めた「自分がそのために生き，死にたいと思うような真理」とは何か。

⓬キルケゴールの思想展開上，重要な役割を果たして，永遠の恋人といわれた人物はだれか。

⓭自己と向き合い，自由かつ真摯に生きようとするときに，具体的対象のない動揺や迷いから生じる心理をキルケゴールは何と表現したか。

❶人間疎外

❷主体性の喪失

❸画一化，平均化

❹実存

❺実存主義

❻個人の主体性・個性・意志・感情など

❼有神論的実存主義（宗教的実存主義）

❽無神論的実存主義

❾キルケゴール（1813〜55）

❿例外者意識（例外者）

⓫主体的真理

⓬レギーネ＝オルセン(1822〜1904)

⓭不安

⓮キルケゴールが「死に至る病」とよび，本来の自己を失い，生きる希望もなくし，かつ死ぬこともできない心理を何というか。
⓮絶望

⓯キルケゴールが，人生の局面において選び目的とする真の自己のあり方とは何か。
⓯実存

⓰キルケゴールは，人間が人生において刹那的な快楽を求める段階を何というか。
⓰美的実存（の段階）

⓱キルケゴールは，いくつかの可能性のなかで一つを選び，責任をもって良心的に社会生活をおくろうとする段階を何というか。
⓱倫理的実存（の段階）

⓲キルケゴールが倫理的実存における生き方の選択を示すことばは何か。
⓲「あれかこれか」

⓳キルケゴールは，自己の有限性や良心の呵責に絶望し，神への信仰に生きようとする最終段階を何とよんだか。
⓳宗教的実存（の段階）

⓴キルケゴールは，宗教的実存においてただ一人神の前に立ち，真実の自己に至ろうとする存在を何とよんだか。
⓴単独者

㉑キルケゴールが宗教的実存に達した人物としてあげた『旧約聖書』の人物とはだれか。
㉑アブラハム

㉒キルケゴールの著書で，人生を真に生きる道として，自己の責任において一つの行動を決断して選びとる主体的生き方を説いたものは何か。
㉒『あれか，これか』

㉓キルケゴールの著書で，自己とは何かを問い，人間は絶望を直視し，実存的な生き方を追究しなければならないとしたのは何か。
㉓『死に至る病』

【神の死と超人　ニーチェ】……………………………………………………

❶ドイツの思想家で，キルケゴールとは対照的に神を求めず，自己の力で現状を克服し自己超克を求めることを説いた人物はだれか。
❶ニーチェ（1844 〜 1900）

❷ニーチェが，ヨーロッパ社会におけるキリスト教倫理観を否定するのに語ったことばは何というか。
❷「神は死んだ」

❸生存の意義や目的を喪失し，伝統的価値や秩序を否定する立場を何というか。
❸ニヒリズム（虚無主義）

❹ニーチェは，当時のヨーロッパ社会に広がりつつあった頽廃的なニヒリズムの原因が何にあると考えていた
❹キリスト教道徳

か。

❺19世紀フランスに現れた文芸の一傾向で，頽廃的・耽美的（たんび）な風潮を何というか。

❺デカダンス

❻ニーチェはキリスト教の本質が万人平等，従順と服従，博愛であり，強者，優れたものを否定し，弱者を甘やかすものであるとしたが，これらから生じた道徳を何とよんだか。

❻奴隷道徳（弱者の道徳）

❼ニーチェは，キリスト教道徳がもたらした強者や優れた者へ嫉みや恨みの感情を何とよんだか。

❼ルサンチマン（怨恨（えんこん））

❽ニーチェによれば，人間が本来的にもつより強くより高くなろうとする向上心，成長欲は何であるか。

❽力への意志（権力意志）

❾ニーチェは，力への意志をもち，ニヒリズムを克服するために既成の価値観を打破し，新たな価値を創造する存在を何とよんだか。

❾超人

❿すべての存在と事象は意図も意味もなく同じことが永遠に繰り返されるとするニーチェの世界観を何というか。

❿永劫回帰（永遠回帰）

⓫ニーチェによれば，永劫回帰を認識し，人生が無意味であったとしても，背を向けることなく自己の運命を自らのものとして受け入れることを何というか。

⓫運命愛

⓬人生を肯定し，運命を愛するニーチェのことばとは何か。

⓬「これが人生か，さればもういちど。」

⓭古代ギリシャの芸術にみられるアポロン型とディオニュソス型にみられる世界観を論じ，本能や欲望を顕わにするディオニュソス型の方がより本来的な人間の精神であると論じたニーチェの著書は何か。

⓭『悲劇の誕生』

⓮「神は死んだ」ということばが記され，永劫回帰，超人，ニヒリズムの克服を説いたニーチェの著書は何か。

⓮『ツァラトゥストラはこう言った』

⓯生存の本質は「生への盲目的意志」であり，生きることは苦しみであるという厭世主義（えんせい）を説き，ニーチェに影響を与えたドイツの哲学者はだれか。

⓯ショーペンハウエル（1778～1860）

【実存的交わり　ヤスパース】\.........

❶ドイツの実存哲学者で，キルケゴールの宗教的実存を

❶ヤスパース

承け継ぐとともに，ニーチェのニヒリズムの克服を課題として愛と理性にもとづく思想を説いた人物はだれか。 | （1883 〜 1969）

❷ヤスパースは，人間が自らの力でも科学技術でも克服できない状況を何とよんだか。 | ❷限界状況

❸ヤスパースの提示する限界状況を4つあげよ。 | ❸死・苦しみ・闘い・罪

❹ヤスパースによれば，私たちが限界状況に直面したときに，知るものは何か。 | ❹自己の有限性

❺ヤスパースによれば，限界状況において自己の有限性を知ったときに出会うあらゆる存在を支え包みこむ存在とは何か。 | ❺包括者（超越者）

❻ヤスパースによれば，包括者と出会うことで私たちが達するものは何であるか。 | ❻実存（真実の自己）

❼ヤスパースは，実存を自覚した者が，孤独と絶望に耐えながら，互いに自己を高め合う人格的交わりを何とよんだか。 | ❼実存的交わり

❽ヤスパースは，実存的交わりにおいて，理性と愛をもって自己の真実を闘わせることを何とよんだか。 | ❽愛しながらの闘い（愛の闘争）

❾ヤスパースは，紀元前5世紀前後に，ギリシャ哲学，仏教，中国の諸子百家，イスラエルの預言者などによって人類の精神文化が開化した時代を何とよんだか。 | ❾枢軸時代

❿限界状況や包括者との出会いなどを記した3部作からなるヤスパースの著書は何か。 | ❿『哲学』

⓫実存は理性により明らかになり，理性は実存により内実をえるという理性的実存を説いたヤスパースの著書は何か。 | ⓫『理性と実存』

【死へとかかわる存在　ハイデガー】

❶ドイツの代表的な実存哲学者で，「存在とは何か」という問いを出発点とし，哲学は存在を問う学問であるとし，人間と世界について探究した人物はだれか。 | ❶ハイデガー（1889 〜 1976）

❷ハイデガーは，人間は死から逃れることができず，また自分で死を引き受けなければならない存在であることを何とよんだか。 | ❷死とかかわる存在（死への存在）

❸ハイデガーは，死への存在としての人間は究極にはど | ❸時間的存在

のような存在であるとよんだか。

❹ハイデガーは，自己をあるべき存在として自覚し，存在そのものを問う人間のあり方を何とよんだか。

❺ハイデガーは，日常性に埋没し没個性的，平均的，画一的な人間となって，本来の主体的な生き方を失った存在を何とよんだか。

❻ハイデガーによれば，現存在の本質的構造で，世界のなかに存在し，他者・周囲・環境に配慮する本来的自己を何とよんだか。

❼現存在としての人間が本来的に世界とかかわり，他人やその他の事物に気づかうことをハイデガーは何とよんだか。

❽ハイデガーは，現存在は世界に投げ出されていることであるとしたが，そのことを何とよんだか。

❾ハイデガーは，日常の好奇心や曖昧さに埋没して，存在の意味を問うことをせず，自己の固有の存在をも忘れていることを何とよんだか。

❿ハイデガーは，存在忘却し自己の拠り所を失ったことを何とよんだか。

⓫ハイデガーの哲学を展開した著書で，存在そのものを問い，存在のあり方を了解している人間としての現存在を論じたものは何か。

⓬存在を神に通じるものととらえ，存在の真理を見守る人間を「存在の牧人」として論じたハイデガーの著書は何か。

⓭意識に浮かぶ対象を明証的なものとする方法をとり，ハイデガーに影響を与えたドイツの哲学者はだれか。

⓮事実についての判断を中止することを何というか。

⓯フッサールにより確立された，純粋な意識に立ち返り，事実に即して本質を究明する学問を何というか。

⓰現象学において，意識と世界の本質的なかかわりを厳密にとらえる作業をフッサールは何というか。

❹現存在（ダーザイン）

❺ひと（ダス-マン）

❻世界内存在

❼関心（ゾルゲ）

❽被投性（被投的存在）

❾存在忘却

❿故郷の喪失

⓫『存在と時間』

⓬『ヒューマニズムについて』

⓭フッサール（1859～1938）

⓮エポケー

⓯現象学

⓰現象学的還元

【自由と責任　サルトル】……………………………………………

❶フランスを代表する哲学者であるとともに，文学や演劇など文化全般にわたり実存主義を広め，無神論的実存主義の立場から現代における人間存在を探究した人物はだれか。

❷サルトルは人間の尊厳，本質を何であるとしたか。

❸事物と異なる人間固有の存在を説いたサルトルの思想を端的に表すことばは何か。

❹サルトルは，人間は未来に向かって自己を投げ出し，創造していく存在であるということを何とよんだか。

❺サルトルは，人間は自由に行動し，自由に自らを創り出していくものであるから，常に自由とかかわりをもち，問い直す態度が必要だとして，これを何と表現したか。

❻人間存在と自由とのかかわりについて，自由のもたらす責任の重さを説いたサルトルの有名なことばは何か。

❼サルトルによれば，人間が自分をとりまく状況のなかで，自分の生き方を選び，他者との関係をもちながら社会のあり方に参加していくことを何というか。

❽サルトルによれば，人間は自らを創るところのものであると同時に，自己をとりまく世界のあり方をも選べることを何というか。

❾サルトルは，それ自体で存在し本質により規定され，自己意識をもたない存在を何とよんだか。

❿サルトルは，実存として自己をみつめる意識をもち，未来に向かって新しい自己を形成しようとする存在を何とよんだか。

⓫サルトルの著書で，無神論的実存主義の立場から，自由を損なう権威を否定し，対自存在としての人間を説いたものは何か。

⓬サルトルの著書で，「実存は本質に先立つ」という根本命題により，実存的生き方について展開した作品は何か。

⓭世界の偶然性と無意味さ，そのなかで生きる人間を描

❶サルトル（1905 ～ 80）

❷自由

❸「実存は本質に先立つ」

❹投企的存在（投企）

❺責任

❻「人間は自由の刑に処せられている」

❼アンガージュマン（社会参加）

❽選択（自覚的選択）

❾即自存在

❿対自存在

⓫『存在と無』

⓬『実存主義はヒューマニズムである（実存主義とは何か）』

⓭『嘔吐』

いたサルトルの初期の小説は何か。

【その他の実存主義者】……………………………………………………………

❶フランスの代表的な女性思想家で，『第二の性』で独自の女性論を展開し，女性の自立を訴えて従来の女性観を否定した人物はだれか。

❷ボーヴォワールの女性観を示すことばは何か。

❸フランスの哲学者で，現象学の立場から主体と客体という二元論の克服を目指し，世界内存在という人間観を追究した人物はだれか。

❹メルロ＝ポンティが強調した人間性の一つとは何か。

❺メルロ＝ポンティは身体をどのようなものととらえたか。

❻フランスの小説家，哲学者で，『異邦人』『ペスト』『シーシュポスの神話』などで，現実を直視し自己と向き合う独自の思想を展開した人物はだれか。

❼カミュの人生観・世界観の根本にある思想とは何か。

❽カミュは不条理のなかにあっても人間はどのように生きるべきであると説いたか。

❾ドイツの実存主義文学の小説家で，『変身』などで知られ，人生の不条理を描いた人物はだれか。

❿『カラマーゾフの兄弟』などで知られるロシアの文豪で，「神がいなければ，すべてが許される」と述べ，実存主義文学に影響を与えた人物はだれか。

❶ボーヴォワール
（1908 ～ 86）

❷「人は女に生まれるのではない。女になるのだ。」

❸メルロ＝ポンティ
（1908～61）

❹身体性

❺主体と客体の両面をもち，自己と世界をつなぐ媒体

❻カミュ
（1913 ～ 60）

❼不条理

❽不条理にあっても現実を見つめ自己として生き続けることに喜びを見出す。

❾カフカ
（1883 ～ 1924）

❿ドストエフスキー
（1821 ～ 81）

【論述問題】

> キルケゴールの実存主義の思想的立場を，それまでの近代哲学と比較
> して述べよ。

　キルケゴールは，ヘーゲルに代表される理性に基づく近代哲学を研究した
結果，万人に通じる普遍的・客観的真理は現実の生活において生きる個人の
拠り所にはならないと考えた。人間には理性だけではなく，感情も意志もあ
り，個人はそれぞれの状況のなかで生きている。大切なことは自分がそのた
めに生き，そのために死ねるような主体的真理であり，その真理を求めるこ
とが人生の目的であると考えた。

> ニーチェは，なぜニヒリズムの元凶がキリスト教にあるとしたか述べよ。

　キリスト教では，神は絶対愛をもって罪深い者にも恵みを与え，その愛を
信じて自らも隣人を愛せよと説くが，それは弱い者や劣った者の現状肯定へ
とつながり，人々はひたすら神の愛にすがり，キリスト教の教えに従う。そ
の結果，人々は向上心を失い，大衆的利己主義に陥り，強い者，優れた者へ
のルサンチマンをもち，生きる意味や意欲を失いニヒリズムに陥る。

> ヤスパースが説いた「限界状況」とはどのようなものであるか，また，
> 「実存」との関わりについて述べよ。

　「限界状況」とは，死・苦・争い・罪など人間の力では解明も克服もでき
ない状況のことである。人間は限界状況に囲まれているが，そのことに気が
つかず，非本来的な生き方をしている。しかし，あるとき，限界状況に直面
すると，人間は自己の有限性や無力さを知り，真の生き方，すなわち実存に
目覚め，自己と世界のすべてを支え包む包括者と出会う。

> ハイデガーが説く「現存在」を「世界内存在」「死への存在」とのか
> かわりにおいて説明せよ。

　ハイデガーによれば，「現存在」とは，存在そのものを問う人間本来のあ
り方から「世界内存在」としての自己をみつめ，世界に投げ出され，他者や

その他の事象と関わり，それらに配慮する生き方である。人間は「死への存在」であるが，日常性に埋没している「ひと」はそのことから眼を背けようとする。しかし，「現存在」にある本来的自己は，自分が「死への存在」であることと向き合い，その事実を受け入れ，不安のなかにあっても実存を確立していく。

> 「実存は本質に先立つ」から出発したサルトルの思想は何を意味しているのか述べよ。

　サルトルによれば，存在のあり方には，その特色や機能によってなる本質存在と，その存在自体によってなる現実存在がある。たとえば，ナイフは何かを切るという機能のゆえに存在する本質存在であるが，人間はその存在自体が意義をもつものである。人間は現実存在（実存）であり，自由に行動し，自由に自らをつくり出していくというのが「実存は本質に先立つ」の意味であり，それゆえに生きることに責任を負わなければならないとした。

◆　*INTRODUCTION*　　③　他者の尊重　④　社会参加と他者への奉仕

【アーレントと公共性の問題】

　　○ハンナ＝アーレント：ユダヤ系ドイツ人　ヤスパース，ハイデガーに師事

　　○全体主義：集団帰属性の喪失→孤立感と無力感→依存する虚構のイデオロギー

　　　　　　　　　　　　と集団→全体主義→個人の自由の喪失

　　○自由と公共性：共同の活動に参加する行為→公共性

　　　　　　　　　　　　─労働（生命の維持→人間と事物との関係における生産）

　　　　　　　　　　　　─仕事（道具・芸術作品など人工物の製作）

　　　　　　　　　　　　─活動（ことばによる相互的行為）←古代ギリシャのポリス

　　　　　　　　　　　　＊近代以降　活動の喪失→労働の支配

【ハーバーマスと対話の問題】

　　○ハーバーマス：フランクフルト学派第二世代

　　○人間存在：他者とともに生きる存在→他者とのコミュニケーション

　　○理性：対話（コミュニケーション）的理性→多様な価値観のなかで生きる

　　　　　　　　→コミュニケーション的合理性→コミュニケーション的行為→合意

　　　　　　　　→市民公共性の再考

　　　　　　　　＊道具的理性：手段・道具としての理性→システム合理性の追求

【公正な社会の実現　ロールズ】

　　○ロールズ：アメリカの政治学者　社会契約論の再評価

　　○原初状態：社会の形成以前の人間のあり方＝自然状態←無知のベール

　　○原初状態でのルール─基本的自由の平等な分配

　　　　　　　　　　　　─不平等は平等な機会が与えられた成員による公正な競争

　　　　　　　　　　　　　の場合にのみ容認＝公正な機会均等の原理

　　　　　　　　　　　　─不平等は最も不遇な人々の境遇を改善するものでなけれ

　　　　　　　　　　　　　ばならない＝格差の原理

　　　　　　　　　　　　公正としての正義：自由競争による不平等の是正

【他者への愛と献身　マザー＝テレサ】

　　○マザー＝テレサ：カトリックの修道女　インドでの活動

　　　　　　　　　　　社会奉仕←貧しい人々への共感←愛とあわれみ（ピエタ）

　　○ボランティア：物質的な報酬を求めない奉仕活動

○シモーヌ＝ヴェイユ：フランスの女性思想家　キリスト教的博愛精神に基づ
　　　　　　　　　　く活動

【他者（他性）の尊重　レヴィナス】
　　○近代哲学の問題点：「他者」への視点
　　○レヴィナス：リトアニアのユダヤ系哲学者
　　　　他者との出会い→自己の倫理性の深化
　　　　　　　　　　他者の基本的性格＝他性─絶対的な異質性→重み→無限
　　　　　　　　　　他性─他者のまなざし＝「顔」
　　　　　　　　　　他者の「顔」─「私」を他者との関係に引きずり出す
　　　　　　　　　　＊近代的自我→自己を中心とした全体性→他性は全体性を引き
　　　　　　　　　　　裂く→全体性への固執→イリヤ
　　　　　　　　　　他者の苦痛への責任─真の倫理的責任
　　　　　　　　　　他者の重みを思い知ること→倫理
　　　　　　　　　　イリヤ：無意味な存在←恐怖体験

【他者の尊重】……………………………………………

❶ドイツの出身でアメリカで活躍した女性哲学者で，社
会における自身と他者の関係をとらえ，全体主義の形成
過程を分析した人物はだれか。

❷アーレントによれば，全体主義に傾く民衆に共通する
特徴は何か。

❸アーレントによれば，全体主義の帰結とは何か。

❹アーレントは，公共的世界における人間と事物との関
わりを3つに分類したが，そのなかで生命の維持のため
の生産の行為を何とよんだか。

❺アーレントは，公共的世界における人間と事物との関
わりのなかで，道具・芸術作品など人工物の製作を何と
よんだか。

❻アーレントは，公共的世界における人間と事物との関
わりのなかで，私的利害に関わりなく，公的な場で自由
になされることばによる相互的行為を何とよんだか。

❼アーレントは「活動」によってかたちづくられるもの

❶ハンナ＝アーレ
ント（1906～75）

❷集団帰属性意識
の喪失

❸個人の自由の喪
失

❹労働（labor）

❺仕事（work）

❻活動（action）

❼公共性

を何であるとしたか。

❽アーレントが活動に関して，モデルとした場は何か。　　❽古代ギリシャの
　　　　　　　　　　　　　　　　　　　　　　　　　　　　ポリス

❾アーレントが全体主義について論じた著書は何か。　　　❾『全体主義の起
　　　　　　　　　　　　　　　　　　　　　　　　　　　　源』

❿フランクフルト学派第二世代の思想家で，精神分析や　　❿ハーバーマス
言語学などをモデルとして独特の社会学を説いた人物は　　（1929 〜）
だれか。

⓫ハーバーマスは，他者とともに生きる存在である人間　　⓫他者とのコミュ
にとって，最も大切なことは何であるとしたか。　　　　　ニケーション

⓬ハーバーマスは，近代的理性を批判して何とよんだか。　⓬道具的理性

⓭ハーバーマスは，近代的理性が対象とした効率的成果　　⓭システム合理性
達成や社会システムを統合する支配秩序を何とよんだ
か。

⓮ハーバーマスは，道具的理性に対し，言語を介して了　　⓮コミュニケー
解し合い，相互行為の調整をはかる理性を何とよんだか。　ション（対話）
　　　　　　　　　　　　　　　　　　　　　　　　　　　　的理性

⓯ハーバーマスは，本来，近代社会が求め，やがて失わ　　⓯市民公共性
れていった他者とのコミュニケーション行為に基づく理
念を何とよんだか。

⓰ハーバーマスは，社会のルールは成員の討議を経たこ　　⓰合意
とばによるコミュニケーションにより形成されたものを
基本とするとしたが，そのことを何というか。

⓱ハーバーマスが，市民社会性について論じた著書は何　　⓱『公共性の構造
か。　　　　　　　　　　　　　　　　　　　　　　　　　転換』

⓲功利主義を批判し，社会契約論を再考することにより　　⓲ロールズ
現代社会における正義の実現を説いたアメリカの政治学　　（1921 〜 2002）
者はだれか。

⓳ロールズは，社会契約説において「自然状態」とされ　　⓳原初状態
ていたものを何とよんだか。

⓴ロールズは，原初状態における各人が，これから形成　　⓴無知のベール
される社会で自分がどのような地位や能力をもつか知ら
されていないことを何とよんだか。

㉑ロールズは，社会の成員に自由を平等に配分し，競争　　㉑公正としての正
により生じた不平等を是正することを何とよんだか。　　　義

㉒ロールズが原初状態を想定して説いた正義の原理で，他者の権利を侵害しないかぎり，基本的自由はすべての人に平等に与えられなければならないというものを何というか。

㉒平等な自由の原理

㉓ロールズが原初状態を想定して説いた正義の原理で，不平等は平等な機会が与えられた成員による公正な競争の場合にのみ容認されるとすることをなんというか。

㉓公正な機会均等の原理

㉔ロールズが原初状態を想定して説いた正義の原理で，不平等が残ったとしても，不平等は最も不遇な人々の境遇を改善することにつながるものでなければならないとすることを何というか。

㉔格差の原理

㉕個人の自由とともに，社会的・経済的弱者の便益と救済を説いたロールズの著書は何か。

㉕『正義論』

【社会参加と他者への奉仕】‥‥‥‥‥‥‥‥‥‥‥‥‥‥‥‥‥‥‥‥

❶カトリックの修道女としてインドに赴き，現地の人々への教育と福祉に貢献し，ノーベル平和賞を受賞した人物はだれか。

❶マザー＝テレサ（1910〜97）

❷マザー＝テレサが活動のよりどころとしたキリスト教の精神とは何か。

❷あわれみ（ピエタ）

❸物質的な報酬を求めない奉仕活動を何というか。

❸ボランティア

❹工場労働の体験を機に，キリスト教的博愛精神に基づき，抑圧された人々に寄り添うことを説いたフランスの女性思想家とはだれか。

❹シモーヌ＝ヴェイユ（1909〜43）

❺リトアニアのユダヤ系哲学者で，近代哲学の問題点を「他者」への視点の欠如とし，他者の異質性を重視する独自の哲学を説いた人物はだれか。

❺レヴィナス（1906〜95）

❻レヴィナスは，他者の基本的性格，自己にとっての絶対的な異質性で，「私とは根本的に同じではあり得ないこと」を何と呼んだか。

❻他性

❼レヴィナスは，他者の他性にかかわり，直接的に自己に迫ってくる他者のまなざしを何とよんだか。

❼顔

❽レヴィナスは，他者への配慮を欠いた近代的自我は，自己を中心とした何をつくり出したとしたか。

❽全体性

❾レヴィナスは，恐怖として体験される無意味な存在，

❾イリヤ

無の闇や沈黙のなかに「ただあること」を何とよんだか。

❿レヴィナスの著書で，他者の顔と出会い，他者を受け入れるとき，自己は倫理的主体となると説いたものは何か。

❿『全体性と無限』

【論述問題】

> レヴィナスの思想において，「顔」とはどのような意味をもつか，述べよ。

　自己にとって他者の基本的特性である「他性」は自己意識に取り込めない超越的な存在であり，自己に迫ってくる他性を示すものは他者の「顔」であり，「顔」は自己と他者との接点である。自己は他者の「顔」が示す無言のメッセージに応える責任をもち，「他者」の重みを知ることにより，自己は真の倫理的主体になることができる。

◆　***INTRODUCTION***　　　第6節　生命への畏敬と新しい倫理　-・-・-・-・-・-
　　　　　　　　　　　　　　　① 生命への畏敬　② 理性主義の見なおし

【生命への畏敬】

　○ヒューマニズム：人間性の尊重→幸福の追求

　○シュヴァイツァー：生命への畏敬→すべての生命は生きようとする意志をもつ
　　　　　　　　　　　　→生命の神秘

　○ガンジー：人間の目標＝サティアグラハ（真理把持）・ブラフマチャリア（清浄・
　　　　　　　純潔）
　　　　　　　対英独立闘争―非暴力主義―アヒンサー（不殺生）
　　　　　　　スワラージ（インドの自治）・スワデージ（国産品の愛用）

【生命という驚異　ベルクソン】

　○ベルクソン：生命の探究―生命―機械論でも目的論でもとらえられない領域

　○「生命の躍動（エラン・ヴィタール）」→生命の進化

　○人間の社会：「閉じた社会」から「開かれた社会」へ
　　　　　　　　道徳―「閉じた道徳（義務道徳）」から「開かれた道徳（愛の躍動）」へ

【無意識の領域】

　○精神分析学：人間の心の深層（深層心理），無意識の研究
　　　　　　　　神経症の研究―無意識→人間の行動

　○フロイト：心の3領域―エス（イド）：生命体を支える本能・欲望
　　　　　　　　　　　　　　　　＊心的エネルギー＝リビドー（性的衝動）
　　　　　　　　　　　　　―自我（エゴ）：エスの衝動を調整
　　　　　　　　　　　　　―超自我（スーパーエゴ）：自我を統制，エスを抑制
　　　　　　　　　　　　　躾・教育など

　○ユング：集合（普遍）的無意識―個人を超えて民族や人類が共通に持つ無意識
　　　　　　　の層
　　　　　　：元型（アーキタイプス）―集合的無意識の象徴的イメージ→神話・伝
　　　　　　　説の形成
　　　　　　　アニマ・アニムス・グレートマザー・シャドウ→文明論・文化論への
　　　　　　　影響

【構造主義　レヴィ - ストロース】

○構造主義：近代理性主義の見なおし→事象をその背後にある社会的・文化的構造（システム）からとらえ，理解する

○レヴィ - ストロース：フランスの文化人類学者→文化相対主義＝文化の優劣の否定→文化共存

○「野生の思考」と「文明の思考」：野生と文明の比較研究→理性中心主義の批判

○ソシュール：スイスの言語学者　構造言語学

　　　　　　　　ラング―社会的・文化的言語体系　パロール―具体的な発話・会話

　　　　　　　　ラングを基礎としてパロールが理解される

【「人間」の見なおしと西洋思想への批判】

○フーコー：フランスの哲学者　構造主義→西洋近代哲学の批判→独自の思想

　　　　　　近代理性的人間→道徳的人間の幻想→理性と狂気の存在

　　　　　　近代社会：規律の権力→権力から否定されたもの＝狂気

○ドゥルーズ：フランスの哲学者　西洋中心的思考（概念の一元化）の否定→差異・生成の肯定

○ガタリ：フランスの精神分析学者　無意識の欲望→人間の意識

○デリダ：フランスの哲学者　近代西洋哲学の固定観念（精神と自然，理性と狂気）の解体

　　　　　　→ロゴス中心主義の否定→脱構築

【道具的理性と新しい理性】

○フランクフルト学派：批判理論：伝統的理論・思想に対する批判→現代社会の諸矛盾の解決

　　啓蒙の弁証法：人類の発展＝理性と野蛮との弁証法的展開

　　　　　　　　　　文明の野蛮化に対する批判

○アドルノ：否定の弁証法→理性の反省能力による批判・文化（芸術・音楽）の物象化批判

○ホルクハイマー：道具的理性批判→理性の自己批判→科学技術中心主義からの人間性の回復

○フロム：自由の重荷→自由からの逃走→権威主義的パーソナリティ→ファシズム

【生命への畏敬】……………………………………………

❶非人道的な状況に対して人間性尊重の精神を訴える思想を何というか。

❷『戦争と平和』などで知られるロシアの文豪で，ロシアにおける農民支配をキリスト教的人間愛の立場から厳しく批判した人物はだれか。

❸『ジャン・クリストフ』などで知られるフランスの小説家で，戦闘的ヒューマニストとよばれる人物はだれか。

❹イギリスの数理哲学者で，核兵器廃絶や反戦などラディカルな平和運動を行った人物はだれか。

❺核兵器廃絶を目指してラッセルらとともに活動した，相対性理論の創始者としても有名な，ユダヤ系ドイツ人の物理学者とはだれか。

❻科学者たちによって提唱された核戦争の回避を訴えた宣言を何というか。

❼ラッセル‐アインシュタイン宣言を受け，随時各地で開催されるようになった科学者による平和運動の一環となった国際会議を何というか。

❽アフリカで献身的な医療を行い，またキリスト教を伝道して「アフリカの聖者」とよばれた人物はだれか。

❾シュヴァイツァーは，すべての生命あるものがもつ意志を何とよんだか。

❿「生きようとする意志」を表したシュヴァイツァーのことばとは何か。

⓫すべての生命を生命あるものとして尊ぶというシュヴァイツァーの思想を表すことばとは何か。

⓬シュヴァイツァーの著書で，生命への畏敬の念をもって生きることを人間の理想とすることを説いたものは何か。

⓭民族の独立運動において，政治や社会制度などの決定

❶ヒューマニズム（人道主義）

❷トルストイ（1828〜1910）

❸ロマン゠ロラン（1866〜1944）

❹バートランド゠ラッセル（1872〜1970）

❺アインシュタイン（1879〜1955）

❻ラッセル‐アインシュタイン宣言

❼パグウォッシュ会議

❽シュヴァイツァー（1875〜1965）

❾生きようとする意志

❿生命への畏敬

⓫「自分は生きようとする生命に取り囲まれた，生きようとする生命である。」

⓬『文化と倫理』

⓭民族自決主義

は民族自身が自由に行うものであるという考え方を何という か。

⓮人間性への信頼を基本としてインド独立運動を指導したインドの思想家とはだれか。

⓯ガンジーに対して人々が与えた尊称で，「偉大なる魂」という意味のことばとは何か。

⓰人間の目標を，唯一絶対の真理を把握し，それを自分のもの，社会のものとして実践することであるとしたガンジーのヒューマニズム思想の根本原理を何というか。

⓱サティアグラハのために要求される，喜怒哀楽から自己を解放するという節制の実践行為を何というか。

⓲ブラフマチャリアを実行するための根本条件である，精神によって暴力を抑制するという愛情の実践行為を何というか。

⓳正しい目的は正当な手段で実現されるべきであると考えるガンジーの対英独立闘争の根本思想を何というか。

⓴ガンジーによって提唱された，イギリスの非道徳的な法律を積極的に破ることでイギリスに抵抗しようとする運動を何というか。

㉑対英独立闘争の目標の一つで，インド国民会議派が提唱したインドの自治を意味することばとは何か。

㉒対英独立闘争のなかで展開された，英国製品を排斥し，国産品を愛用しようという運動を何というか。

㉓ガンジーの思想に影響を受け，非暴力大衆直接行動という闘争を展開したアメリカの黒人運動指導者はだれか。

㉔キング牧師が人種隔離政策に反対して指導したアラバマ州モンゴメリー市での運動を何というか。

㉕キング牧師が指導した，仕事と自由を求めてのワシントンでの運動を何というか。

㉖キング牧師が「ワシントン大行進」で行った演説の有名なことばとは何か。

⓮ガンジー（1869 〜 1948）

⓯マハトマ

⓰サティアグラハ（真理把持）

⓱ブラフマチャリア（清浄・純潔）

⓲アヒンサー（不殺生）

⓳非暴力主義

⓴非暴力・不服従

㉑スワラージ（自治・独立）

㉒スワデージ（国産品愛用）

㉓キング牧師（1929 〜 68）

㉔バスボイコット運動

㉕ワシントン大行進

㉖「私には夢がある」

【生命という驚異】・・・

❶唯物論や機械論思想を批判し，躍動する生命の意識を重視し，生の創造的進化の思想を説いた人物はだれか。	❶ベルクソン（1859〜1941）
❷ベルクソンは，生命の創造的な力で，宇宙における命の誕生と進化の根源を何とよんだか。	❷生命の躍動（エラン - ヴィタール）
❸ベルクソンは，排他的な義務道徳を何とよんだか。	❸閉じた道徳(魂)
❹ベルクソンは，全人類の情緒的・動的道徳を何とよんだか。	❹開かれた道徳（魂）
❺ベルクソンは，「開かれた道徳」へと人類を導くものを何とよんだか。	❺愛の躍動（エラン - ダムール）

【無意識の領域】・・・

❶人間の心の大部分を占めていて本人も気づいていない心の領域を何というか。	❶無意識
❷人間の深層心理が行動や精神障害を引き起こすとし，無意識の世界を探究する精神病理学のことを何というか。	❷精神分析学
❸精神病理学を確立し，無意識の領域が人間の行動を決定していると考え，それを解明しようとした人物はだれか。	❸フロイト（1856〜1939）
❹フロイトによれば，自己を動かす心の内部の力とされるものは何か。	❹心的エネルギー
❺フロイトは，生命を維持する自己保存と種族保存の本能，苦痛を避けて快楽を追求する欲求を引き起こす心的エネルギーを何とよんだか。	❺リビドー（性の衝動）
❻フロイトは，個人のパーソナリティの基礎であり，リビドーを蓄えている心の領域を何とよんだか。	❻エス（イド）
❼フロイトは，エスの衝動を外界に適応できるように調整する心の領域を何とよんだか。	❼自我（エゴ）
❽躾や教育などにより形成され，自我を統制しエスを抑制する道徳性や良心などと関係する心の領域を何というか。	❽超自我（スーパー - エゴ）
❾フロイトは，人間の本能を大別したが，一方を生の本能（エロス）とよび，もう一方を何とよんだか。	❾タナトス（自己破壊衝動・死への衝動）

⓾フロイトとともに精神分析学を代表する人物で，無意識には個人的無意識のほかにすべての人間が共通にもつ無意識があるとした人物はだれか。

⓾ユング
（1875 〜 1961）

⓫ユングは，すべての人間が共通にもつ無意識を何とよんだか。

⓫集合（普遍）的無意識

⓬ユングは，集合的無意識の内部に存在し，神話，物語，伝説などに見出される共通の基本的な型を何とよんだか。

⓬元型（アーキタイプス）

⓭ユングが説いた元型の一つで，心の中の二元的対立を統合する象徴としての母親のイメージを何とよぶか。

⓭グレートマザー（太母）

⓮ユングは，男性の心の中に存在する元型としての女性像を何とよんだか。

⓮アニマ

⓯ユングは，女性の心の中に存在する元型としての男性像を何とよんだか。

⓯アニムス

⓰ユングは人間の意識を理解するために四つの根本的な心理機能を考えたが，それは何か。

⓰思考・感情・感覚・直観

⓱自我意識の形成を，鏡に映る自分の像を自分と同一視する鏡像段階から言語により物事をとらえる象徴段階への過程として説いたフランスの精神分析学者はだれか。

⓱ラカン
（1901 〜 81）

【構造主義　レヴィ - ストロース】……………………………………………

❶ことばや行為を関連づけ，意味をもたらす体系や枠組みを何というか。

❶構造

❷20 世紀後半のフランスを中心に始まった学問潮流で，言語学の分野で成立した方法論およびそれを文化人類学や社会学に応用することによって未開社会や文明社会に共通する規則性を見い出した思想を何というか。

❷構造主義

❸フランスの文化人類学者で，構造主義を文化人類学・社会学に適用し，未開社会の思考に体系性を見出した人物はだれか。

❸レヴィ - ストロース
（1908 〜 2009）

❹レヴィ - ストロースは，西洋文明にみられる科学的思考を何とよんだか。

❹文明の思考

❺レヴィ - ストロースは，自然環境を具体的な生物や事象を一定の記号体系のもとにとらえる未開社会の思考を何とよんだか。

❺野生の思考

❻レヴィ‐ストロースの主著で，未開人の世界認識が分類や比喩によるものであり，文明社会にも共通する思考様式であることを主張したものは何か。　❻『野生の思考』

❼フランスの哲学者で，マルクスの思想に構造主義的な考え方を発見し，マルクス経済学を真に科学的な理論として基礎づけたのはだれか。　❼アルチュセール（1918〜90）

❽スイスの言語学者で，言語構造を研究し，構造主義に影響を与えた人物はだれか。　❽ソシュール（1857〜1913）

❾ソシュールは，個々の会話・発話行為を何とよんだか。　❾パロール

❿ソシュールは，個々の会話・発話行為を支える社会的・文化的な言語構造を何とよんだか。　❿ラング

【「人間」の見なおしと西洋的思考への批判】………………………………………

❶フランスの哲学者で，構造主義から出発しつつも独自の立場から西洋近代哲学を批判し，近代理性がつくり出した道徳的人間が幻想にすぎないと説いた人物はだれか。　❶フーコー（1926〜84）

❷フーコーが，強く批判した近代哲学の問題点とは何か。　❷理性の権力性

❸フーコーによれば，近代社会において権力から否定された人間の精神状態とは何か。　❸狂気

❹フーコーの著書で，身体を拘束して権力に従順な人間をつくりあげたという観点から西洋近代社会を論じたものは何か。　❹『監獄の誕生』

❺フーコーは，ベンサムにより考案され，監獄に収容された人間が権力に従順になるようにつくられた施設について論じたが，その施設とは何か。　❺パノプティコン

❻フランスの哲学者で，西洋中心的な思考を否定し，差異や生成を肯定した人物はだれか。　❻ドゥルーズ（1925〜95）

❼フランスの精神分析学者で，ドゥルーズと協同し，個人の欲望を抑圧する近代社会の普遍化された人間観を検証した人物はだれか。　❼ガタリ（1930〜95）

❽フランスの哲学者で，近代西洋哲学の基本的構造を否定し，新しい哲学を展開した人物はだれか。　❽デリダ（1930〜2004）

❾デリダが説いた新しい哲学を何というか。　❾脱構築

❿デリダによれば，近代西洋哲学の基本構造の中心をな　❿ロゴス中心主義

す特色とは何か。

[道具的理性と新しい理性]……………………………………………………

❶20世紀中期のドイツで成立し，ファシズムや一元的支配を批判し，西洋近代哲学がもたらした人間観・世界観を体系的にとらえ直し，諸学問の相互連関のなかで総体的に考察した学派を何というか。

❷フランクフルト学派の代表的哲学者で，「否定の弁証法」という概念によって現代文明の問題点について論究した人物はだれか。

❸アドルノは，生存のために自由や主体性を放棄し，ファシズムに対して無批判的な支持を与えるようになる人間精神のあり方を何とよんだか。

❹フランクフルト学派の代表的哲学者で，近代合理主義が人間や自然を画一化・規格化する管理主義へと転化したととらえ，社会の矛盾を解明しようとした人物はだれか。

❺ホルクハイマーは，近代における科学主義的な思考が現実の社会や人間や社会についての課題を解決しないと批判的にとらえ，何とよんだか。

❻伝統理論に対して，理性のもつ批判的能力に基づき，現実の社会や人間の矛盾を明らかにし，その課題に取り組む実践的な理論をホルクハイマーは何とよんだか。

❼現代社会において個人を抑圧し人間性を喪失させる原因となった，形式化され手段化された理性を何というか。

❽道具的理性が現代社会に内在する人間性喪失を生みだしている現状を批判し，その矛盾を解明しようとする理性を何というか。

❾アドルノとホルクハイマーの共著で，人間を解放するはずの理性による啓蒙が逆に人間を抑圧し疎外する状況を論じ，人類の進歩は啓蒙と野蛮との弁証法的展開であると論じたものは何か。

❿フランクフルト学派の社会心理学者，哲学者で，精神分析と社会学の両面から全体主義について考察し，ナチズムを支える大衆心理を自由からの逃走という観点か

❶フランクフルト学派

❷アドルノ（1903～69）

❸権威主義的パーソナリティ

❹ホルクハイマー（1895～1973）

❺伝統理論

❻批判理論

❼道具的理性

❽批判的理性

❾『啓蒙の弁証法』

❿フロム（1900～80）

ら分析した人物はだれか。

⓫社会の政治的・経済的要因が個人の心理に影響を与え　｜⓫社会的性格
て形成された性格をフロムは何とよんだか。

⓬自由がもたらす不安や孤独と全体主義成立の精神的背　｜⓬『自由からの逃
景について論じたフロムの著書は何か。　　　　　　　　　　　走』

⓭フランクフルト学派の哲学者で，批判精神を失い現状　｜⓭マルクーゼ
に迎合する人間を，一次元化人間とよんで批判した人物　　　（1898 ～ 1979）
はだれか。

【論述問題】

> 20世紀のヒューマニストのそれぞれのヒューマニズムの特色につい
> て述べよ。

　トルストイやロマン＝ロランは文学者としての立場から抑圧された人間
性の解放や反戦思想を説き，ラッセルやアインシュタインは核兵器廃絶の運
動を行った。シュヴァイツァーは人種・民族を超えた人類愛と生命への畏敬
を説き，マザー＝テレサはキリスト教の教えに基づく愛と憐みを実践した。
またガンジーは非暴力主義を掲げて民族の自主独立を指導し，キング牧師は
民族的差別や偏見からの解放に尽力した。20世紀のヒューマニストに共通
する精神は，人間性に対する全幅の信頼と自己犠牲にもとづいた実践力であ
る。

> フロイトやユングの思想は，それ以前の人間観とどのように異なって
> いるかを説明せよ。

　近代的な人間観はデカルトの「われ思う，ゆえにわれあり」というような
人間の理性の働きを積極的に認めるものであった。つまり行動における主体
性を自明としていた。しかしフロイトから始まる精神分析によって，人間の
行動は本人も知らない無意識によって引き起こされるものとされ，その無意
識の仕組みの研究によって新しい人間観が考えられるようになっていった。

> レヴィ＝ストロースが説いた構造主義の特色をそれまでの西洋中心的な考え方の批判という観点から述べよ。

　レヴィ＝ストロースは，理性的・科学的思考に基づく思考を中心として西洋文化が最も優れたものであるとしてきたことを批判し，文化には本来的に優劣はないとした。文化人類学の立場から説かれた彼の構造主義は歴史，社会，神話，伝承などにみられる普遍的な「構造」の存在を認め，それを究明しようとし，その結果として，西洋中心的な進歩的文化史観を否定し，文化相対主義を主張するという特色をもつ。

> フーコーの西洋近代哲学批判を，彼が着目した「狂気」の観点から述べよ。

　フーコーによれば，「狂気」と「理性」あるいは「異常」と「正常」は歴史のなかで形成されたものであり，「理性」「正常」は権力により権威化された概念である。権力は自らに反する，敵対するものを「狂気」「異常」として排除し，従順なる存在に転化した。フーコーは，そのような権力の構造・管理の視点を分析し，否定することにより西洋近代社会を歴史的・思想的に考察し批判した。

> フランクフルト学派の人たちは，現代の人間理性のはたらきをどのように考えたか述べよ。

　かつて自由に人間の目的や理想を考えた理性は，自然を支配するための技術的な道具，すなわち「道具的理性」と化し，その「道具的理性」が人間を支配・管理することによりファシズムが生まれた。

◆　**INTRODUCTION**　　③　言語論的転回　④　科学観の転換　‐・‐・‐・‐

【分析哲学の登場　理性から言語へ】
　○分析哲学：概念，論理の分析→日常生活での会話や命題のもつ意味の探究
　○言語論的転回：各人の理性，経験，意識からではなく生活に浸透している言語
　　　　　　　　　の理解から世界や自我を捉える

【言語的活動の豊かさ　ヴィトゲンシュタイン】
　○写像理論：言語の本質＝客観的世界，事象を映し出すもの
　　　　　　　→現実と対応しないものは言語では語り得ない
　　　　　　　「語り得ないものについては沈黙しなければならない」
　○言語ゲーム：言語はゲームとしての日常的な会話→生活や社会のルールの修得

【科学哲学の潮流】
　○ポパー：反証主義─科学はある命題が実験や観察により反証される営み
　　　　　　科学的命題は反証されうるもの＝反証可能性
　○クワイン：知の全体論（ホーリズム）─科学的命題は個々にではなく，全体の
　　　　　　　体系としてのみ検証される
　○クーン：パラダイム─模範・範例→科学的に広く認められた業績→理論的枠組み
　　　　　　科学的思考─パラダイムのなかでの思考
　　　　　　パラダイムの転換（パラダイム‐シフト）→科学革命

【言語論的展開】‥‥‥‥‥‥‥‥‥‥‥‥‥‥‥‥‥‥‥‥

❶哲学の基本的方法を言語の批判的・分析的活動として
とらえ，日常生活での会話や命題のもつ意味を探究し，
数学や物理学の認識論的基礎付けをしようとした現代哲
学を何というか。

❶分析哲学

❷分析哲学において，各人の理性，経験，意志からでは
なく，生活に浸透している言語の理解から世界や自我を
捉えることを何というか。

❷言語論的転回

❸分析哲学を代表する哲学者で，人間の思考の限界を言
語の限界とみなし，「倫理」や「価値」については言語
によっては説明不可能であると説いた人物はだれか。

❸ヴィトゲンシュ
タイン
（1889〜1951）

❹現実と対応しないものは言語では語り得ないという

❹「語りえないも

ヴィトゲンシュタインのことばは何か。

のについては沈黙しなければならない」

❺ヴィトゲンシュタインが唱えた理論で，言語の本質は客観的世界のあり方や事象を映し出すものであるとした考え方を何というか。

❺写像理論

❻言語はさまざまな生活のなかでのゲームであり，人間は日常の会話のなかで，生活や社会のルールを学ぶという考え方をヴィトゲンシュタインは何とよんだか。

❻言語ゲーム

【科学観の転換】・・

❶イギリスの科学哲学者で，科学的真理は「誤りから学ぶ」ことにより成立し，修正を繰り返すことで科学の理論となるとした人物はだれか。

❶ポパー
（1902 ～ 94）

❷ポパーは，科学理論が成立するための根拠は経験的な実験により反駁されることであるとしたが，このような立場を何というか。

❷反証主義

❸ポパーが説いた科学観を成立させる概念を何というか。

❸反証可能性

❹ポパーによって確立された思想で科学理論は反証可能性によって理論たりうるとする科学の方法論を何とよぶか。

❹批判的合理主義

❺ポパーが批判的合理主義の思想を社会科学の分野に応用し，誤りや失敗から社会を改善しようとする学問を何というか。

❺漸次的社会工学

❻アメリカの分析哲学者で，科学的命題は個別的考察ではなく，全体的体系のなかでのみ検証されるとした人物はだれか。

❻クワイン
（1908 ～ 2000）

❼クワインが，提唱した科学観の中心となる理論を何というか。

❼知の全体論
（ホーリズム）

❽アメリカの科学史家，科学哲学者で，科学の変化・発展は事実についての理論の積み重ねではなく，科学を成立させる理論的枠組みの転換によるとした人物はだれか。

❽クーン
（1922 ～ 96）

❾クーンは，科学を成立される理論的枠組みを何と読ん

❾パラダイム

だか。

⑩クーンは，科学理論の変化・発展は何によって為されるとしたか。

⑪クーンは，パラダイムの転換により何が起こるとしたか。

⑩パラダイムの転換（パラダイム - シフト）

⑪科学革命

【論述問題】

> ヴィトゲンシュタインが「語りえないものについては沈黙しなければならない」と述べたことについて説明せよ。

　ヴィトゲンシュタインによれば，西洋近代哲学は超越者，価値，倫理的命題などについてさまざまな言説を示したが，言語の本質は客観的な世界のあり方を写し取る働きであるから，それらは言語での表現の限界を超えている。したがって，語り得ないものは言説とはならないのであり，沈黙せざるをえない。

> クワインの全体論（ホーリズム）に基づく科学観を具体的に述べよ。

　クワインは，科学的命題は全体的体系のなかで検証されるべきであると唱えた。たとえば，地球が平面であるとすれば，同じ場所でも季節により日照時間や見える星座が異なることは説明できず，地球が球体であることにより解明される。それは個々の観察データの修正ではなく，地球平面説から地球球体説へと地球そのものの全体論が修正されたことにより出された結論である。

第4編　国際社会に生きる日本人の自覚

第1章　日本の風土と外来思想の受容◇◇◇◇◇◇◇◇◇◇◇◇◇◇◇◇◇◇◇◇

◆ **INTRODUCTION**　第1節　日本思想の源流
　　　　　　　　　　　　① 日本の風土と人々の生活
　　　　　　　　　　　　② 古代の人々の考え方

【日本の風土】―協調性と現世主義
　○気候・風土：農耕生活の安定をもたらす自然→日本人の生活と思考
　　　　　　　　静かなあきらめの感情と強烈な激情
　○和辻哲郎の風土論（『風土』）
　　　　　　　　沙漠型―西アジア―砂漠→死の脅威→対抗的・戦闘的
　　　　　　　　牧場型―ヨーロッパ―従順な自然→自然の支配者
　　　　　　　　モンスーン型―自然の恵みと暴威→受容的・忍従的性格＝二重性格
【村落と生活】
　○農耕定住社会：村落共同体→生活の場
　○世界：平地＝人間の領域　山や海＝他界に通じる場所＝神仏・霊魂・生命
　○季節：四季―生命の誕生・成長・成熟・衰退・復活→無限の生命
　　＊民俗学：柳田国男―祖先の霊魂→この世に留まる→田の神・年の神・氏神
　　　　　　　：折口信夫―「まれびと」＝神観念の原型
【神と祭祀】
　○日本の神：自然の威力が神格化された存在＝不可思議な力をもつ
　　　　　　　善悪・貴賤を問わない→「八百万の神」→事物・事象・自然の営み
　　　　　　　⇔キリスト教―唯一神・絶対神
　　　　　　　アニミズム―自然物に霊的存在が宿る
　○祟りと祭り：祟る霊・祟る神→祀る→祭祀
　　＊牛頭天王を祀る祇園信仰　菅原道真を祀る天神信仰
　○記紀神話：『古事記』『日本書紀』の神代神話
　　　　　　　アマテラス―高天原（天界）の神（天つ神）＝他の神々を招く神
　　　　　　　―生命の源（他界）と人間界をつなぐ神＝祀る神・祀られる神

【清き明き心】

○清明心：神に対する心のありよう―浄明心，善心，赤心，明心，うるわしき心
　　　　　うそいつわりのない心→人との和合・他者との心情的融合
　　　　　⇔きたなき心，暗き心，不善心，黒心，邪心，濁心など
　　　　　＊奈良時代：清明心＝役人の根本精神
　　　　　日本の伝統的道徳心＝正直・誠

○よしあし：快＝「よし」　不快＝「あし」

【罪と祓い】

○罪：祭祀の妨害　記紀神話のスサノオの振る舞い→高天原からの追放
　　　共同体の安寧を脅かすこと

○「祓い」「禊ぎ」：罪の除去
　　＊記紀神話―死んで黄泉の国に行くイザナミ　追うイザナギ

【日本文化の重層性】

○日本文化の重層性：和辻哲郎の説
　　　　　　　　　　仏教・儒教・西洋文明を受容し，重層的に文化を形成
　　　　　　　　　　文化の重層性→意識構造の複雑化
　　　　　　　　　　＊日本人の思考の特色

○直観的・情緒的思考：感情性・感覚的判断

○集団志向：村落共同体→家族主義的倫理観

○心情の純粋性：私心を捨てほがらかで透きとおった心→清明心

【日本の風土と人々の生活】……………………………………………

❶和辻哲郎の著書で，民族の精神的特色や思考のあり方などを風土との関係において考察したものは何か。

❷『風土』では東アジアや東南アジアにみられる自然に対して受容的・忍従的な性格を何とよぶか。

❸西アジアや内陸，アフリカにみられる自然や他民族に対する対抗的・戦闘的性格を何とよぶか。

❹ヨーロッパにみられる従順な自然の中で，人間は自然の支配者となり，また，自他に対して合理的な性格を何というか。

❺和辻哲郎によれば，台風や大雪のような突発的・一時的な自然の暴威を特徴とする日本の風土では，人々の感情はどのような性格をもつか。

❶『風土』

❷モンスーン型

❸沙漠（砂漠）型

❹牧場型

❺静かな感受と強烈な激情の二重性格

❻古代日本人の農耕定住生活の場となったのは何か。 | ❻村落共同体

❼古代日本人は，山や海はどのような場所であると考えたか。 | ❼他界に通じる場所（神仏や霊魂などの場所）

❽古代日本人は，四季の移り変わりをどのようにとらえたか。 | ❽生命の誕生・成長・成熟・衰退・復活

❾死者の霊魂は小高い山などに留まり子孫を見守り，田の神・年の神・氏神などになったと説いた民俗学者はだれか。 | ❾柳田国男（1875 ～ 1962）

❿古代日本人の神観念の原型が来訪神である「まれびと」にあると説いた民俗学者はだれか。 | ❿折口信夫（1887 ～ 1953）

⓫折口信夫によれば，人々が「まれびと」に扮装したり，演じたりすることを起源とするものは何か。 | ⓫芸能

【神と祭祀】

❶季節的・恒常的に生じる自然物や自然現象を神格化し，人々の生活のなかで神とされたものを何というか。 | ❶自然神

❷自然現象や動植物などのあらゆるものに精霊が宿り，霊魂があることを認める原始宗教にみられる崇拝・信仰を何というか。 | ❷アニミズム

❸特定の人を媒介として神霊界と人間界の交信をする原始的信仰を何というか。 | ❸シャーマニズム

❹古代社会に多くみられる，祭りと政治とが一体となっている形態を何というか。 | ❹祭政一致

❺古代神話で，神々の住む天上の国を何というか。 | ❺高天原

❻日本神話で，死者の行く暗黒で不浄な世界のことを何というか。 | ❻黄泉の国

❼日本神話で，人間と生命あるすべてのものが住む現実の国を何というか。 | ❼葦原中国

❽日本最古の史書で，稗田阿礼が暗誦し，太安万侶が記した神代から推古天皇までの歴史を記したものは何か | ❽『古事記』

❾日本最古の官撰歴史書で，舎人親王が編集した神代から持統天皇までの歴史を記したものは何か。 | ❾『日本書紀』

❿地名の由来・産物・伝承などを記したもので，奈良時 | ❿『風土記』

代に中央政府が諸国から提出させた地方誌を何というか。

⓫古代の社会のあり方，人々のものの考え方を知るうえで貴重な資料となっている，奈良時代に編集された日本最古の歌集は何か。

　　⓫『万葉集』

⓬古代神話において，国土をつくった国産みの男女二神はだれとだれか。

　　⓬伊邪那岐命・伊邪那美命

⓭古代神話において，天皇の祖先神として祀られ，高天原を支配する女神はだれか。

　　⓭天照大神

⓮古代神話で，天照大神の弟とされ，粗暴な行いを罰せられ高天原から追放され，出雲の国に降りその地を治めた神はだれか。

　　⓮素戔嗚命

⓯原始・古代にかけて，日本人の信仰では，畏敬の対象となるものをすべて神としてあがめ恐れたが，これらすべての神々を総称して何というか。

　　⓯八百万の神

⓰古代の血縁関係を主とする氏の祖先として祭った神を何というか。

　　⓰氏神

⓱自分の生まれた土地を守護する神を何というか。

　　⓱産土神

⓲元来は，神が立ち現れることを意味したとされ，人々が怖れおののく神の仕業を何というか。

　　⓲祟り

【清き明き心・罪と祓い・日本文化の重層性】

❶神話において悪徳として否定された自分勝手な心を何というか。

　　❶私心

❷古代日本人の道徳の中心で，私心のない明るい心のことで，他の人たちと融和して生きる心のあり方を何というか。

　　❷清明心

❸清明心に関連して後世の日本人の道徳心となった徳を一つ挙げよ。

　　❸正直・誠などから一つ

❹素戔嗚命が高天原で犯した罪で，農耕を妨げたり，祭礼を汚したりする罪のことを何というか。

　　❹天津罪

❺殺生や性的タブーを犯したりして，外部から人間に付着して生活を脅かす罪のことを何というか。

　　❺国津罪

❻清浄なものに対して，汚濁，不浄であり，罪が生じる根源とされたものを何というか。

　　❻穢

❼海水や清流によって身体的・精神的けがれを洗い落とし清めることを何というか。

❽自分の犯した汚辱な行いや身体に着いたけがれを払い退けることを何というか。

❾清明心の反対で，けがれのある，邪悪な心を何というか。

❿清らかで澄みきった清流のようなすがすがしいことで月の光・川の流れの美しさを表現するのは何か。

⓫神々の恵みを願ったり感謝するために，祝詞や供物などにより崇敬や感謝をささげることを何というか。

⓬日本人の古来の信仰の根幹にあるもので，死んだ祖先は神になるとして祀り，崇拝することを何というか。

⓭仏教，儒教，西洋哲学など外来の文化を受容し，古来の伝統と融和させ独自の文化を形成した日本の文化的伝統の特色を，和辻哲郎は何とよんだか。

❼禊（みそぎ）

❽祓（はらい）

❾きたなき心

❿さやけし

⓫祭祀（祭り）

⓬祖先崇拝

⓭日本文化の重層性

【論述問題】

清明心について述べよ。

　古代日本人が最も大切にしていた心のあり方，道徳の根本であり，天地にも人にも恥じない，私心・利欲心のない純粋な心のありようをいう。この考え方は『古事記』にすでにみられ，現代に至るまで一貫して日本人の心のあり方の理想となった。正直，誠，素直，純粋，清純，明朗，なども清明心の表れといえる。

◆　*INTRODUCTION*　　　第2節　日本人と仏教
　　　　　　　　　　　　　① 仏教の移入〜古代仏教

【日本人と仏教】
　○仏教：6世紀に伝来した外来思想→日本人の生活・習俗に定着（葬送儀礼・年
　　　　　間行事など）
　○蕃神：あだしくにの神─外国から渡来した神→神と仏の区別なし
　○受容の特色：先進文化としての仏教受容─美的芸術的関心（仏閣・仏像・仏具
　　　　　　　　など）→国家守護→精神的拠り所→救済

【仏教と聖徳太子】
　○聖徳太子（厩戸王）：国家統一の政治的・道徳的原理としての仏教
　　　　　　　　　　　　　『十七条憲法』─官吏の心得と「和」の精神
　○凡夫の自覚：凡夫─欲望にとらわれた無知な存在＝仏教的人間観
　　　　　　　　三宝（仏・法・僧）への敬い
　○「世間虚仮，唯仏是真」
　○教学研究：『三経義疏』

【神仏習合】
　○神仏習合：仏教と古来の神信仰との融合─日本特有の仏教信仰形態
　　　　　　　神宮寺・神前読経・鎮守の神など
　　　　　　　＊神仏分離令（明治元年）→現在でも残る神仏習合の精神
　○本地垂迹説：仏・菩薩が本来の存在で，神は人々を救うために現れた仮の姿（＝
　　　　　　　　権現）
　　　　　　　　＊中世─神仏習合の展開：神道の成立　伊勢神道─正直の徳
　　　　　　　　反本地垂迹説（神本仏迹説）

【鎮護国家】
　○国家仏教：奈良時代─政治的統一理念としての仏教
　○鎮護国家：仏教信仰→仏の力により国家の安泰を図る→護国・滅罪
　　　　　　　東大寺　国分寺　国分尼寺
　○鑑真：唐の高僧　東大寺で戒を授ける　唐招提寺の建立
　○行基：民間布教　社会事業　東大寺大仏造立
　　　　　＊私度僧：官許を得ていない僧尼
　○南都六宗：教学研究　他宗兼学→学問としての仏教

【一切衆生悉有仏性　最澄】
○平安初期の仏教：教義研究の深化　国家守護　顕教と密教　山岳仏教
○最澄：天台宗　比叡山延暦寺　大乗戒壇＝菩薩戒　『山家学生式』『顕戒論』
○一乗思想：「一切衆生悉有仏性」（涅槃経）→「草木国土悉皆成仏」→万人救済
○大乗仏教の総合：『法華経』中心の教え　念仏・坐禅・密教

【即身成仏　空海】
○空海：真言宗　高野山金剛峯寺　密教　『三教指帰(さんごうしいき)』『即身成仏義』『十住心論』
○密教：ことばでは語り得ない教えを宗教的体験（瞑想・儀式・真言など）で悟る
　　　　三密（身・口・意）→即身成仏＝大日如来との一体化
　　　　＊大日如来：宇宙の真理を体現する仏
○現世利益：加持祈祷→招福・除災・治病・栄利栄達
○曼荼羅（マンダラ）：大日如来を中心とした宇宙論

【日本人と仏教・仏教と聖徳太子】……………………………………………

❶仏教の伝来当初，仏は何とよばれたか。

❷天皇中心の中央集権体制の確立を推進し，国家建設の理念として仏教を受容し，日本においてはじめて本格的な仏教研究をした人物はだれか。

❸聖徳太子以前の仏教受容は一般的にどのような傾向であったか。

❹聖徳太子が，仏教と儒教の精神に基づいて，国家統一の理念と官吏の心得について著したとされるものは何か。

❺『十七条憲法』の第1条で聖徳太子が説いた人間として最も大切な精神のあり方とは何か。

❻『十七条憲法』のなかで，篤(あつ)く敬えと記したものは何か。

❼三宝とは何か。

❽『十七条憲法』で説かれた，人間はみな煩悩に満ちた愚かな存在であることを示したことばは何か。

❾聖徳太子が述べたとされ，この世は仮りで仏こそ真実であるという意味のことばは何か。

❿聖徳太子が著したとして知られる，大乗経典の法華経・

❶蕃神(あだしくにのかみ)

❷聖徳太子
　（574 ～ 622）

❸美的・美術的関心

❹『十七条憲法』

❺和

❻三宝(さんぼう)

❼仏・法・僧

❽凡夫(ぼんぷ)

❾「世間虚仮(せけんこけ)，唯(ゆい)仏是真(ぶつぜしん)」

❿『三経義疏(さんぎょうぎしょ)』

勝鬘経・維摩経の注釈書は何か。

【神仏習合・鎮護国家】……………………………………

❶仏教と古来の神信仰との融合した日本特有の仏教信仰
形態を何というか。

❷神仏習合の具体的な例をあげよ。

❸神仏習合の思想の一つで，仏・菩薩が本来の存在で，
神は人々を救うために現れた仮の姿であるという考え方
を何というか。

❹中世において成立した神仏習合の思想で，本地垂迹説
と反対の立場をとる考え方を何というか。

❺奈良時代の仏教の六学派を総称して何というか。

❻南都六宗をすべてあげよ。

❼全国各地に国分寺・国分尼寺をつくり，奈良に東大寺
を建立し，仏教政策を推進した天皇はだれか。

❽仏教に帰依していることを示すために，聖武天皇は自
らを何と称したか。

❾奈良仏教の特色の一つであり，仏教により国政を安定
させ，生活を向上させるという考えを何というか。

❿僧侶としての正式な資格を得る所を何というか。

⓫幾多の苦難ののち，失明しながらも来日して，戒律を
伝え，唐招提寺を開いた中国の高僧はだれか。

⓬諸国を巡り，民間に仏教を広め，貧民救済や土木事業
にも貢献した奈良時代の僧侶はだれか。

⓭官許を得ず一人隠遁して修行をしたり，民間布教に励
んだ僧を何というか。

❶神仏習合

❷神宮寺・神前読
経・鎮守の神

❸本地垂迹説

❹反本地垂迹説

❺南都六宗

❻三論・法相・成
実・華厳・倶
舎・律

❼聖武天皇（在位
724 〜 749）

❽三宝の奴

❾鎮護国家

❿戒壇

⓫鑑真
（688 〜 763）

⓬行基
（668 〜 749）

⓭私度僧

【一切衆生の成仏　最澄】……………………………………

❶法華経を中心とした一切衆生の仏性と成仏について説
き，伝教大師とよばれる僧侶はだれか。

❷最澄が中国から伝えた宗派は何か。

❸最澄が天台宗を開いた寺はどこか。

❶最澄
（767 〜 822）

❷天台宗

❸比叡山延暦寺

❹天台宗の根本思想で，万人が仏性をもち，仏となる可能性があるとする考え方を何というか。

❺『涅槃経』に記され，一乗思想を的確に表現する漢字8文字のことばは何か。

❻『涅槃経』のことばを受け，あらゆる自然物にも仏性があるとしたことばとは何か。

❼人には悟りの本性があり，内に備わっているその本性を直観すれば，悟りに至れるという考え方を何というか。

❽天台宗で最も重んじられた経典は何か。

❾東大寺，下野の薬師寺，筑紫の観音寺から独立し，天台宗の僧に資格を与えるよう最澄が請願したものは何か。

❿最澄が著した学僧のための教育書で，「国宝とは何ぞ。宝とは道心なり…」の句で知られるものは何か。

⓫南都六宗からの論難に対し，大乗戒壇の正当性と大乗戒について述べた最澄の著書は何か。

⓬鑑真が正式に授戒を定めて以来，官僧に授けられた戒を何というか。

⓭それまでの具足戒に対し，最澄が官僧に授けた戒を何というか。

❹一乗思想

❺一切衆生悉有仏性

❻山川草木悉皆成仏

❼本覚思想

❽『法華経』

❾大乗戒壇

❿『山家学生式』

⓫『顕戒論』

⓬具足戒

⓭大乗戒

［即身成仏　空海］

❶朝廷や貴族に信頼され，仏教のみならず儒教研究にも優れ，芸術や教育にも大きな功績を残し，平安初期の仏教界を代表する僧侶はだれか。

❷空海が中国から伝えた宗派は何か。

❸空海が真言宗を開いた寺はどこか。

❹空海が京都に開いた真言宗の修行道場はどこか。

❺一般の仏教を意味する顕教に対し，ことばでは言い表せない教えという意味の神秘主義的仏教で，真言宗の中心をなす教えを何というか。

❻密教の秘法であり，病気や災難を除くために仏に祈る呪術的行為を何というか。

❼真言密教における最高の存在で，宇宙の真理を体現し，

❶空海
（774 ～ 835）

❷真言宗

❸高野山金剛峯寺

❹東寺（教王護国寺）

❺密教

❻加持祈祷

❼大日如来

すべてを包む仏は何か。

❽神秘的な行により大日如来と一体化し，その身がたち
まちにして仏になるという考え方を何というか。

❾即身成仏に至るための行を何というか。

❿三密のことで，身に印契を結び，口に真言を唱え，意
に仏を観ずる行を何というか。

⓫本質・真髄などを表す語で大日如来を中心とした世界
観を表す図を何というか。

⓬伝来当初から日本仏教に特徴的な思想で，信仰により，
病を治したり，富を得たり，災難から逃れるなど，現実
に役立つことを何というか。

⓭空海の著書で，出家の理由と儒・仏・道の三教の優劣
を論じたものは何か。

⓮空海の著書で，大日如来と一体となる即身成仏につい
て記したものは何か。

⓯空海の著書で，大日如来を中心とする悟りに達する
10の段階を論じたものは何か。

⓰比叡山や高野山に寺院が開かれた背景にある日本古来
の信仰とは何か。

⓱山岳信仰に基づく仏教を何というか。

⓲山岳信仰と仏教，道教が融合し体系化された呪術的宗
教を何というか。

❽即身成仏（そくしんじょうぶつ）

❾三密

❿身・口・意

⓫曼荼羅（まんだら）

⓬現世利益

⓭『三教指帰』（さんごうしいき）

⓮『即身成仏義』（そくしんじょうぶつぎ）

⓯『十住心論』（じゅうじゅうしんろん）

⓰山岳信仰

⓱山岳仏教

⓲修験道（しゅげんどう）

【論述問題】

> **空海が説く「即身成仏」と「三密」の行について述べよ。**

　「即身成仏」とは，生きとし生けるものは，本来，大日如来の顕れであり，
密教が説く行により，現世においてその身たちまちにして仏となれるという
教えである。密教の行とは，手に印契を結び，口に真言を唱え，意に仏を想
念する修行で，ことばや理論を超越した神秘的な行で「三密」とよばれる。「三
密」が実践されると，人は大日如来と一体化する。

◆　***INTRODUCTION***　　　②　仏教の土着化～鎌倉仏教の思想 ‐‐‐‐‐‐‐

【末法思想と浄土教の発達】

　　○末法思想：仏陀入滅を基点とした下降的歴史観（正法・像法・末法）

　　　　　　　　　平安中期—戦乱・飢饉・律令体制の歪み→貴族の不安

　　　　　　　　　　　→宿世・現世での罪障→来世志向と無常観

　　○無常観の深まりと救済への道→浄土教

　　○源信：現世否定・来世志向→浄土教＝阿弥陀仏による救い　『往生要集』

　　　　　　「厭離穢土・欣求浄土」→観想念仏—極楽浄土を想像

　　○空也：市聖　踊念仏・諸国遍歴→民衆の教化

　　○平安文学：無常の世と罪障の自覚

　　　　　　　　『源氏物語』—文学に表れた王朝の精神→“あはれ”

【阿弥陀仏への信仰　法然】

　　○鎌倉仏教：平安末期の戦乱と末法思想→末世意識の深化

　　　　　　　　鎮護国家・貴族仏教から個人の悟りと救済，民衆の仏教へ→仏教の

　　　　　　　　土着化

　　　　　　　　教理・教学から実践へ

　　　　　　　　造寺・造塔から信仰心へ

　　○法然：浄土宗　　阿弥陀仏信仰→万人救済＝西方極楽浄土　『選択本願念仏集』

　　　　　　自力で悟りを得ること（聖道門）に限界→他力易行

　　　　　　専修念仏—他の行を捨て専ら念仏（称名念仏）にいそしむ＝「南無阿弥陀仏」

　　　　　　　→阿弥陀仏による救い→来世での救い＝極楽往生

　　　＊一遍：時宗　遊行上人　踊念仏

【絶対他力の信仰　親鸞】

　　○親鸞：浄土真宗　『教行信証』『歎異抄』（唯円）

　　○人間存在：本来的に罪深い存在→悪人　前世での罪業

　　○悪人正機：悪人（自力では悟りに至れない人）こそ救われる—阿弥陀仏の絶対

　　　的救い

　　○報恩感謝の念仏：念仏は阿弥陀仏がさせてくれている→念仏は阿弥陀仏への感謝

　　　　　　　　　　　「念仏により救われる」のではなく，「念仏していることがす

　　　　　　　　　　　　　でに救い」

　　○絶対他力：阿弥陀仏を信じる心さえも阿弥陀仏のはからい

　　○自然法爾：阿弥陀仏のはからい

【坐禅における救済　道元】

　　○坐禅：端座して心を統一し，悟りを求める行

　＊栄西：臨済宗　天台・真言・禅の三宗兼学　『興禅護国論』

　　　　　　公案禅─師の出した問いを思案する坐禅

　　　　　　禅文化→中世文化─寺院建築・庭園・書画・水墨画・茶道・文学など

　　○道元：曹洞宗　自力による悟り　越前永平寺　『正法眼蔵』『正法眼蔵随聞記』(懐奘)

　　○只管打坐：念仏や礼拝など他の行を捨てひたすら禅に打ち込むこと

　　○心身脱落：ひたすら禅に打ち込むことにより心身ともに欲望から解放されること

　　　　　　　　「自己をならふというは，自己を忘るるなり」

　　○修証一等（一如）：坐禅（修）と悟り（証）は不二一体

　　　　　　　　　　　「坐禅により悟りに達する」のではなく「坐禅そのものが悟り」

　　○正法眼蔵：正しい仏法，仏法の真髄を見る智慧の眼をもつ

【法華経への信仰　日蓮】

　　○日蓮：日蓮（法華）宗　『法華経』への絶対的帰依　『立正安国論』

　　○法華経至上主義：日本第一の法華経の行者

　　○唱題：題目（「南無妙法蓮華経」）を唱えること→悟り

　　○立正安国：『法華経』信仰→国家安泰

　　○他宗排撃：四箇格言（念仏無間・禅天魔・真言亡国・律国賊）

　　　　　　　　迫害・弾圧→法難→法華経の行者の誇り

【他宗の人物】

　　○叡尊：律宗　真言律宗の復興　社会活動　慈善事業

　　○明恵：華厳宗　華厳宗の復興　民衆への教化

【末法思想と浄土信仰】……………………………………………………

❶平安時代に広まった，仏陀の死後，世の中がしだいに衰退するという下降的歴史観を何というか。　　❶末法思想

❷末法思想において，仏陀入滅後500（1000）年の間，仏陀の教え，修行，悟りすべてが残る時代を何というか。　　❷正法

❸正法ののち，500（1000）年の間，仏陀の教えと修行が残る時代を何というか。　　❸像法

❹像法ののち，1万年続き仏陀の教えのみが残る時代を　　❹末法

何というか。

❺末法思想を背景に，現世を離れ来世を志向する信仰を何というか。

❻仏が住むとされる清浄な仏国土を何というか。

❼中国で発達した大乗仏教の一つで，現世を否定し来世での救済を願う仏教を何というか。

❽浄土教における信仰の対象で，極楽浄土で万人の救済を目的とする仏を何というか。

❾浄土教における理想の世界で，阿弥陀仏が住む極楽浄土を方位にちなみ何とよぶか。

❿浄土教の修行の一つで仏を念ずることを何というか。

⓫念仏の一つで，心に仏の姿を想い浮かべて念ずることを何というか。

⓬念仏の一つで，ただひたすら仏の名を口に唱えることを何というか。

⓭称名念仏では何と唱えられるか。

⓮平安時代の天台宗の僧侶で，恵心僧都とよばれ，浄土教を広めた人物とはだれか。

⓯源信の著書で，地獄の諸相と極楽浄土へ往生する教えを説いたものは何か。

⓰『往生要集』のなかにある有名な一句で，現世を否定し，来世での極楽往生を祈念することばは何か。

⓱平安中期に，諸国を巡り，庶民に念仏を広め，市聖とよばれた僧侶はだれか。

⓲阿弥陀信仰とは別の浄土信仰の対象で，兜率天で説法し，仏陀入滅後，56億7千万年の後に，この世に現れると伝えられる菩薩は何か。

⓳平安中期に浄土信仰が発達した背景をあげよ。

⓴一条天皇の中宮彰子に仕え，王朝文学を代表する女性作家はだれか。

㉑紫式部が描いた物語で，王朝貴族の栄華と無常観に基づく人生のはかなさ，人間の罪障，救済をテーマとしたものは何か。

❺浄土信仰

❻極楽浄土

❼浄土教

❽阿弥陀仏（如来）

❾西方極楽浄土

❿念仏

⓫観想念仏（理観念仏，観念仏）

⓬称名念仏

⓭南無阿弥陀仏

⓮源信
　（942 〜 1017）

⓯『往生要集』

⓰「厭離穢土・欣求浄土」

⓱空也
　（903 〜 972）

⓲弥勒菩薩

⓳戦乱，飢饉，中下級貴族の将来への不安など

⓴紫式部
　（978？〜1016？）

㉑『源氏物語』

❷『源氏物語』の中心をなす美的理念で，しみじみとした情感や情趣を表すものを何というか。

❷あはれ

❸平安時代後期に成立し，藤原道長の栄華を中心とし，当時の倫理や宗教観を述べた作品は何か。

❸『栄華物語』

【阿弥陀仏への信仰　法然】…………………………………………………

❶平安末期の戦乱と末法思想による末世意識の深化を背景にして，それまでの仏教と異なる信仰と教えを説いた仏教を総称して何というか。

❶鎌倉新仏教

❷鎌倉新仏教の主な特色を，旧仏教との比較でいくつかあげよ。

❷個人の救済の重視・ひとつの行への集中・易行の実践など

❸鎌倉新仏教を代表する僧侶で，旧仏教を批判し，阿弥陀仏の本願による救いを信じ，念仏による来世での救いを説いた人物はだれか。

❸法然（ほうねん）
（1133 ～ 1212）

❹中国浄土教の僧侶で，法然に影響を与えた人物はだれか。

❹善導（ぜんどう）
（613 ～ 681）

❺自力により悟りを得ようとする教えを何というか。

❺聖道門（自力信仰）

❻聖道門に対して，阿弥陀仏の力で浄土に生まれ，来世での救いを願う教えを何というか。

❻浄土門（他力信仰）

❼平安末期の社会不安や天災のため，末法思想とともに広まった浄土への往生を願う信仰を何というか。

❼浄土信仰

❽法然の開いた宗派で，阿弥陀仏の慈悲にすがって念仏を唱えれば一切衆生が救われると説いたものは何か。

❽浄土宗

❾阿弥陀仏は，かつて一切衆生が救われることを願い，この願いが達せられなければ，自分も仏にならないと誓ったとされるが，これを何というか。

❾弥陀の本願

❿法然や彼に続く浄土宗系により説かれ，弥陀の本願を信じ念仏を唱えるという平易な行だけで救われるとした修行の方法を何というか。

❿他力易行

⓫法然が他の行を捨て阿弥陀仏の救いにあずかる唯一の行として，もっぱら仏の名を唱える念仏を何というか。

⓫専修念仏（せんじゅねんぶつ）

⓬法然の著書で，浄土宗の根本理念を記し弥陀の本願と

⓬『選択本願念仏（せんちゃくほんがんねんぶつ）（じゅく）

して称名念仏による救いを説いたものは何か。

⓭法然の影響を受け，諸国を遊行して，信者不信者にかかわらず，阿弥陀仏による救いを説き，「捨聖」「遊行上人」とよばれた人物はだれか。

⓮一遍が開いた宗派を何というか。

⓯一遍が民衆に説いた独自の念仏を何というか。

⓭一遍(いっぺん)
　(1239 〜 89)

⓮時宗

⓯踊念仏

【絶対他力の信仰　親鸞】

❶法然の教えを継承し，極楽往生を願う教えを起点とし，人間の罪業と向き合い個人の内面の救済を説いた人物はだれか。

❷後世，親鸞を祖とするとされる宗派とは何か。

❸親鸞は，煩悩に満ち本来的に罪深く，自己の力では悟りに至れず救われない人間のことを何とよんだか。

❹親鸞が説いた，自力では悟りに至れない悪人こそが阿弥陀仏の絶対的救いにあずかるという教えを何というか。

❺悪人正機を表す親鸞のことばとは何か。

❻親鸞は，念仏は救われるためにするものではなく，阿弥陀仏が念仏させてくれていることへの感謝の行であるとしたが，このような念仏を何とよんだか。

❼報恩感謝の念仏が意味することは何か。

❽親鸞が説いた教えで，阿弥陀仏の救いはすべての人に向けられ，信じる心さえも阿弥陀仏のはからいであるとする立場を何というか。

❾親鸞が説いた絶対他力のはたらきのことを示したことばで，すべてが阿弥陀仏によるあるがままのはからいであることを何というか。

❿親鸞の著書で，自分が絶対他力の信仰に至った過程や阿弥陀仏の救いについて記したものは何か。

❶親鸞(しんらん)
　(1173 〜 1262)

❷浄土真宗

❸悪人

❹悪人正機(しょうき)

❺「善人なほもて往生をとぐ，いはんや悪人をや」

❻報恩感謝の念仏

❼念仏をすることそのものが救いであるということ

❽絶対他力

❾自然法爾(じねんほうに)

❿『教行信証(きょうぎょうしんしょう)』

❶親鸞の弟子の唯円がまとめた親鸞の言行録で，悪人正機や絶対他力について記されているものは何か。

❷室町時代の浄土真宗の僧侶で，教団を発展させ，石山本願寺を建立し，『御文』を著した人物はだれか。

❶『歎異抄』

❷蓮如
（1415〜99）

【坐禅における救済　道元】……………………………………………………

❶端座して精神を統一し，煩悩を減し悟りに至ろうとする行を何というか。

❷中国で発達した大乗仏教の一つで，自己の修行により悟りを得ることを目的とする宗派は何か。

❸平安末期から鎌倉初期の僧侶で，天台宗，真言密教，禅の三宗を兼学し，禅宗を広めた人物はだれか。

❹日本では栄西により開かれた禅宗の宗派は何か。

❺臨済禅において，師が弟子に悟りを得させるために与える知的分別を超えた本質的な問いを何というか。

❻栄西の著書で，禅宗の使命や禅によって優れた人材を育成すること，禅が鎮護国家につながることなどを説いたものは何か。

❼はじめ臨済宗に入門し，中国に渡り帰国後，末法思想を批判し，自己を捨てて真理に到達できる唯一の道として坐禅を説いた人物はだれか。

❽日本では道元により開かれた禅宗の宗派は何か。

❾自己の仏性を信じ，修行によって悟りを開くことを何というか。

❿道元の人間観で，人にはみな仏性があり，みな仏法の器であり，自分の力で善根をなすことができるということを何というか。

⓫道元が唱えた行で，念仏や礼拝などを捨て，ただひたすら坐禅に打ちこむことを何というか。

⓬ひたすら禅に打ち込むことにより心身ともに欲望から解放されることを何というか。

⓭仏法を修めるために，修行し世間の名利にとらわれず心身の欲望を捨て，無我の境地を得ることを何というか。

⓮道元は「坐禅により悟りを得る」のではなく「坐禅そのものが悟り」であるとしたが，このことを何というか。

❶坐禅

❷禅宗

❸栄西
（1141〜1215）

❹臨済宗

❺公案

❻『興禅護国論』

❼道元（1200〜53）

❽曹洞宗

❾自力（自力解脱・自力信仰）

❿自力作善

⓫只管打坐

⓬身心脱落

⓭自己放下

⓮修証一如（一等）

⓯修行と悟りについての道元の信念で，祖師たちからの仏教の真髄を受け継いでいることを何というか。

⓯仏祖正伝

⓰禅宗の特色を示すことばで，仏が悟った真理は，ことばではなく体験によって心で悟るとしたものは何か。

⓰不立文字

⓱禅宗の特色を示すことばで，仏が悟った真理は，経典の教えのほかに以心伝心で伝えられるとしたものは何か。

⓱教外別伝

⓲禅宗の特色を示すことばで，仏が悟った真理は，坐禅により自己の心を捉えるとしたものは何か。

⓲直指人心

⓳禅宗の特色を示すことばで，仏が悟った真理は，自己の心を見つめ，真理と一体となりそのまま仏となるとしたものは何か。

⓳見性成仏

⓴道元の著書で，仏教とは仏が説いた無上の正法を意味するとし，末法思想の否定，自力作善，身心脱落などを説いたものは何か。

⓴『正法眼蔵』

㉑道元の弟子の懐奘の著書で，『正法眼蔵』の思想を分かりやすく表したものは何か。

㉑『正法眼蔵随聞記』

㉒越前（福井県）にある曹洞宗の総本山の寺は何か。

㉒永平寺

㉓道元が宋に渡ったとき，師事した中国曹洞宗の僧侶はだれか。

㉓如浄
（1163 ～ 1228）

【法華経への信仰　日蓮】……………………………………………………………

❶鎌倉時代の僧侶で，天台宗を学び，個人の救済を求めるだけでなく，幕府に上訴して社会や民衆の救済を志した人物はだれか。

❶日蓮
（1222 ～ 82）

❷大乗仏教の代表的な経典で，日蓮が最も重んじたものは何か。

❷『法華経』

❸日蓮を開祖とし，末法の世を救うには法華経が唯一であるとした宗派は何か。

❸日蓮宗（法華宗）

❹『法華経』を信じる者は迫害を覚悟しなくてはならないととらえ，迫害に屈することなく『法華経』を信奉する者を何というか。

❹法華経の行者

❺日蓮がこれを唱えて信心すれば，だれもが救われ，仏になることができるとした題目は何か。

❺「南無妙法蓮華経」

❻末法の世にあって，悟りと衆生を救うため，「南無妙法蓮華経」と題目を唱えることを何というか。

❻唱題

❼日蓮の行動の一つで，説法により悪人・悪法をくじき，民衆を『法華経』に帰依させることを何というか。

❼折伏

❽日蓮の行動の一つで，『法華経』信仰を最高のものとして，他の教えや行を否定することを何というか。

❽他宗排撃

❾他宗排撃と折伏のために唱えたことばで，「念仏無間・禅天魔・真言亡国・律国賊」を何というか。

❾四箇格言

❿日蓮の行動の一つで，路上に出てあらゆる民衆を対象に布教し，教えを説くことを何というか。

❿辻説法

⓫『法華経』に説かれる，歴史的存在としての釈迦の本質である永遠の仏を何というか。

⓫久遠実成の仏

⓬日蓮の著書で，当時起こった天災や社会不安は仏法の乱れで，『法華経』への信仰が失われているからであるとして，『法華経』による国家安泰を説いたものは何か。

⓬『立正安国論』

⓭日蓮の著書で，蒙古からの国書をめぐって佐渡へ流罪になったときに書かれた，法華経の行者としての使命と自覚を記したものは何か。

⓭『開目抄』

⓮京都賀茂神社の神官で，平安末期から鎌倉期にかけて，隠遁生活のなかで，仏教的理想を追求した文人はだれか。

⓮鴨長明
　（1153 ～ 1216）

⓯仏教的無常観を根底とし，「行く河の流れは絶えずしてしかももとの水にあらず」の名文で知られる鴨長明の随筆は何か。

⓯『方丈記』

⓰作者不詳であるが，源平の争乱を題材にとり，そのなかに仏教的人生観を表現した軍記物語は何か。

⓰『平家物語』

⓱京都の吉田神社の神官の子で，北面の武士から隠遁し，鎌倉末期から南北朝にかけての文人として高名な人物はだれか。

⓱吉田兼好
　（1283～1350？）

⓲吉田兼好の著書で，日常生活における人間と社会の様子や道徳，信仰，美意識について考察した随筆は何か。

⓲『徒然草』

⓳鎌倉時代の律宗の僧侶で，真言律宗を復興した人物はだれか。

⓳叡尊
　（1201 ～ 90）

⓴鎌倉時代の華厳宗の僧侶で，法然の専修念仏を否定し，華厳宗を復興し民衆に教化した人物はだれか。

⓴明恵
　（1173 ～ 1232）

【論述問題】

> **末法思想と浄土教の成立について述べよ。**

　平安時代の中期になると，古代律令制が崩壊し，地方で反乱がおこり，天災や飢饉も続き，人々は不安におびえた。また，摂関体制の枠からはずれた中下級貴族は現実に失望し，"世の末"，"末の世" を感じた。一方，教説の末法思想は仏陀入滅を基点とした下降歴史観で 1052 年が元年とされた。教説と現実が一致した人々にとって救いは浄土信仰に向けられた。

> **鎌倉仏教の成立の背景と特色について述べよ。**

　平安末期から鎌倉初期にかけては天災と戦乱がうち続き，教説の末法思想が現実のものとなったという末世の意識が人々に浸透した。特に，戦乱のなかで殺戮をくり返した武士やその惨禍を受けた庶民の間には，魂の救いを求める意識が深まり，新しい仏教の出現が期待された。また，仏教界においても，旧来の仏教に満足できない僧侶たちが登場し，それぞれの立場から独自の思想をもった仏教の確立に努力していた。

　鎌倉仏教の特色としては，それまでの仏教が国家や貴族たちのものに限られていたのに対して一般民衆のものとなり，教理・教学よりも，実践や修行が重んじられたことがあげられる。また現世と来世が対立的にとらえられ，末法思想に対する取り組みがみられたことも特色である。

> **親鸞の「悪人正機説」を説明せよ。**

　阿弥陀仏の本当の救いの対象は，自らの力で善行を積む人ではない。なぜなら自力で悟りを得られると思っている人は阿弥陀仏の力に任せる気持ちに欠ける。それに対し，自己の無力と罪業を自覚している悪人こそが，阿弥陀仏による救いを心から願っているから極楽往生するのにふさわしいのである。

> 　道元が仏祖たちからの仏教の真髄を受け継いでいるという視点から坐禅を悟りへの最高の行と考えたことについて述べよ。

　道元は，人はみな本来的に仏性をもつのであるから，自分も自己の仏性を信じるとした。彼は「仏祖も人なり，われも人なり」と考え，仏祖が坐禅に打ち込み悟りを開いたのであるから，ひたすら坐禅に打ちこむことにより真実の自己を発見し，我執を去り悟りを得ることができると考えた。

> 　日蓮の思想的特色を他の鎌倉新仏教の開祖との違いを踏まえて述べよ。

　日蓮は鎌倉新仏教における他の開祖に比べて政治的・社会的関心が強く，個人の救済のみならず，すべての民衆の救済と国家の安穏を求め，真の仏法である『法華経』への信仰のみがその手立てであると説く。『法華経』は聖徳太子，最澄にも重んじられていたが，日蓮は個人の悟りも即身成仏も立正安国も法華至上主義により実現すると考えた。

◆ *INTRODUCTION*　　　第3節　日本人と儒教
　　　　　　　　　　　　① 儒教の伝来と朱子学

【日本人と儒教】
　　○儒教の伝来：5世紀─国家構築の柱として摂取
　　○古代：聖徳太子の『憲法十七条』─官吏の心得→律令国家における仁政の理念
　　○中世：禅僧の教養＝朱子学
　　○江戸初期：藤原惺窩─近世朱子学の祖　林羅山・松永尺五の師
　　　　　　　　　　　朱子学─武士の教育→幕府の正学

【上下定分の理　林羅山】
　　○日本的朱子学：林羅山─近世朱子学の確立
　　　理気二元論→道徳論＝心的修養
　　　道心と欲心との闘い→武士の心得＝心のあり方（忠・義・信）
　　　→封建社会の秩序維持と道徳心→幕藩体制の精神的支柱
　　○居敬窮理：つつしみによって欲を制し，是非善悪をわきまえ，心と理を一体化する
　　○上下定分の理：天地の理→万物の上下尊卑→人間社会における身分秩序→人倫
　　　　　　　　　　　君臣・父子・夫婦・兄弟間の秩序→存心持敬
　　　＊山崎闇斎：朱子学と神道との融合→垂加神道
　　　＊新井白石：幕府の政治顧問→正徳の治　西洋の地理・文化の研究─『西洋紀聞』
　　　＊雨森芳洲：朝鮮外交

【儒教の伝来と朱子学】‥‥‥‥‥‥‥‥‥‥‥‥‥‥‥‥‥‥‥‥

❶律令国家の理念，官吏の心得として，儒教を重んじた人物はだれか。

❷中国の宋の時代に，朱子によって大成された儒学を何というか。

❸中世において，朱子学はどのようなものであったか。

❹江戸時代初期の僧侶で，近世儒学の祖とされた人物はだれか。

❺藤原惺窩に師事し徳川幕府に仕え，近世朱子学を確立した人物はだれか。

❻林羅山が説いた朱子学は当時の社会において，どのような役割を担ったか。

❶聖徳太子
　（574 ～ 622）

❷朱子学

❸禅僧の教養

❹藤原惺窩
　（ふじわらせいか）
　（1561 ～ 1619）

❺林羅山
　（1583 ～ 1657）

❻武士の教育・道徳，幕藩体制の

❼林羅山は，つつしみによって欲を制し，是非善悪をわきまえ，心と理を一体化させることを何とよんだか。

❽林羅山は，天地万物に上下尊卑の理があるように，人間社会における人倫にも上下の秩序の理があるとしたが，このことを何とよんだか。

❾朱子学で重視される徳の一つで，自分の心の中に欲がおこることをおさえ，道にかなうことを求める心のあり方とは何か。

❿林羅山は，心の中につねに敬をもち，上下定分の理にしたがって生きることを何とよんだか。

⓫江戸時代前期の朱子学者で，朱子学と神道を結びつけた厳格な修養主義を唱え，崎門学派をつくった人物はだれか。

⓬山崎闇斎によって提唱され，朱子学の理と日本古来の神を一体化させた神道を何というか。

⓭江戸時代前期の朱子学者で，加賀藩や幕府に仕え，将軍綱吉の侍講として活躍した人物はだれか。

⓮江戸時代中期の朱子学者で，正徳の治とよばれる文治政治を担い，また，西洋の文化や地理を研究した人物はだれか。

⓯新井白石の著書で，西洋の歴史・地理，キリスト教などの大意をまとめたものは何か。

⓰江戸時代中期の朱子学者で，対馬藩に仕え朝鮮との外交につとめた人物はだれか。

⓱江戸時代中期の朱子学者・本草学者で，朱子学本来の窮理による合理性を重んじ，また庶民の道徳意識に大きな影響を与えた人物はだれか。

⓲貝原益軒の著書で，朱子学の立場から教訓や修養を説いたものは何か。

維持

❼居敬窮理

❽上下定分の理

❾敬（つつしみ）

❿存心持敬

⓫山崎闇斎
（1618〜82）

⓬垂加神道

⓭木下順庵
（1621〜98）

⓮新井白石
（1657〜1725）

⓯『西洋紀聞』

⓰雨森芳洲
（1668〜1755）

⓱貝原益軒
（1630〜1714）

⓲『養生訓』

【論述問題】

> **日本における儒学の特色について述べよ。**

　古代に伝来した当初から，儒教は政治の理念としてあるいは官吏の心得として用いられていたが，江戸時代になると武士の道徳であるとともに幕藩体制を支える精神的基底となった。なかでも朱子学は，幕府の正学として隆盛したが，元来の朱子学が理気二元論に基づく存在論から道徳論に至る体系的思想であったのに対し，日本では内面的修養と道徳が強調された。その傾向は朱子学を批判した陽明学や儒教経典の文献学的研究を主張した古学においてもみられた。

◆　*INTRODUCTION*　　　②　陽明学　　③　古学 ‐・‐・‐・‐・‐・┐

【孝の徳　中江藤樹】
　　○日本陽明学：中江藤樹―「近江聖人」―日本陽明学の祖
　　　　　　　　　　朱子学批判→実践の強調→心と行動の一致
　　　　　　　　　　時・処（場所）・位（身分）に応じた道徳の実践
　　○孝：孝行→天・地・人・宇宙万物を貫く原理→「愛敬」（親愛と尊敬）
　　　　　万物を生み出す自然のはたらき→人間関係の根本
　　○良知：是非・善悪を正しく知る本性的な心＝孝の根底
　　　　　　学問の目的―「致良知」（良知の修得）
　　○知行合一：知と行の一体化＝良知を行為に表すこと
　　　＊熊沢蕃山：武士の役割―民を育み守護すること→仁政
　　　　　　　　　治山治水

【古学のおこり】
　　○古学：朱子学批判→儒教古典の文献学的研究→孔子・孟子の思想への回帰
　　○「誠」：私心のない心情の純粋さ＝自他への真心→人としての道の実現

【士道としての儒学　山鹿素行】
　　○朱子学批判―「周公孔子を師とする」『聖教要録』
　　○「士道」：戦国時代の「武士道」を批判→太平の世の武士のあり方
　　　　　　　　為政者としての武士の道

　　　　＊武士道：戦国時代―「武者の習い」「弓馬の道」
　　　　　　　山本常朝『葉隠』―主君への忠誠→「死ぬことと見つけたり」
　　○武士の職分：「三民（農・工・商）の師」→儒教倫理に基づく倫理的自覚

【真実無偽の道　伊藤仁斎】
　　○古義学：『論語』『孟子』の古義（意味・精神）の研究　『語孟字義』
　　○「仁」：儒教の根本精神＝「愛」→「仁愛」
　　○「誠」：人間のあるべき心のあり方＝「仁愛」の根本・条件＝誠による仁愛
　　　　→人間の基本的なあり方→すべての徳の実現

【先王の道　荻生徂徠】
　　○古文辞学：六経の文献学的研究→中国古語の研究→孔子の思想と「先王の道」
　　　　　　　　の道　『弁道』『政談』
　　○経世済民：儒教の目的―個人の道徳→社会と民衆の安穏
　　　　　　　　「先王の道」―古代の聖人がつくった道→経世済民の道
　　　　　　　　　　　　礼楽・刑政
　　　　　　　　　　　　政治―制度と社会規範の整備・確立
　　＊太宰春台：政治の目的＝民の経済的繁栄の実現

【陽明学】
❶中国の明代に，王陽明により確立した儒学を何という
か。

❷江戸時代前期の儒学者で，日本陽明学の祖といわれる
人物はだれか。

❸中江藤樹は何とよばれたか。

❹陽明学の特色は何か。

❺中江藤樹は，宇宙万物をつらぬく原理でもあり，すべ
ての徳の根本であるものを何とよんだか。

❻中江藤樹は，道徳の実践に必要な具体的条件は何であ
るとしたか。

❼中江藤樹は，日常生活や人間関係において現れる「孝」
を何とよんだか。

❽中江藤樹は，「孝」の根底にあり，善悪・是非を知り，

❶陽明学

❷中江藤樹
（1608～48）

❸近江聖人

❹実践の強調，心
と行為の一体化

❺孝

❻時・処（場所）・
位（身分・状況）

❼愛敬

❽良知

判断する心を何とよんだか。

❾良知を実現することを何というか。

❿陽明学において，良知の実践であり，知ることと行うことは一体であるとする立場を何というか。

⓫中江藤樹に師事し，武士の役割は民衆を育み，守護することであると説き，また，自然環境の保全を唱えた人物はだれか。

⓬熊沢蕃山が説いた森林政策，環境保全を何というか。

❾致良知

❿知行合一

⓫熊沢蕃山（くまざわばんざん）
　（1619 ～ 91）

⓬治山治水

【古学のおこり】【士道としての儒学　山鹿素行】……………………………

❶江戸時代中期に成立し，朱子学を批判し，儒教古典の文献学的研究から孔子・孟子の思想を学ぶことを説いた儒学を何というか。

❷古学派が重んじた私心のない心情の純粋性に基づく自他への真心をつくり出す徳を何というか。

❸江戸時代中期の古学派の儒学者，軍学者で，武士の日常生活における道徳を儒教に基づいて論じ，その学問が「聖教」とよばれた人物はだれか。

❹山鹿素行が説いた，武士の倫理的自覚と高貴な人格を形成する道を何というか。

❺山鹿素行が説く，農・工・商の三民に対する武士の職分とは何か。

❻山鹿素行は，「三民の師」としての武士の役割を何とよんだか。

❼山鹿素行の著書で，「三民の師」としての武士のあり方としての「士道」を説いたものは何か。

❽鎌倉時代から戦国時代にかけての武士のあるべきあり方で，「武者の習い」「弓馬の道」ともよばれたものを総称して何というか。

❾江戸時代中期に戦国時代の気風を継承し，武士道を説いた人物はだれか。

❿山本常朝の著書で，武士道の本質を「死ぬこととみつけたり」と述べたものは何か。

❶古学

❷誠

❸山鹿素行（やまがそこう）
　（1622 ～ 85）

❹士道

❺三民の師

❻士の職分

❼『聖教要録』

❽武士道

❾山本常朝（やまもとつねとも）
　（1659 ～ 1719）

❿『葉隠』

[真実無偽の道　伊藤仁斎]‥‥‥‥‥‥‥‥‥‥‥‥‥‥

❶江戸前期の古学派の儒学者で，朱子学や陽明学を批判し，孔子・孟子の文献学的研究を行い，儒教の根本精神は「仁」であると説いた人物はだれか。

❷伊藤仁斎の唱えた学問で，『論語』，『孟子』の原典にたち返り，孔子・孟子の精神と教えを明確にしようとしたものは何か。

❸伊藤仁斎は，仁が人間関係において表れた心のあり方を何とよんだか。

❹伊藤仁斎は，自他に偽りない純粋な心を何とよんだか。

❺伊藤仁斎は，誠は心に少しも私心が無く，偽りのないものであるとしたが，このことを何と表したか。

❻「仁」の表れの一つで，正直に他者と向き合う心を何というか。

❼「仁」の表れの一つで，真心と他者への思いやりの心を何というか。

❽伊藤仁斎の著書で，『孔子』『孟子』を体系的に論じ，古義学を確立したものは何か。

❾伊藤仁斎の著書で，『論語』の注釈をしたものは何か。

❿伊藤仁斎の著書で，子どもの問いに答える形式で自らの思想を述べたものは何か。

❶伊藤仁斎（いとうじんさい）（1627〜1705）

❷古義学（こぎがく）

❸仁愛（じんあい）

❹誠

❺真実無偽

❻忠信

❼忠恕

❽『語孟字義』（ごもうじぎ）

❾『論語古義』

❿『童子問』（どうじもん）

[先王の道　荻生徂徠]‥‥‥‥‥‥‥‥‥‥‥‥‥‥‥‥‥

❶江戸時代中期の古学派の儒学者で，実証的な文献研究により，天下安泰の学としての儒学を説いた人物はだれか。

❷荻生徂徠が，儒教経典の文献学的研究をとおして聖人の道を論じた学問とは何か。

❸5代将軍徳川綱吉の側近で，荻生徂徠が仕えた人物はだれか。

❹荻生徂徠は，儒教本来の精神は，何に立ち返ることであるとしたか。

❺荻生徂徠は，「先王の道」は国を治め民を安んじるためのものであるとしたが，このことを何とよんだか。

❻荻生徂徠によれば，経世済民の道を実現するための具体的な制度で，礼法と音楽，刑罰と法律や政策とは何か。

❶荻生徂徠（おぎゅうそらい）（1666〜1728）

❷古文辞学

❸柳沢吉保（やなぎさわよしやす）（1658〜1714）

❹先王の道

❺経世済民（けいせいさいみん）

❻礼楽刑政

❼荻生徂徠は，為政者がおこなう「礼楽刑政」は「先王 ❼安天下の道
の道」の実現であるとしたが，この道を社会の安穏とし
てとらえると何と表現されるか。

❽荻生徂徠の著書で，古文辞学と「聖人の道」について ❽『弁道』
論じたものは何か。

❾荻生徂徠の弟子で，特に，経世済民の学として儒教を ❾太宰春台
発展させ，政治の目的は民衆の経済的繁栄にあると説い 　（1680 ～ 1747）
た人物はだれか。

【論述問題】

　　王陽明が確立した陽明学を踏まえて，日本における陽明学の特色を述
　べよ。

　王陽明は朱子学の観念的傾向に疑問をもち，自己の意志と能力により徳を
修得することを目指し，実践的な儒学を提唱した。彼によれば，人間にはだ
れもが本性的に，善悪・是非の判断力である良知があり，その良知を実践す
ることを説いた。このことを知行合一という。

　中江藤樹は，はじめは朱子学者として研鑽を積むが，後年，陽明学の影響
を受け，彼が徳の根本とした「孝」の基底には「良知」があると考えた。し
たがって，「孝」を実践することは「良知」を発揮することであり，高い人
格の完成につながる。「孝」は日常生活における，特に親子間の道徳であるが，
藤樹によれば，人間としての徳にとどまらず，天地万物の原理である。すな
わち，庶民の日常における徳の実践が社会全体の人倫を実現すると言えるの
である。

古学派の思想が後世に与えた影響について述べよ。

　古学派の学者たちは儒教経典の文献学的研究に基づき，孔子・孟子の教え
を学ぶことにより，人間の生き方と社会のあり方について考察した。彼らの
思想はそれぞれ独自なものであるが，それぞれ，後世に大きな影響を与えた。
山鹿素行の士道は，庶民の模範となる武士の生き方を定着させ，為政者・指
導者の倫理的自覚を促し，伊藤仁斎の仁愛や誠は，広く日常生活における徳
として明治以降も人間としてののぞましい生き方を示した。また，荻生徂徠
の経世済民は，社会の安穏や民衆の救済が政治の役割であることを認識させ
た。

◆　*INTRODUCTION*　　　第 4 節　日本文化と国学
　　　　　　　　　　　　　　①　古典美の再発見

【日本人の美意識】
　　○文芸の発展：江戸時代における学問・文化の隆盛→古典への関心→日本人の美
　　　　　　　　　意識
　　○日本の伝統的美意識・美的理念：雅び・あはれ・幽玄・わび・さび
　　　町人の美意識：いき・つう・すい
　　○中世：禅文化→無常観・超俗
　　　「幽玄」—静寂の美・神秘的な奥深さ—藤原俊成の和歌・世阿弥の能楽
　　　「さび」—藤原俊成，西行の和歌
　　○中世末期から近世：茶道—喫茶から精神修養の道へ
　　　「わび」—物質的不足を内面的自足で補い満たす精神
　　　　　　　　千利休の「侘茶」　藤原定家の和歌
　　　「さび」—寂しさの中の無の境地→心の安らぎ
　　　　　　　　松尾芭蕉の俳諧
　　○日本人の美意識：古来の自然観・生命観と仏教文化の重層的構造

【国学の成立】
　　○国学：仏教・儒教などの外来文化受容以前の日本人古来の精神の探究
　　　　　　『古事記』『万葉集』—「大和心」→日本固有の思想と生き方
　　○成立の背景：歌学研究　朱子学批判と古学の隆盛→実証的・文献学的古典研究
　　　　　　　　　→国学
　　○契沖：国学の祖—『万葉代匠記』←文献研究
　　　　　　儒学の規範的道徳観・理念的傾向の批判→日本古来の心情的自然観・人
　　　　　　間観
　　○荷田春満：文献研究から「古道」へ
　　　　　　　　古道論→復古の学，神道論，国家思想
　　○賀茂真淵：国学の確立者　『万葉考』
　　　　　　　　歌学研究・古典文献研究→古道（日本古来の天地自然の道）の発見
　　　　　　　　『万葉集』—「ますらをぶり」—男性的でおおらかな気風
　　　　　　　　「高く直き心」—力強く高貴で正直なありのままの心

【もののあはれ　本居宣長】

○本居宣長：国学の大成→外来思想の否定→日本人本来の心と生き方

『古事記伝』『玉勝間』『源氏物語玉の小櫛』

外来思想＝漢意　日本人本来の心と生き方＝大和心（魂）

○惟神の道：古道―神の意に従う作為のない素直なあり方→私心のない生き方

人の道―真心のままに生きること

○真心：生まれながらの心情　ありのままの心

○もののあはれ：人間ののぞましい心のあり方＝しみじみとした情趣→文芸の本質

＊『源氏物語』の人生観と美意識

○「もののあはれを知る」：心に感ずべきことに出会ったときに素直に感動する

こと→共感性

心ある人＝もののあはれを知る人

○宣長の思想の意義：人間の感情・欲望の肯定→人間性の発見

儒教的・封建的価値観からの解放

○平田篤胤：外来思想の排斥→国学のナショナリズム的傾向

古道→宗教的信仰→復古神道→幕末の尊王攘夷思想

【日本人の美意識】

❶日本の伝統的な美意識をあらわす用語をいくつかあげよ。

❶雅び，あはれ，をかし，幽玄，わび，さび，など

❷仏教思想に由来し，静寂のなかの余情美，陰影や奥行きにおける優美などの美意識を何というか。

❷幽玄

❸平安末期から鎌倉初期の歌人で勅撰集の撰者としても知られ，和歌において幽玄の美を表現した人物はだれか。

❸藤原俊成
ふじわらのとしなり
（1114 ～ 1204）

❹室町時代の能楽師で，足利義満の庇護のもとに，能を芸道として確立し，能において幽玄の美を表現した人物はだれか。

❹世阿弥
（1363？～1443？）

❺物質的な不足を内面的自足で補い満たす簡素・閑寂・枯淡の美を何というか。

❺わび

❻安土桃山時代の茶人で，禅宗により発達した喫茶を精神修養の道として高め，侘茶を確立した人物はだれか。

❻千利休
（1522 ～ 91）

❼平安末期から鎌倉時代の歌人で，『新古今集』の撰者として知られ，和歌において「わび」の理念を表した人

❼藤原定家
ふじわらのさだいえ
（1162 ～ 1241）

物はだれか。

❽わびを精神的境地に取り入れ，孤独や愛惜のなかに無 ┃ ❽さび
の境地を見出し心の安らぎを得る静寂の美を何というか。

❾江戸時代中期の俳人で，俳諧を文学のジャンルに高め， ┃ ❾松尾芭蕉
「さび」という静寂の美を表した人物はだれか。 ┃ 　（1644 ～ 94）

【国学の成立】……………………………………………………………………………………………

❶日本人古来の自然神・祖先神などへの信仰を基に仏教 ┃ ❶神道
や儒教の影響を受け入れて成立した民族宗教，祭祀宗教
とは何か。

❷江戸時代の中期に成立し，仏教・儒教などの外来文化 ┃ ❷国学
受容以前の日本人古来の精神を，古典の文献学的研究を
通じて探究した学問とは何か。

❸文献学的研究の方法論という観点から，国学に影響を ┃ ❸古学派
与えた儒学の学派は何か。

❹国学が文献学的研究の対象としたものは何か。 ┃ ❹『古事記』『万
　　　　　　　　　　　　　　　　　　　　　　　　　 ┃ 　葉集』など

❺国学では，『古事記』や『万葉集』のなかに描かれて ┃ ❺古道
いる日本古来の人間の自然な感情・精神の道を何というか。

❻真言宗の僧侶で，儒学の規範的道徳観・理念的傾向を ┃ ❻契沖
批判し，近世国学の祖とされる人物はだれか。 ┃ 　（1640 ～ 1701）

❼契沖が『万葉集』を文献学的・実証的に研究して，国 ┃ ❼『万葉代匠記』
学を成立させた注釈書は何か。

❽江戸時代中期の儒学者で，契沖の影響を受け，儒教や ┃ ❽荷田春満
仏教による解釈を排し，古語研究に基づき古代の精神を ┃ 　（1669 ～ 1736）
理解しようとした人物はだれか。

❾江戸時代中期の儒学者で，荷田春満に師事し，仏教や ┃ ❾賀茂真淵
儒教を排し，日本人の精神と心情が『万葉集』にあると ┃ 　（1697 ～ 1769）
して，国学を学問的に体系づけた人物はだれか。

❿賀茂真淵が説いた理想的な気風・あり方で，『万葉集』 ┃ ❿ますらをぶり
に表されているとした男性的で雄々しい精神とは何か。

⓫「ますらをぶり」に対する心情として女性らしいやさ ┃ ⓫たおやめぶり
しい気風・あり方を何というか。

⓬賀茂真淵が，『万葉集』研究から到達した「ますらを ┃ ⓬高く直き心
ぶり」に通じる古代日本人の雄々しく，素直で，高貴な

心を何というか。

⓭賀茂真淵の著書で，仏教や儒教を批判し，日本固有の精神を古代の歌道に求めたものは何か。

⓭『国意考』

⓮「高く直き心」に通じる古代日本人がもっていた自他に偽りのない正しく素直な心を何というか。

⓮清明心（清き明き心）

【もののあはれ　本居宣長】…………………………………………………………

❶江戸時代中期の国学者で，はじめ儒学を学んだが，契沖の影響を受け賀茂真淵と出会い，『古事記』や『源氏物語』などを実証的に研究した国学の大成者はだれか。

❶本居宣長（1730 ～ 1801）

❷国学では，仏教や儒教などの外来思想の精神およびそれに感化された心を何というか。

❷漢意

❸国学では，「漢意」に対して，日本の古典に記された日本人古来の精神を何というか。

❸大和心（魂）

❹本居宣長は，古代の神々によってつくられ伝えられた道であり，人間にとっては，私心，偽りのない素直なあり方を何とよんだか。

❹惟神の道

❺本居宣長は，人間の自然なありのままの心情であり，善くも悪くも生まれついたままの嘘偽りのない心を何とよんだか。

❺真心

❻本居宣長は，『源氏物語』の研究から見出した文芸の本質であり，真心から生じた人間本来の感情の動き，表れで，しみじみとした情感を何とよんだか。

❻もののあはれ

❼本居宣長の著書で，『源氏物語』を注釈し，「もののあはれ」を説いたものは何か。

❼『源氏物語玉の小櫛』

❽本居宣長の著書で学問，思想から世事に至るまでの随筆は何か。

❽『玉勝間』

❾本居宣長の著書で，『古事記』を注釈し，日本古来の惟神の道を説いたものを何というか。

❾『古事記伝』

❿江戸後期の国学者で，本居宣長の影響を受け，仏教，儒教などの外来思想を排斥し，ナショナリズム的な社会的運動として国学を展開した人物はだれか。

❿平田篤胤（1776 ～ 1843）

⓫平田篤胤によって体系化された神道で，仏教や儒教を一切排除し，古代からの日本独自の伝統的な神の道を説いたものは何か。

⓫復古神道

❶平田篤胤の思想の影響を受け，幕末期に盛んになった　｜❶尊王攘夷運動
運動は何か。

【論述問題】

> **日本人の美意識の構造について述べよ。**

　あはれ，幽玄，わび，さびなどの日本人の美意識・美的理念は，花鳥風月
や雪月花などの自然観や清し，さやけし，やさしなどの心情倫理など古来の
伝統がつくり出した美意識・美的理念に加え，仏教の影響を受けた無常観，
静寂・枯淡の美などの重層的構造をもつ。

> **「国学」とはどのような思想か，影響を受けた他の思想や学問を踏ま
> えて述べよ。**

　江戸時代中期になると，庶民に学問や文化が普及し，儒教も朱子学を中心
に陽明学や古学など多様な展開をとげた。その一方で，この時代は古典や伝
統思想を見直す気運もあり，古学派の文献学的研究を受けて国学が成立した。
国学は『古事記』や『万葉集』などの研究をとおして日本固有の精神を探究
した学問で，古来の自然観，生命観，倫理観を再考し，日本人が重んじる心
情の純粋性を説いた。国学は当時の人々に，社会的枠組みを超えた日本人の
としての意識を目覚めさせた。しかし，外来思想を排斥した排外的・復古的
思想は幕末の尊王攘夷思想や明治の国粋主義の萌芽ともなった。

本居宣長の「もののあはれ」を知るとはどういうことか。

　「もののあはれ」とは，見るもの，聞くものすべてに対するしみじみとした情感であり，喜・怒・哀・楽の感情の発露である。宣長によれば，文芸はこの「もののあはれ」を表現するものであり，人間としての心のあり方の理想とは「もののあはれ」を知る（わきまえを知る）ことである。「もののあはれ」を知るとは，例えば桜の花の散るのをみて，自然の移り変わりを感じ，しみじみとなるような，また不運にみまわれている人に対して，自分も同じ悲しみをもつような共感性のことであり，他者への感情移入のことである。

◆ *INTRODUCTION*　　第5節　近世庶民の思想
　　　　　　　　　　　① 都市庶民の思想　② 農民の思想

【町人文化の隆盛】：浮き世のなかの義理・人情

　○元禄期：商品経済の発達による町人の台頭→町人の人情に即した自然な生き方

　○西川如見：武士の価値観とは異なる独自の人生観→平等の人間観

　○井原西鶴：浮世草子―「浮き世」―享楽的現世の肯定―恋愛・営利追求

　　　　　　　　　　町人の道徳―勤勉・倹約・正直・律儀・信用

　○近松門左衛門：人形浄瑠璃―義理（公的制約）と人情（私的制約）

【庶民の教え　石田梅岩】

　○石田梅岩：武士中心の倫理観からの脱却→町人の生き方の探究

　○石門心学：神道・儒学・仏教を統合した平易な庶民のための教え

　　　　　　　『都鄙問答』―町人の道徳―正直・倹約・勤勉→営利追求の肯定

　　　　　　　　　　商人の道→知足安分

　　　　　　　　　　士農工商は人間としては平等，職分の違い

　＊鈴木正三：仏教による民商の教化→営利追求の肯定

　＊富永仲基：仏教の歴史的考察→大乗仏教の検証

　　　　　　神・儒・仏の教えの歴史的限界→時世に応じた道の実践

　＊山片蟠桃：合理的思考→神や霊魂の存在の否定＝無鬼論

【万人直耕の理想　安藤昌益】

　○農民の思想：18世紀中期―農村内での階層分離→農村と農民の問題点

　　　　　　　　　　　　　→農民の立場から近代的社会観

　○安藤昌益：階級社会と儒教道徳の批判→自然世の農村社会 『自然真営道』

　　　　　　　自然世―万人直耕→人間は平等→あるべき姿としての直耕

　　　　　　　法世―武士（不耕の徒）を養う階級社会→儒教道徳の否定

【農民の自立のために　二宮尊徳】

　○二宮尊徳：人間生活の根本→農業→勤勉・倹約・蓄財 『報徳訓』

　　　　　　　天道―天地自然の営み

　　　　　　　人道―天道を制御し，活用する人間の営み

　　　　　　　分度―自らの経済力に応じた節度ある生活設計

　　　　　　　推譲―分度により生じた余剰を他に譲る，将来に蓄える

　　　　　　　報徳思想―天地や他者から与えられた恩に報いる

【町人文化の隆盛】••

❶江戸の元禄時代に，商人の経済力を背景に成立した文化を何というか。

❷江戸時代中期の天文地理学者で，武士の立場とは異なる人生観を説き，町人生活についても述べた人物とはだれか。

❸江戸時代中期の作家で，『浮世草子』とよばれる一連の作品のなかで町人の生活を描いた人物はだれか。

❹井原西鶴は，当時の享楽主義と現世肯定的な人生観を何と表現したか。

❺江戸時代中期の浄瑠璃，歌舞伎の脚本作家で，歴史的出来事を題材とした作品や町人の生活や世相をテーマにした作品を描いた人物はだれか。

❻近松門左衛門が作品のなかで説いた公的な規範意識で，人間関係において踏み行うべきあり方を何というか。

❼近松門左衛門が作品のなかで説いた私的な感情から生じた規範意識で，親子の親愛や恋愛から生じたものを何というか。

❶町人文化

❷西川如見
（1648 〜 1724）

❸井原西鶴
（1642 〜 93）

❹浮き世

❺近松門左衛門
（1653 〜 1724）

❻義理

❼人情

【庶民の教え　石田梅岩】••

❶江戸時代の中期に，神道・儒教・仏教を統合して町人道徳を庶民に理解しやすく説いた学問とは何か。

❷石門心学の祖とはだれか。

❸石田梅岩が説いた商人の中心的な徳を3つあげよ。

❹正直から導き出された互助と公正の精神を表した石田梅岩のことばは何か。

❺石田梅岩は，町人の生活を理解したうえで，それまでの価値観と異なる立場を説いたが，それは何を肯定したものか。

❻商人の営利活動を肯定した石田梅岩のことばとは何か。

❼石田梅岩が強調した町人の生活態度で，自己の職分に満足し，分をこえた営利追求の欲を抑えることをなんと

❶心学（石門心学）

❷石田梅岩
（1685 〜 1744）

❸正直・倹約・勤勉

❹「我も立ち，先も立つ。」

❺営利追求

❻「商人の買利は士の禄に同じ」

❼知足安分

いうか。

❽石田梅岩の著書で，商人の営利追求肯定と町人道徳を問答の形で説いたものは何か。

❾石田梅岩の弟子で，明倫舎をおこし，心学を継承した人物はだれか。

❿『万民徳用』をあらわし，「世法即仏法」の立場から営利活動を肯定した禅僧はだれか。

⓫江戸時代中期の儒学者で，仏教の経典文献研究を行い，仏教の歴史的展開を明らかにし，大乗仏教の教えがブッダ自身の教えではないとし，神道・儒教・仏教の歴史的限界を主張した人物はだれか。

⓬江戸時代後期の蘭学者，町人思想の学者で，合理主義的立場から神や霊魂の存在を否定した人物はだれか。

⓭山片蟠桃が合理主義的立場から神や霊魂の存在を否定した学説を何というか。

❽『都鄙問答』

❾手島堵庵

❿鈴木正三

⓫富永仲基
（1715 〜 46）

⓬山片蟠桃
（1748 〜 1821）

⓭無鬼論

【万人直耕の理想　安藤昌益】
【農民の自立のために　二宮尊徳】

❶江戸時代中期の医師，思想家で，階級社会と当時の儒教道徳を批判し，農業を中心とした理想的な社会を唱えた人物はだれか。

❷安藤昌益は，当時の武士階級を何とよんだか。

❸安藤昌益は，武士の支配による差別と搾取の階級社会を何とよんだか。

❹安藤昌益は，すべての人が農業に従事して衣食住を自給する生活のあり方を何とよんだか。

❺安藤昌益は，階級や貧富の差がなく，万人が直耕する理想的な社会を何とよんだか。

❻安藤昌益の著書で，農業を基本においた平等で，万人直耕の生産社会を理想としたものは何か。

❼江戸時代後期の農政家で，人間生活の基本は農業にあるとし，また，神道・儒教・仏教にもとづく庶民教育と報徳精神を説いた人物はだれか。

❽二宮尊徳は，農業の根幹にある自然の営みを何とよんだか。

❶安藤昌益
（1703 〜 62）

❷不耕貪食の徒

❸法世

❹万人直耕

❺自然世

❻『自然真営道』

❼二宮尊徳
（1787 〜 1856）

❽天道

❾二宮尊徳は，自然の営みを制御し活用する人間のはたらきを何とよんだか。

❿二宮尊徳は，自分の経済力に応じた合理的な生活設計をたてることを何とよんだか。

⓫二宮尊徳は，合理的な生活設計により倹約して生まれた余剰を人びとや将来のために蓄え，譲ることを何とよんだか。

⓬二宮尊徳が説いた思想で，自分が今ここに生きていることは自然や他人のおかげであるから，その恩に報いなければならないとする考えを何というか。

❾人道

❿分度（ぶんど）

⓫推譲（すいじょう）

⓬報徳思想（ほうとく）

【論述問題】

石田梅岩の営利追求の肯定について，職業観を踏まえて述べよ。

　江戸中期以降における商業経済の発達と町人の実質的地位の向上は石田梅岩の思想を精神的基盤としていると考えられる。当時，商人は他人がつくった物を売買して利益を得ているとして道徳的に非難されることが一般的であったが，梅岩は「正直」「倹約」「勤勉」の徳があれば，商売は道徳的であり，その利益も正当で，武士の俸禄に劣るものではないと説いた。

二宮尊徳が説いた報徳思想について，人間観，労働観を踏まえて述べよ。

　二宮尊徳は『論語』にある「徳をもって徳に報いる」ということばについて，我々の存在は，天地人の高大な徳のたまものであり，その徳に報いるために自らも徳をもち，徳を実践しなければならないとした。尊徳によれば，「報徳」とは天地人への恩を自覚することから生じる勤労の喜びでもあり，その喜びが勤労意欲を生み出し，社会を活性化させるのである。この立場は，マルクスの人間観・労働観に類するものがある。

◆ **INTRODUCTION**　　第6節　日本の近代思想　①　西洋文明との接触 ‑‑‑

【蘭学の摂取とその受容】

　○蘭学：西洋文化との接触→16世紀のキリスト教伝来→鎖国

　　　　　　　→オランダ人（オランダ商館）との交流→西洋文化の摂取

　　　　　　　コペルニクス・ケプラー・ニュートンらの研究

　　　　　　　志筑忠雄―天文学の研究　『暦象新書』

　　　　　　　前野良沢・杉田玄白―医学研究　『解体新書』

　　　　　　　三浦梅園―西洋近代科学の研究→条理学

　　　　　　　高野長英・渡辺崋山―シーボルトに師事　尚歯会（蛮社）の設立

【洋学と幕末の思想】

　○洋学：英・独・仏の学問―西洋の学術全般への関心→幕末に定着

　○佐久間象山：朱子学・陽明学・兵法学→洋学研究

　　　　　　　和魂洋才→「東洋の道徳・西洋の芸術（技術）」

　○吉田松陰：軍学・陽明学→松下村塾での人材育成→明治維新の重要人物

　　　　　　　―君万民論―藩の枠を超えて万民が唯一の主君である天皇に誠をつ

　　　　　　　くす→誠→尊王攘夷論→討幕運動

　○水戸学：水戸藩の『大日本史』→尊王攘夷論

　　　　　　　大義名分論―君臣の別と職分→天皇中心の国家主義的思想

　　　　　　　藤田東湖・会沢安（正志斎）

【西洋文明との接触】‥‥‥‥‥‥‥‥‥‥‥‥‥‥‥‥‥‥‥‥‥‥‥‥‥‥‥‥

❶江戸時代に長崎のオランダ商館との交流により伝えられた学問は何か。

❷蘭学がもたらした西洋科学は具体的にどのようなものであるか。

❸江戸時代後期の蘭学者で，ニュートンやケプラーを学び，『暦象新書』を著した人物はだれか。

❹江戸時代中期の儒学者・蘭学者で，貧民救済のための甘藷栽培などを行い，幕府に登用され，蘭学発展の端緒を開いた人物はだれか。

❺江戸時代中期の蘭方医で，青木昆陽に学び，西洋医学の発展に貢献し，蘭学の祖とされる人物はだれか。

❶蘭学

❷医学・天文学・物理学など

❸志筑忠雄（しづきただお）
　（1760～1806）

❹青木昆陽（あおきこんよう）
　（1698～1769）

❺前野良沢（まえのりょうたく）
　（1723～1803）

❻江戸時代中期の蘭方医で，『蘭学事始』を著し，前野良沢と西洋医学，解剖学を研究し，蘭学の先覚者とされる人物はだれか。

❼前野良沢と杉田玄白らがオランダの解剖書『ターヘル・アナトミア』を翻訳した著書を何というか。

❽江戸中期の思想家で，西洋の自然科学を学び，自然のなかに法則や原理があることを説いた人物はだれか。

❾三浦梅園が説いた学問を何というか。

❿オランダ商館医員で，長崎で鳴滝塾を開き蘭学を発展させたが，国外追放処分となったドイツ人医師はだれか。

⓫シーボルトに学び尚歯会を設立し，『戊戌夢物語』を著して幕府の鎖国政策を非難した洋学者はだれか。

⓬高野長英の盟友で，『慎機論』を著して幕府の対外政策を非難した洋学者はだれか。

⓭高野長英と渡辺崋山が中心となって設立した西洋文化や学問の研究会を何というか。

⓮江戸後期の蘭学者・蘭方医で，大坂で適塾を開き，福沢諭吉や大村益次郎ら明治初期の人材を育成した人物はだれか。

⓯蘭学を含めた英・独・仏の西洋の学問全般をなんというか。

⓰信濃国（長野県）松代の藩士で，『省諐録』などを著し，江戸で朱子学，陽明学，兵学の塾をひらき，アヘン戦争を機に西洋技術を取り入れることを主張し，開国論を唱えた人物はだれか。

⓱日本固有の精神に基づき，外来の技術・技能を取り入れて活用する態度を何というか。

⓲佐久間象山が「和魂洋才」について述べたことばは何か。

⓳佐久間象山のもとで洋学を学び，長州（山口県）松下村塾で人材育成にあたり，身分・出自の別なく高い志をもち，一草莽（在野の人）としての立身を唱えた人物はだれか。

⓴吉田松陰の教えで，藩の枠を超えて万民が唯一の主君である天皇に誠をつくすことを何というか。

❻杉田玄白（すぎ　た　げんぱく）
（1733 ～ 1817）

❼『解体新書』

❽三浦梅園（み　うらばいえん）
（1723 ～ 89）

❾条理学

❿シーボルト
（1796 ～ 1866）

⓫高野長英
（1804 ～ 50）

⓬渡辺崋山
（1793 ～ 1841）

⓭尚歯会（蛮社）

⓮緒方洪庵
（1810 ～ 63）

⓯洋学

⓰佐久間象山（さ　く　ましょうざん）（ぞうざん）
（1811 ～ 64）

⓱和魂洋才

⓲「東洋道徳・西洋芸術」

⓳吉田松陰（よし　だ　しょういん）
（1830 ～ 59）

⓴一君万民論

㉑吉田松陰の教えを支柱とし，天皇への忠誠と外国排斥の思想とは何か。

㉒江戸末期の思想家で，福井藩に仕え，『国是三論』を著し，儒教道徳に基づき西洋文化を考察し取り入れる国家体制を説いた人物はだれか。

㉓水戸藩において朱子学と『大日本史』の編纂事業をもとに形成された学派は何か。

㉔水戸学において強調された君臣の区別と職分を明らかにし，秩序を保とうとする思想を何というか。

㉕水戸学の学者で『新論』を著し，天皇を中心とした国体を説いた人物はだれか。

㉑尊王攘夷論

㉒横井小楠（よこいしょうなん）
（1809 ～ 69）

㉓水戸学

㉔大義名分論

㉕会沢安（正志斎）（あいざわやすしせいしさい）
（1782 ～ 1863）

◆　*INTRODUCTION*　　②　啓蒙思想と民権論　------------------

【西洋近代思想の移入】
　　○明治維新：近代（西洋近代）化政策→文明開化→西洋文化の受容
　　○啓蒙思想：伝統的権威・因習の否定→西洋思想の移入
　　○明六社―イギリス啓蒙思想，功利主義，社会進化論などの研究
　　　　　　　　→近代化・市民化の啓蒙運動
　　　　　　　　森有礼・西周・福沢諭吉らの活動

【学問のすゝめ　福沢諭吉】
　　○福沢諭吉：封建的身分秩序への批判→「門閥制度は親の敵」
　　　　　　　　『学問のすゝめ』『文明論之概略』
　　○天賦人権論：人間は本質的に平等
　　　　　　　　　「天は人の上に人を造らず，人の下に人を造らずと云へり」
　　○独立自尊：各人が人間の尊厳を自覚→他人や政府に依存しない
　　　　　　　　→自主独立→学問→「一身独立して一国独立す」
　　○実学：学問＝実用の学　「人間普通日用に近き実学」＝数理学
　　○官民調和：国権（政府国家の権力）と民権（国民の権利）の調和
　　○脱亜論：富国強兵論→中国・朝鮮に対する日本の指導的立場
　　＊中村正直：イギリス啓蒙思想・功利主義→ミル，スマイルズの翻訳
　　＊加藤弘之：スペンサーの社会進化論→国家主義
　　＊西村茂樹：国民道徳→儒教への回帰
　　＊津田真道：西洋法学の導入

【東洋のルソー　中江兆民】
　　○中江兆民：フランス啓蒙思想→自由民権運動の理論的指導
　　　　　　　　「東洋のルソー」『民約訳解』
　　　　　　　　明治政府の中央集権化を批判→自由民権運動
　　○民権：恩賜的民権から恢復的民権へ
　　　　　　恩賜的民権―為政者が人民に与える上からの人民の権利
　　　　　　恢復的民権―人民自らが獲得した人民の権利
　　＊男女同権と女性の独立→女性解放運動：岸田俊子・景山英子
　　＊植木枝盛：主権在民と抵抗権→私擬憲法案

【啓蒙思想と民権論】••

❶幕藩体制や封建的因習を崩し，日本の近代化の出発点となった一連の政治的社会的変革を何というか。

❷明治政府が欧米列強の圧力に抗して日本の近代化をめざすために掲げた二つの政治的スローガンとは何か。

❸明治政府の近代化政策によって打ち出された西欧のあらゆる文物を輸入するという社会的風潮を何というか。

❹明治6年に成立し，日本の近代化を推進した研究団体を何というか。

❺明六社が紹介し，国民の間に広めようとした西洋近代思想は何か。

❻明六社によって発刊され，封建主義を批判し，啓蒙思想の普及の上で大きな役割を果たした機関誌を何というか。

❼明治時代の政治家，思想家で，明六社設立の中心となり，『妻妾論』を著し一夫一婦制を説くなど日本の近代化を推進した人物はだれか。

❽明治時代の思想家で明六社で活動し，「客観」「主観」「哲学」などの訳語をつくり，日本における哲学の基礎をつくった人物はだれか。

❾明治時代の思想家で明六社で活動し，スペンサーの社会進化論を学び，後年，国家主義を唱えた人物はだれか。

❿明治時代の思想家で明六社で活動し，J.S.ミルやスマイルズの著書を翻訳し，個人主義道徳を唱えて啓蒙主義を推進した人物はだれか。

⓫明治時代の法学者で明六社に参加し，西洋法学の導入につとめ，また，コントの実証主義を学び，唯物論的思想を説いた人物はだれか。

⓬明六社を代表する思想家，教育者で，近代日本の啓蒙主義運動のリーダーとして幅広く活動し，また，慶応義塾を創設した人物はだれか。

⓭福沢諭吉は啓蒙思想家を志すこととなった自分の反封建的感情を，著書『福翁自伝』のなかでどのように表現しているか。

⓮福沢諭吉は著書『学問のすゝめ』のなかで，人間は生

---

❶明治維新

❷富国強兵・殖産興業

❸文明開化

❹明六社

❺啓蒙思想

❻『明六雑誌』

❼森有礼（ありのり）（1847～89）

❽西周（にしあまね）（1829～97）

❾加藤弘之（ひろゆき）（1836～1916）

❿中村正直（まさなお）（1832～91）

⓫津田真道（つだまみち）（1829～1903）

⓬福沢諭吉（1835～1901）

⓭「門閥制度（もんばつ）は親の敵（かたき）で御座（ござ）る」

⓮「天は人の上に

まれながらにしてすべて平等であるという主張をどのように表現したか。

❻福沢諭吉が唱えた，各人が生まれながらにして自由・平等の権利をもつとする思想を何というか。

❻福沢諭吉は，本来，自由・平等である人間がもたなければならない，自分で判断し，処置し，独立の生計を立てる精神のことを何とよんだか。

❼福沢諭吉が独立自尊のために必要だと主張した，日常生活に役立つ有用な学問のことを何というか。

❽福沢諭吉は，人民の独立自尊が日本の近代化・独立と不可分であることを何とよんだか。

❾福沢諭吉の晩年の思想で，日本の欧米化を肯定し，アジア文明を後進的で野蛮なものととらえ，アジアに対する日本の指導的立場を唱えたものは何か。

❿福沢諭吉の著書で，古今東西の文明の発達を検証し，西洋近代文明を移入し，日本の近代化の実現を唱えたものは何か。

㉑明治初期に展開された国会開設や地租軽減を求める民主主義運動のことを何というか。

㉒自由民権運動の理論的支柱となった，人間の自由・平等の権利は生まれながらにもつものであるという思想を何というか。

㉓明治政府の中央集権的体制を批判し，人権の尊重を主張し，自由民権運動を指導した「東洋のルソー」ともよばれている人物はだれか。

㉔中江兆民が主権在民や抵抗権の思想を広めるために出した，ルソーの『社会契約論』の訳書を何というか。

㉕中江兆民は為政者が人民に与える人民の権利を何とよんだか。

㉖中江兆民は人民自らが獲得した人民の権利を何とよんだか。

㉗中江兆民の著書で，民主主義者，侵略主義者，現実主義者の問答という形で，日本のあるべき道を提起したものを何というか。

人を造らず，人の下に人を造らずと云へり」

❻天賦人権論

❻独立自尊

❼実学

❽「一身独立して一国独立す」

❾脱亜論

❿『文明論之概略』

㉑自由民権運動

㉒自由民権思想

㉓中江兆民（なかえちょうみん）
（1847 ～ 1901）

㉔『民約訳解』（みんやくやくげ）

㉕恩賜的民権（おんし）

㉖恢復的民権（かいふく）

㉗『三酔人経綸問答』（さんすいじんけいりんもんどう）

❷❽主権在民の立場から自由民権運動を推進し，政府が人権を侵害した場合の抵抗権を保障した私擬憲法案を記した人物はだれか。

❷❾植木枝盛の著書で，権利や自由に関して平易に解説したものは何か。

❸⓪自由民権運動に参加し，女性解放運動の先駆者として，男女同権や女性の独立を主張した人物をあげよ。

❷❽植木枝盛
　（1857 ～ 92）

❷❾『民権自由論』

❸⓪岸田俊子
　（1863 ? ～1901）
　景山（福田）英子
　（1865～1927）

【論述問題】

> 　福沢諭吉の思想について，「天賦人権論」と「独立自尊」の観点から述べよ。

　福沢は，人は生まれながらに貴賤・身分の別はなく，だれもが生来，自由・平等・幸福追求の権利をもつとし，現実に人としての違いが生じるのは学問の有無によると考えた。福沢が強調する学問とは，現実の生活に有用な実学であり，各人の独立に欠かせないものである。彼によれば，独立とは生活の自立とともに，自分で考え判断し行動することであり，各人がそれぞれ独立することにより国家の真の独立がある。

◆ *INTRODUCTION*　　③　キリスト教の受容

【キリスト教と日本人】
　○キリスト教の受容：プロテスタント→知識人に広まる→教養
　　　　　　　　　　　キリスト教精神に基づく教育
　　　　　　　　　　　新島襄・植村正久・新渡戸稲造

【二つのJ　内村鑑三】
　○内村鑑三：儒教道徳と武士道→札幌農学校でキリスト教入信
　　　　　　　＊クラーク「少年よ，大志を抱け」
　　　　　　　キリスト教の精神―神の下に万人は平等
　　　　　　　『余は如何にして基督信徒となりし乎』
　○二つのJ：日本人の執るべき道―イエス（Jesus）と日本（Japan）
　○武士道：武士道＝キリスト教精神の実現の土台
　　　　　　「武士道の上に接木されたるキリスト教」
　○不敬事件：『教育勅語』の奉読式で「天皇の署名」への礼拝拒否
　○非戦論：キリスト教精神に基づく日露戦争反対論→絶対平和論
　○無教会主義：教会の教義・儀礼にとらわれない→個人の信仰心
　　　　　　　　＊福音主義
　＊新渡戸稲造：札幌農学校で入信　国際連盟事務次長
　　　　　　　　人格主義・理想主義の教育　『武士道』
　＊新島襄：同志社設立→キリスト教に基づく自由自活の精神
　＊植村正久：東京神学社設立→日本神学界の基礎を確立

【キリスト教の受容】……………………………………………………

❶明治時代の宗教家，教育者で，同志社英学校を設立し，キリスト教精神にもとづく実学主義の教育に尽力した人物はだれか。

❷明治・大正時代の宗教家で，東京神学社を設立し，プロテスタントの精神を伝道し，国家主義的体制を批判した人物はだれか。

❸明治前期から昭和前期にかけての思想家・教育者で，札幌農学校で学びキリスト教的人格教育を唱え，また，国際連盟事務次長として国際平和に尽力した人物はだれ

❶新島襄
（1843 ～ 90）

❷植村正久
（1858 ～ 1925）

❸新渡戸稲造
（1862 ～ 1933）

か。

❹新渡戸稲造が，日本文化とキリスト教の融合や日本文化の海外への紹介を推進しようとしたことをあらわすことばは何か。

❺新渡戸稲造の英文による著書で，武士道はキリスト教の精神とも共通する普遍的価値を有するものであるということを主張したものは何か。

❻明治前期から昭和前期にかけての思想家，日本を代表するキリスト教学者で，札幌農学校で学び，キリスト教の立場から日本のあり方と日本人の生き方を説いた人物はだれか。

❼内村鑑三が，日本こそ真のキリスト教が根づく国であると考え，生涯を通して愛し，身を捧げたものを表すことばは何か。

❽内村鑑三が唱えた宗教的立場で，教会の教義や儀式にとらわれず，聖書をよりどころとして個人の信仰心を重んじることを何というか。

❾内村鑑三が教育勅語の奉読式での拝礼を拒否したため職を追われた事件を何というか。

❿内村鑑三が，日露戦争の際，キリスト教的人道主義の立場からとった立場を何というか。

⓫内村鑑三が，日本の伝統思想に世界史的な使命を認め，日本の伝統的精神とキリスト教精神の一致することを表したことばは何か。

⓬内村鑑三のキリスト教思想の本質を表現している彼の墓碑銘にあてられた有名なことばは何か。

⓭アメリカの教育者で，内村鑑三が影響を受けた札幌農学校の教育を指導し，"Boys, be ambitious!" ということばで知られる人物はだれか。

❹「太平洋の橋とならん」

❺『武士道』

❻内村鑑三
（1861 ～ 1930）

❼二つの J（Jesus と Japan，イエスと日本）

❽無教会主義

❾不敬事件

❿非戦論

⓫「武士道の上に接木されたる基督教に由って救はるる」

⓬「われは日本のため，日本は世界のため，世界はキリストのため，そしてすべては神のため」

⓭ W.S. クラーク
（1826 ～ 86）

【論述問題】

> 内村鑑三のキリスト教観について，武士道との関わりで述べよ。

　内村は，資本主義の発達したアメリカ社会にはキリスト教本来の精神が失われていると感じた。それに対し，彼は武士道という清廉潔白にして高潔な倫理観をもつ日本人こそが，真のキリスト者になり得るとして，武士道精神を根幹として社会正義と私心のない日本的なキリスト教の実現をめざした。

> 日本近代における西洋思想の受容はどのような特色をもつか述べよ。

　近代日本における西洋思想の受容は伝統思想を否定する形で行われ，精神的な矛盾・葛藤を含んだ多様な展開をとげた。代表的なものには，福沢諭吉や明六社の思想家たちによるイギリス流民権思想および功利主義，中江兆民や自由民権運動の人々によるフランス流急進的民権思想，内村鑑三によるキリスト教思想などがある。彼らはいずれも西洋のもつ物質文明や近代的な政治・経済の諸制度ばかりでなく，その根底にある思想を受容し，国民精神の改造をめざした。

◆　*INTRODUCTION*　　④　国家意識の高まりと社会主義 --･--･--･--

【国家意識の高まり】

　○徳富蘇峰：貴族・官僚中心の欧化主義・文明開化を批判

　　　　　　　　平民主義―国民の立場からの近代化→『国民之友』

　　　　　　　　日清戦争後，帝国主義的傾向→国家主義へ

　＊国家主義（ナショナリズム）―排外主義

　○三宅雪嶺：国粋主義―日本の国情や伝統を保ちながらの近代化

　　　　　　　　雑誌『日本人』

　○志賀重昂：国粋主義から帝国主義へ

　○陸羯南：国民主義―国民精神を強調した国粋主義→欧化主義の批判

　　　　　　　雑誌『日本』

　○西村茂樹：西洋崇拝批判→儒教回帰→国民道徳　『日本道徳論』

　＊『教育勅語』―儒教的忠孝→天皇への忠誠＝国民道徳の基本

　○井上哲次郎：天皇制国家主義→キリスト教批判

　○北一輝：超国家主義―天皇の絶対化→貧民救済，財閥・政党排除

【社会主義思想】

　○資本主義の発展→労働問題・社会問題→社会主義思想の成立

　○社会主義思想：キリスト教的人道主義→片山潜・安部磯雄・木下尚江

　　　　　　　　　民権思想→幸徳秋水・堺利彦

　○幸徳秋水：社会民主党の設立

　　　　　　　　土地・資本の公有，普通選挙の実施，軍備の廃止

　　　　　　　　非戦論の展開→日露戦争批判

　　　　　　　　「平民新聞」―平民主義・社会主義・平和主義

　　　　　　　　　　＊無政府主義

　　　　　　　　　　＊戦争絶対廃止論

　　　　　　　　大逆事件→処刑

　○河上肇：マルクス主義→資本主義社会の矛盾　『貧乏物語』

　○戸坂潤：唯物論→国家主義思想の批判

【国家意識の高まりと社会主義】……………………………………

❶明治政府が近代化を推進するなかで，欧米諸国の文化
や生活様式を取り入れる政策を何というか。

❷明治期から昭和前期の評論家，歴史家で民友社を設立
して，政府の欧化主義を批判した人物はだれか。

❸徳富蘇峰が主張した思想で，政府の欧化主義や文明開
花を批判し，国民の立場から近代化を推進しようとした
ものは何か。

❹徳富蘇峰が平民主義を唱えて発刊した雑誌とは何か。

❺徳富蘇峰は，日清戦争後，欧米諸国の帝国主義の影響
を受け，排外的な思想に向かうが，この立場を何という
か。

❻欧化主義を否定し，日本の国情や伝統に即した近代化
をめざす主張を何というか。

❼明治期から昭和前期にかけての評論家で，西欧文化の
模倣と化した欧化主義を批判し，政教社を設立し，国粋
主義の立場から日本人の世界的な使命を唱えた人物はだ
れか。

❽明治・大正期の地理学者で，三宅雪嶺とともに政教社
を設立し，国粋主義の立場からのちに帝国主義を主張し
た人物はだれか。

❾三宅雪嶺や志賀重昂が国粋主義を唱えて発刊した雑誌
を何というか。

❿明治期の評論家で，新聞『日本』を発刊し，日本の国
情と伝統的な精神に基づく国粋主義を唱えた人物はだれ
か。

⓫陸羯南が，『日本』において主張した日本人の国民精
神の回復を強調した国粋主義を何というか。

⓬明治期の思想家で，明六社の一員であったが，儒教道
徳の必要性を感じ，天皇への忠誠をはじめとする皇室中
心の国民道徳を説き，国粋主義の先駆者とされる人物は
だれか。

⓭西村茂樹の著書で，儒教を根本とした国民道徳を説い
たものは何か。

⓮明治・大正期の哲学者で，不敬事件を機に，天皇制国

❶欧化主義（欧化
　政策）

❷徳富蘇峰
　（1863 ～ 1957）

❸平民主義

❹『国民之友』

❺国家主義

❻国粋主義

❼三宅雪嶺
　（1860 ～ 1945）

❽志賀重昂
　（1863 ～ 1927）

❾『日本人』

❿陸羯南
　（1857 ～ 1907）

⓫国民主義

⓬西村茂樹
　（1828 ～ 1902）

⓭『日本道徳論』

⓮井上哲次郎

家主義の立場からキリスト教が反国家的宗教であると攻撃した人物はだれか。　　　　　　　　　　　　　（1855 ～ 1944）

❺忠孝・愛国の儒教道徳にもとづいた国体思想や立憲思想を基本として起草され，戦前日本の国家主義教育の中心的役割を担った勅語を何というか。　　　　❺『教育勅語』

❻大正・昭和前期の思想家で，天皇の絶対的権威に基づく国家を唱え，天皇と国民を隔てている元老や財閥などをクーデタにより倒すことを説いた人物はだれか。　　❻北一輝（きたいっき）（1883 ～ 1937）

❼国家への絶対的忠誠と排他主義を特色とする極端な国家主義を何というか。　　　　　　　　　　❼超国家主義

❽西洋近代においてはマルクスに代表される思想で，資本主義社会における労働問題・社会問題の改善を目指し，労働者や農民の解放と経済的平等の実現をめざすものは何か。　　　　　　　　　　　　　　　　❽社会主義

❾明治期から昭和前期にかけての社会主義者で，キリスト教的人道主義の立場から社会主義思想を展開し，日本初の労働組合を組織し，日本共産党の結成，コミンテルン国際大会への参加等，日本社会主義の指導者として活動した人物はだれか。　　　　　　　　　　　　❾片山潜（かたやません）（1859 ～ 1933）

❿明治期から昭和前期にかけての社会主義者で，アメリカやヨーロッパで学び，キリスト教的人道主義の立場から社会主義思想を展開し，日本フェビアン協会を設立し，議会政治に基づく社会主義運動に尽力した活躍した人物はだれか。　　　　　　　　　　　　　　　　❿安部磯雄（1865 ～ 1949）

⓫明治期から昭和前期の社会主義者，作家で，クロムウェルを理想とし，また，キリスト教の立場から反戦小説『火の柱』を発表し，社会主義運動をおこなった人物はだれか。　　　　　　　　　　　　　　　　⓫木下尚江（きのしたなおえ）（1869 ～ 1937）

⓬明治期の代表的社会主義者で，中江兆民の影響を受け，その後，片山潜の社会主義研究会に入会し，社会主義を合法的な方法で世論に訴えて実現しようとした人物はだれか。　　　　　　　　　　　　　　　　⓬幸徳秋水（こうとくしゅうすい）（1871 ～ 1911）

⓭幸徳秋水の著書で，日本政府がとる帝国主義は外国人の討伐を名誉とする好戦的・排他的な愛国心によるとして 20 世紀の文明は破壊されると警告したものを何とい　　　　⓭『廿世紀之怪物帝国主義』（にじゅっせいきのかいぶつていこくしゅぎ）

うか。

❷片山潜・幸徳秋水・安部磯雄・木下尚江らが中心となって結成されたが，すぐに禁止された社会主義政治団体を何というか。

❷日露戦争の際，内村鑑三や幸徳秋水らが中心となって非戦論を展開したが，その後主戦論に転換し，彼らが離反した新聞を何というか。

❷明治期から昭和前期の社会主義者で，万朝報で幸徳秋水らとともに日露戦争の非戦論を展開し，日本社会党を結成し，その後，マルクス主義の立場から日本共産党の創立にも参加した人物とはだれか。

❷幸徳秋水と堺利彦が，非戦論を展開するために万朝報を離れて設立した新聞社を何というか。

❷平民社から発行された新聞を何というか。

❷幸徳秋水が渡米後に到達した政治思想で，個人の自由を徹底し，すべての政治権力を廃絶する立場を何というか。

❸幸徳秋水ら多数の社会主義者・無政府主義者が天皇暗殺計画容疑で逮捕，翌年処刑され，それ以後社会主義が冬の時代を迎えることとなった事件とは何か。

❸明治期から昭和前期にかけての経済学者で，人道主義・社会改良主義では資本主義社会の貧困問題の根本的改善は不可能であるとして，日本におけるマルクス主義の先駆者とされた人物はだれか。

❸大正期から昭和前期の哲学者で，『日本イデオロギー論』を著し，唯物論の立場から世界的なファシズムを危惧し，日本の国家主義思想を批判した人物はだれか。

❷社会民主党

❷万朝報（よろちょうほう）

❷堺利彦
（1870～1933）

❷平民社

❷平民新聞

❷無政府主義（アナーキズム）

❸大逆事件

❸河上肇（かわかみはじめ）
（1879～1946）

❸戸坂潤（とさかじゅん）
（1900～45）

◆　*INTRODUCTION*　　⑤　近代的自我の成立 ─･─･─･─･─･─

【文学における自己の解放】

　　○明治初期の啓蒙思想運動→個人の内面の深化→近代的自我の探究

　　○ロマン主義：自我の確立，感情の解放，因習との戦いなど

　　○北村透谷：内部生命＝人間の自由な精神 『内部生命論』『文学界』

　　　　　　　　文学の目的―内部生命の表現→近代的文学観の成立

　　　　　　　　「想世界」―功利を離れた内面的世界

　　　　　　　　真の美，自由と幸福，信仰と愛の表現

　　○島崎藤村：ロマン派詩人→自然主義文学の先駆者『若菜集』『破戒』

　　○与謝野晶子：ロマン派詩人―恋の賛歌，官能の肯定　『みだれ髪』

【個の模索】

　　○近代化進展の問題点：個人と社会・理想と現実・日本と西洋など

　　○夏目漱石：西洋と日本の文化を比較し，近代精神を問い，理想の人間像を探究

　　　　　　　　『私の個人主義』『現代日本の開化』

　　　　　　　　自己本位―自己の主体的判断により生き方を定める

　　　　　　　　＊他者本位―他者に迎合する生き方

　　　　　　　　外発的開化から内発的開化へ

　　　　　　　　近代日本の開化＝「皮相上滑りの開化」

　　　　　　　　個人主義―利己主義ではない自己本位の生き方

　　　　　　　　則天去私―小さな「私」を捨て，大きな自然にしたがって生きる→

　　　　　　　　東洋的な自然自己一体の生

　　○森鷗外：社会的責任と主体的意志との関わりで生きる人間の探究

　　　　　　　諦念―俗世間に生きながらもそこに埋没せずに生きる境地

　　　　　　　　　　自己の立場を受け入れて心の安らぎを得る

　　　　　　　　　　＊「かのように」の哲学

　　＊阿部次郎：人格主義―利己主義と利他主義の対立を超えた立場

　　　　　　　　人格の向上を目指す倫理観

　　＊白樺派：雑誌『白樺』　理想主義的個人主義，人道主義の文学

　　　　　　　武者小路実篤―楽天的人道主義　「新しい村」の設立

　　　　　　　志賀直哉―人間性の探究→苦悩と高い倫理観

　　　　　　　有島武郎―キリスト教入信→離反　社会主義的人道主義

【大正デモクラシーと解放運動】

○大正デモクラシー：民主主義的気運→従来の制度・価値観の再考

　　　　　　　　　　普通選挙運動，女性解放運動，労働運動，部落解放運動など

○吉野作造：民本主義―主権が人民にあるかを問わず，主権の運用は人民の幸福・福利にあるとする立場

＊美濃部達吉：天皇機関説―統治権は国家，天皇は行使する機関

○平塚らいてう：女性解放運動『青鞜』

　　　　　　　「元始，女性は実に太陽であった」

　　　　　　　＊岸田俊子・景山英子・矢島楫子

○西光万吉：部落解放運動　全国水平社

【文学における自己の解放】【個の模索】……………………………………

❶小説『浮雲』によって，社会からも自己自身からも疎外され，自己の内面に閉ざされていく近代人の心理を言文一致で描いた文学者はだれか。

❷坪内逍遙・二葉亭四迷らによって唱えられた，あるがままの人間を正視するという文学理論を何というか。

❸近代に入り，西洋思想受容にあたり文学者や知識人が求めた主体的・内面的自己意識を何というか。

❹19世紀ヨーロッパの影響を受けて明治中期に起こった，世俗的習慣や封建的倫理にとらわれず，個人の内面的真実，感情，意志を尊重する文芸思潮を何というか。

❺明治期の文学者，評論家で，自由民権運動に挫折し，文学に戦いの場を求め，恋愛の讃美と生命の充実を謳って功利的な文学を否定した，ロマン主義の中心的文学者とはだれか。

❻北村透谷は，封建的因習が残存する当時の功利的な現実社会を何とよんだか。

❼北村透谷は，功利的な実世界に対し，真の善と美が実現する文学や思想などの精神世界を何とよんだか。

❽北村透谷の著書で，実世界を超え，想世界を創造するエネルギーである「内部生命」について論じたものを何というか。

❶二葉亭四迷
　（1864 〜 1909）

❷写実主義

❸近代的自我

❹ロマン主義（浪漫主義）

❺北村透谷
　（1868 〜 94）

❻実世界

❼想世界

❽『内部生命論』

❾北村透谷が，当時の文化人，山路愛山との論争の過程で発表した，文学の価値を説いた作品は何か。

❾『人生に相渉る（あいわた）とは何の謂ぞ（いい）』

❿北村透谷らが中心となって，1893年に創刊されたロマン主義文学運動の中心的雑誌とは何か。

❿『文学界』

⓫明治期から昭和前期にかけてのロマン主義詩人・歌人で，日露戦争の際に，戦場の弟の身を案じて『君死にたまふこと勿れ』をよんだ人物はだれか。

⓫与謝野晶子（1878～1942）

⓬古い道徳や習俗を批判し，理想や願望ではなく，自己と他者，社会と厳しく向き合い，現実をありのままに描く文学思潮を何というか。

⓬自然主義

⓭明治期から昭和前期にかけての詩人，小説家で，北村透谷とともに『文学界』を創刊しロマン主義の詩人として活動し，その後，『破戒』を発表し，社会の偏見に苦しみながらも自我に目覚めていく青年を描き，自然主義文学の中心的文学者となった人物はだれか。

⓭島崎藤村（1872～1943）

⓮明治期から昭和前期にかけての小説家で，フランス自然主義の影響を受け，『蒲団』『田舎教師』など自己の私生活を赤裸々に描いた人物はだれか。

⓮田山花袋（かたい）（1871～1930）

⓯明治期の小説家で，日清戦争の従軍記者を経て，自然主義文学に転じ，短編集『武蔵野』，日記文学『欺かざるの記』を著した人物はだれか。

⓯国木田独歩（どっぽ）（1871～1908）

⓰日本近代文学を代表する文豪で，自然主義文学を批判し，文学の虚構性を重んじつつも自我に巣くうエゴイズムの探究を課題とすることで，近代知識人の不安と孤独を描いた人物はだれか。

⓰夏目漱石（なつめ そうせき）（1867～1916）

⓱夏目漱石が確立した，不安感や虚無感から脱却するために自己と向き合い，すべてを自己が判断し行動するという立場を何というか。

⓱自己本位

⓲利己主義に陥ることなく，倫理的価値に基づき他者の存在を認めつつ自己の個性と本来のあり方を求めることを夏目漱石は何とよんだか。

⓲個人主義

⓳夏目漱石の講演録で，自己本位の本来の意味と真の個人主義とその成立について論じたものは何か。

⓳『私の個人主義』

⓴夏目漱石は，近代日本の開化を「皮相上滑りの開化」としたが，自己の内からの動きではなく外圧による開化

⓴外発的開化

を何とよんだか。

㉑夏目漱石は，外発的開化ではなく，自己の内からの自然に生じた開化を何とよんだか。

㉑内発的開化

㉒夏目漱石の講演録で，近代日本の開化が内発的開化でなく外発的開化であり，そのため日本人は不安のなかに生きていると論じたものは何か。

㉒『現代日本の開化』

㉓夏目漱石の小説で，語り手の「先生」からの遺書という形をとり，近代的自我とエゴイズムとの相克を描いた作品は何か。

㉓『こころ』

㉔夏目漱石が，晩年に説いた境地で，自己の確立とエゴイズムとの矛盾のなかで一切の執着を超え，東洋的・仏教的な世界の理法にしたがって生きることを何というか。

㉔則天去私

㉕夏目漱石の未完の小説で，則天去私の境地から人間のもつエゴイズムをみつめた作品は何か。

㉕『明暗』

㉖夏目漱石とともに近代日本文学を代表する文豪で，社会的責任と主体的意志との関わりで生きる人間を探究し，近代日本の知性と倫理知識人を指導しようとしてきた文学者とはだれか。

㉖森鷗外 もりおうがい
（1862 ～ 1922）

㉗森鷗外の文学の基本的立場で，俗世間に生きながらも，自己の立場を受け入れて心の安らぎを得る境地を何というか。

㉗諦念（レジグナ ていねん
チオン）

㉘森鷗外が，ドイツの哲学者の影響を受け，神や倫理的義務は事実として証明できないが，あると見なすことで社会生活が保たれるとする思想を何というか。

㉘「かのように」の哲学

㉙森鷗外の小説で，外国人との恋愛をとおして，家族や社会への義務と個人の自由と葛藤や近代的自我の形成の難しさを描いた作品は何か。

㉙『舞姫』

㉚森鷗外の小説で，江戸時代の罪人をとおして安楽死を問いかけた作品とは何か。

㉚『高瀬舟』

㉛大正期に学習院出身の小説家や詩人，文学者により形成され，理想主義的な人道主義にもとづいた自我尊重の作品を特色としたグループを何というか。

㉛白樺派

㉜大正期から昭和期にかけて白樺派を代表する小説家，文学者で，トルストイの影響を受け，人道主義を唱え，『お

㉜武者小路実篤 むしゃのこうじ さねあつ
（1885 ～ 1976）

目出たき人』などの作品で人間肯定の精神を唱えた人物はだれか。

㉝武者小路実篤が自らの理想を実現しようとして建設した労働と芸術とが共存する共同体を何というか。

㉝新しい村

㉞大正期から昭和期にかけて白樺派を代表する小説家，文学者で，『暗夜行路』などで知られ，自我を肯定し，透徹した簡潔なリアリズムによる作品を描いた人物はだれか。

㉞志賀直哉（しがなおや）
（1883 ～ 1971）

㉟大正期から昭和期にかけて白樺派を代表する小説家，文学者で，キリスト教に入信したがのちに離反し，『生まれ出づる悩み』や『惜しみなく愛は奪う』などの作品で自我の確立や愛の探究を課題とした人物はだれか。

㉟有島武郎（ありしまたけお）
（1878 ～ 1923）

㊱大正期から昭和期にかけての哲学者で，『三太郎の日記』を著し，利己主義と利他主義の対立を超えた立場から人格主義を唱えた人物はだれか。

㊱阿部次郎
（1883 ～ 1959）

㊲明治期から大正期にかけての小説家で，耽美派文学を代表し，『すみだ川』『あめりか物語』などを著し，江戸文芸の流れをうけた作品を書いた人物はだれか。

㊲永井荷風（かふう）
（1879 ～ 1959）

㊳明治期から大正期にかけての小説家で，永井荷風とともに耽美派文学を代表し，『細雪』などの作品や『源氏物語』の現代語訳をとおして日本の伝統的美意識を描いた人物はだれか。

㊳谷崎潤一郎
（1886 ～ 1965）

【大正デモクラシーと解放運動】‥‥‥‥‥‥‥‥‥‥‥‥‥

❶大正時代に民主主義的気運により従来の制度・価値観を問い直し，政治的・社会的・経済的差別抑圧からの解放と市民的自由の獲得をめざした思潮を何というか。

❶大正デモクラシー

❷大正デモクラシーの思潮のもとで展開された解放運動をあげよ。

❷女性解放運動，部落解放運動など

❸明治期から昭和前期にかけての政治学者で，天皇主権の内における民衆の政治参加を主張した大正デモクラシーの指導的人物はだれか。

❸吉野作造
（1878 ～ 1933）

❹吉野作造がデモクラシーの訳語として用いた民主政治のあり方で，主権が人民にあるかを問わず，主権の運用

❹民本主義

は人民の幸福や福利にあるとする立場を何というか。

❺明治期から昭和前期にかけての憲法学者で，天皇主権説に対し，独自の統治理論を唱え，吉野作造とともに大正デモクラシーを指導した人物はだれか。

❻美濃部達吉が唱えた統治理論で，統治権は法人である国家にあり，天皇は統治権を行使する機関であるとする説を何というか。

❼大正期から昭和にかけての女性解放運動家で，青鞜社をおこし，女性の自主独立を訴え，その後の女性解放運動家に大きな影響を与えた人物はだれか。

❽平塚らいてうを中心とする青鞜社で発行した雑誌を何というか。

❾『青鞜』の創刊号の巻頭に記されたことばは何か。

❿平塚らいてうが，女性解放運動のスローガンとしたことばは何か。

⓫大正期から昭和期にかけての政治家で，婦人参政権の実現に力を注ぎ，第二次世界大戦後は国会議員として活躍した女性政治家はだれか。

⓬平塚らいてう・市川房枝らが1920年に設立し，男女の機会均等，家庭の社会的意義，母性の権利擁護などを掲げて活動を展開した女性解放団体を何というか。

⓭母としての女性の生き方について，与謝野晶子と平塚らいてうの間で行われた論争を何というか。

❺美濃部達吉
（1873〜1948）

❻天皇機関説

❼平塚らいてう
（1886〜1971）

❽『青鞜（せいとう）』

❾「元始，女性は実に太陽であった」

❿「新しい女」

⓫市川房枝
（1893〜1981）

⓬新婦人協会

⓭母性保護論争

【論述問題】

> **近代文学が成立する背景について述べよ。**

　明治維新の急激な変化のなかにあって，文学は地道な歩みをしていたが，啓蒙思想の影響を受けた自由民権運動の挫折によって，非現実世界での精神的深化に関心が向けられ，それが近代文学へと発展し，政治的・経済的無力感を感じた人々は内面的・精神的世界に関心を向け，北村透谷を中心とするロマン主義運動や夏目漱石の個人主義の提唱などを生んだ。

◆　*INTRODUCTION*　　⑥　近代日本哲学の成立
　　　　　　　　　　　　⑦　近代日本の思想傾向への反省

【純粋経験から場所へ　西田幾多郎】
　　○西田幾多郎：西洋哲学の受容と禅などの伝統思想との統合
　　○純粋経験：主観と客観とが区別されていない状態（主客未分）における根本的
　　　　　　　　経験
　　　　　　　　真の自己の確立＝純粋経験の確立
　　○善：主観と客観の統一的はたらきのなかに自己を没入させること
　　　　　　＝知情意がはたらく人格の実現　『善の研究』
　　○絶対無：一切のものを存在させる絶対的な無
　　○場所：純粋経験の否定→あらゆる主観の根底であり，客観的世界が存在すると
　　　　　　ころ＝絶対無
　　○絶対矛盾の自己同一：自己と世界との矛盾・対立が消し去られることなく，それ
　　　　　　　　　　　　　らを含みながら同一化する
　　　　　　　　　　　　　「無の自覚的限定」
　　＊九鬼周造：生の哲学，現象学→人間存在の偶然性　『いきの構造』
　　＊三木清：マルクス主義の人間学的考察
　　　　　　　世界史＝主体と客体，ロゴスとパトスの弁証法的統一
　　＊鈴木大拙：仏教哲学

【人間の学　和辻哲郎】
　　○和辻哲郎：西洋思想を批判的に受容し，日本人の倫理学を確立
　　○倫理学：人間の学→人間＝個人と間柄　『人間の学としての倫理学』
　　○間柄的存在：人間存在の本質＝人と人との関係
　　　　　　　　　　　個人的人間観の否定→間柄的・共同体的人間観
　　○人間：個人と社会の両面を意味する
　　○倫理：個人と社会の相互作用→歴史と風土のなかでの人間

【常民の思想】
　　○近代思想への反省：西洋中心主義への反省→伝統文化の再考
　　○民俗学：生活文化・民間信仰・民間伝承などから日本人古来の精神と伝統文化
　　　　　　　を探究
　　○柳田国男：常民─村落共同体に住み，民間信仰・伝承を担う人々
　　　　　　　　　日本人の宗教観＝祖先崇拝　『先祖の話』

　　○折口信夫：民俗学を国文学に適用し，信仰と文芸の関係を研究
　　　　　　　「まれびと」―遠方からの来訪者→神の原型
　　　　　　　文芸の起源＝「まれびと」と村人との交流
　　○南方熊楠：鎮守の森の保全→自然保護運動
　　○柳宗悦：庶民の日用品にある美→民芸
　　○伊波普猷：琉球・沖縄の歴史と「おもろ」の研究

【あらゆる生きものの幸福　宮沢賢治】
　　○宮沢賢治：『法華経』信仰と農業指導→農民の幸福
　　　　　　　幸福―世界全体の幸福のなかでの個人の幸福
　　　　　　　科学的知識と宇宙的生命の世界観→全生命の尊重

【近代日本哲学の成立】⋯⋯⋯⋯⋯⋯⋯⋯⋯⋯⋯⋯⋯⋯⋯⋯⋯⋯⋯⋯

❶明治期から昭和前期にかけての哲学者で，禅などの東洋思想に西洋哲学を取り入れ，日本ではじめて体系的な哲学を確立し，近代哲学の発展に大きな影響を与えた人物はだれか。	❶西田幾多郎（1870 ～ 1945）
❷西田幾多郎が否定した思想で，自我のみが存在し，他者や外界の事物は自我に対峙する現象であるとする立場を何というか。	❷独我論
❸西田幾多郎が批判した西洋近代哲学における認識論の考え方とはどのようなものか。	❸主観（主体）と客観（客体）との区別・対立
❹西田幾多郎は，西洋近代哲学における主観と客観の対立と異なる考え方で，主観と客観とが区別されていない状態を何とよんだか。	❹主客未分
❺西田幾多郎の哲学の根本にある思想で，主客未分の状態にあり，自己と対象との対立・区別・分離以前の経験を何というか。	❺純粋経験
❻西田幾多郎の著書で，純粋経験の思想が展開されている日本で最初の西洋哲学的な書とは何か。	❻『善の研究』
❼西田幾多郎が説いた存在の原理で，すべてのものを存在させる相対的な有と無を超えた絶対的なものを何というか。	❼絶対無

❽西田幾多郎が現実の世界の実相とした概念で，自己と世界とのさまざまな矛盾を消し去ることなく，それらを含みながら統一することを何というか。

❾西田幾多郎の存在論の概念で，主観のはたらきと客観的世界が矛盾・対立を超えてそこにおいてあるものを何というか。

❿明治期から昭和期にかけての仏教学者で，『禅と日本文化』を著し，欧米を歴訪して日本文化や禅思想の紹介に努めた人物はだれか。

⓫明治期から昭和期にかけての歴史学者で，『文学に現はれたる我が国民思想の研究』などを著し，文学作品を基に日本思想を研究した人物はだれか。

⓬大正期から昭和前期にかけての哲学者で，西田幾多郎に師事し，マルクス主義の人間学的考察と世界史が主体と客体，ロゴスとパトスの弁証法的統一の展開であると論じた人物はだれか。

⓭大正期から昭和前期の哲学者で，生の哲学や現象学を学び，人間存在の偶然性を説くとともに『いきの構造』を著し，江戸時代の美意識を研究した人物はだれか。

⓮明治期から昭和期にかけての日本を代表する倫理学者で，西田幾多郎の影響を受け，西洋思想を批判的に受容しながら日本古来の精神に基づく独自の倫理学を構築した人物はだれか。

⓯和辻哲郎は，人間存在の本質を人と人との関係に求め，西洋近代的な個人的人間観を否定したが，このような人間観を何というか。

⓰和辻哲郎があげた，「人間」という言葉の二つの側面とは何か。

⓱和辻哲郎が倫理を探究するなかで，個人と社会の相互作用に注目し人間を具体的に考察するための観点としてあげた二つのものは何か。

⓲和辻哲郎の著書で，人間を間柄的存在であると規定し，真の人間の生き方を人倫に合一して生きることであると説いたものは何か。

---

❽絶対矛盾的自己同一

❾場所

❿鈴木大拙（だいせつ）（1870 ～ 1966）

⓫津田左右吉（つだそうきち）（1873 ～ 1961）

⓬三木清（1897 ～ 1945）

⓭九鬼周造（くき）（1888 ～ 1941）

⓮和辻哲郎（1889 ～ 1960）

⓯間柄的存在

⓰個人と社会（個人性と社会性）

⓱歴史と風土

⓲『人間の学としての倫理学』

【近代日本の思想傾向への反省】……………………………

❶文献によらず，生活文化・民間信仰・民間伝承などから古来の日本人の伝承資料によって日本人古来の精神と伝統文化を探究する学問を何というか。

❷民俗学が成立した思想的・文化的背景は何か。

❸生活様式・信仰・歌謡・伝説など，「文字以外の形をもって伝わっている材料」のことを何というか。

❹明治期から昭和期にかけての民俗学者，日本民俗学の確立者で，全国各地の民間伝承や習俗・信仰の研究から日本人の精神を探究した人物はだれか。

❺柳田国男は民間伝承を保持している無名の人々の階層を何とよんだか。

❻柳田国男が，岩手県に伝わる民間伝承をまとめた著書を何というか。

❼柳田国男は日本人の信仰心の起源は何であるとしたか。

❽柳田国男は日本人の信仰心が祖先崇拝にあるとしたが，先祖の霊は子孫を見守る何になると説いたか。

❾日本人の信仰心について論じた柳田国男の著書は何か。

❿大正期から昭和前期にかけての国文学者，歌人で，柳田国男の影響を受け，民俗学に国文学を導入して，宗教・芸能など広範囲に研究した人物はだれか。

⓫折口信夫によれば，古代日本人が理想郷とした海のかなたの世界は何とよばれていたか。

⓬常世の国からときを定めて，村落に訪れる人のことを何というか。

⓭折口信夫は日本人の神の原型であるまれびとをもてなすことを起源として生まれたものが何であるとしたか。

⓮柳田国男や折口信夫は自分たちの民俗学研究を江戸時代以来の学問的伝統を受けるものとして何とよんだか。

⓯明治期から昭和前期の生物学者，博物学者，民俗学者で，主に独学で，諸学を修め，自然保護を提唱した人物はだれか。

⓰南方熊楠は，自然環境保全と日本古来の信仰心の立場

❶民俗学

❷西洋中心主義への反省と伝統文化の再考

❸習俗

❹柳田国男（やなぎたくにお）（1875 ～ 1962）

❺常民

❻『遠野物語』

❼祖先崇拝

❽田の神，山の神

❾『先祖の話』

❿折口信夫（おりくちしのぶ）（1887 ～ 1953）

⓫常世の国（とこよ）

⓬まれびと

⓭芸能

⓮新国学

⓯南方熊楠（みなかたくまぐす）（1867 ～ 1941）

⓰神社合祀令

から鎮守の森の保護を訴えたが，その発端となった明治
政府の法令は何か。

❼大正期から昭和期の民俗学者で，白樺派にも属し，実
用品や無名の職人の作品に美を見出した人物はだれか。

❽柳宗悦は，実用品や無名の職人の手仕事による美を何
とよんだか。

❾明治期から昭和前期の民俗学者で，琉球・沖縄の歴史，
習俗，言語と古歌謡「おもろ」の研究で知られる人物は
だれか。

❿大正期から昭和初期にかけての詩人，作家で，岩手県
の農村で農業研究をする一方で，科学的知識と仏教思想
を基とした童話や詩を表した人物はだれか。

⓫宮沢賢治が仏教への帰依の根本としたものは何か。

⓬宮沢賢治は世界全体の幸福のなかでの個人の幸福を追
究したが，そのことを示すことばは何か。

❼柳宗悦
（やなぎむねよし）
（1889 ～ 1961）

❽民芸

❾伊波普猷
（いは ふ ゆう）
（1876 ～ 1947）

❿宮沢賢治
（1896 ～ 1933）

⓫『法華経』信仰

⓬「世界がぜんた
い幸福にならな
いうちは個人の
幸福はありえな
い。」

【論述問題】

> 西田幾多郎と和辻哲郎の日本思想史上における役割について述べよ。

　両者とも，西洋思想の消化と東洋的思想の理論化によって日本近代化の矛
盾の解決をはかり，真の日本の近代化に向けた独創的な思想を展開した。西
田は西洋哲学と日本の伝統思想，特に禅を融合させ，主客合一の「純粋経験」
や「絶対無」を説き，和辻は人間を「間柄的存在」として社会と個人との両
面をもつ存在として論じた。

第２章　現代の日本と日本人としての自覚◇◇◇◇◇◇◇◇◇◇◇◇◇◇◇◇◇

◆ *INTRODUCTION*　　　現代の日本と日本人 ┈ ┄ ┈ ┄ ┈ ┄ ┈ ┄ ┐

【新たなる価値観の模索】

　　○新たなる価値観：第二次世界大戦の敗北→権威や価値観の崩壊

　　○野間宏―崩解感覚―敗戦により自己が崩れ去っていく感覚

　　○坂口安吾：堕落―「堕ちる道を堕ちきる」→偽り飾ることのない自己に根ざし
　　　　　　　　た道徳の回復

　　○丸山真男：政治思想の研究→日本における主体的個の探究

　　○吉本隆明：大衆の実生活に働く思考→自立した個の基礎

【現代日本と私たちの課題】

　　○温暖化などの環境問題

　　○大都市と地方との格差

　　○情報化やグローバル化の進展

【主体性の確立】

　　○自己の主体性の確立：日本の思想や文化→自己の主体性の探究

　　○小林秀雄：意匠（趣向）からの脱却→主体的な自己の確立
　　　　　　　　　　批評―新しい思想スタイル

【現代の日本と日本人としての自覚】┈┈┈┈┈┈┈┈┈┈┈┈┈┈┈┈┈┈┈┈

❶第二次世界大戦後の思想形成の背景にあったものは何か。

❶戦争遂行を支えていた権威や価値観の崩壊

❷戦後の小説家で，それまでの権威や価値観が崩壊し，自己が崩れ去っていく感覚と内面的苦悩を崩解感覚とよんだ人物はだれか。

❷野間宏
（1915 ～ 91）

❸昭和期の小説家で，人間を「堕落」という観点からとらえ，敗戦後の道徳的頽廃をみつめ，偽りのない自己に根ざした道徳の回復を説いた人物はだれか。

❸坂口安吾
（1906 ～ 55）

❹坂口安吾の随筆で，戦後の頽廃的な世相のなかで「堕

❹『堕落論』

ちる道を堕ちきる」ことに人間の救いがあると述べたものは何か。

❺昭和期から平成期にかけての政治学者で，政治思想の研究をとおして日本における主体的個人について探究した人物はだれか。

❺丸山真男
（1914 ～ 96）

❻丸山真男の著書で，近世儒学のなかに日本の近代意識があるとする観点から日本の政治思想を探究したものは何か。

❻『日本政治思想史研究』

❼昭和期の評論家で，批評を自己内面の表現として文学や思想の領域に高め，『様々なる意匠』などを著した人物はだれか。

❼小林秀雄
（1902 ～ 83）

❽小林秀雄の著書で，日本の古典文学・古典美術について研究し，日本人の精神的基底や美意識について論じたものは何か。

❽『無常といふこと』

❾昭和期から平成期にかけての詩人，評論家で，『共同幻想論』で知られ，大衆の実生活に働く思考を自立した個の基礎においた人物はだれか。

❾吉本隆明
（1924 ～ 2012）

❿昭和期から平成期にかけての評論家で，『雑種文化』を著し，日本文化の特色を他国の文化を積極的に取り入れることであると論じた人物はだれか。

❿加藤周一
（1919 ～ 2008）

◆第5編◆　現代社会の諸問題と倫理

第1章　生命と倫理◇◇◇◇◇◇◇◇◇◇◇◇◇◇◇◇◇◇◇◇◇◇◇◇◇◇◇◇◇◇◇◇◇◇

◆ *INTRODUCTION*

【生命倫理の問題】

　　○科学技術の発達：未知への挑戦・豊かな生活と将来への不安・恐怖
　　○生命科学の発達：新しい倫理学の成立＝バイオエシックス（生命倫理）

【生命科学の進歩】

　　○バイオテクノロジー（生命工学）：遺伝子操作・細胞融合技術
　　　遺伝子組み換え→品種改良・医薬品の開発
　　　クローン技術―同一遺伝子をもつ個体・細胞・DNA の人為的複製技術
　　○ヒトゲノム解析の完了：身体の仕組みの解明→生命操作の技術の確立
　　　　　　　　　　　　　　　　　　　　　　　　→生老病死の操作
　　　ヒトゲノム―DNA の塩基からなり，全遺伝子情報を含んでいるとされる生命
　　　　　　　　を形づくる最小の染色体の一組

【生殖補助医療とその倫理的課題】

　　○生殖革命：生命科学と医療技術の発達
　　○新しい生殖補助技術の開発：遺伝子診断（出生前診断・着床前診断）
　　○生命（出生）観の変質：偶然から選択（人工授精・代理出産・男女産み分け）へ
　　　代理出産：ホストマザー型―子と代理出産者との遺伝子的つながりがない
　　　　　　　：サロゲートマザー型―子と代理出産者との遺伝子的つながりがある
　　○親子のあり方，親の子に対する責任についての新たな問い→生命倫理の拡大

【生命研究にともなう問題】

　　○生命の選別：出生前診断・着床前診断
　　○生命に対する直接的操作
　　　多能性幹細胞：ES 細胞（胚性幹細胞）

　iPS 細胞（人工多能性幹細胞）
　○クローン技術の発達→ヒトクローン技術規制法（2001）

【死を問い直す動き】
　○延命治療→終末期医療（ターミナル - ケア）患者や家族の負担増→尊厳死・安
　　　　楽死
　○臓器移植：脳死（脳幹を含むすべての脳の機能停止状態）→臓器の移植手術
　　　↓　　臓器移植法（1997）から臓器移植法の改正（2009）
　　死の定義への問い→死の操作と選択

【生と治療を問い直す】
　○死への問い→生への問い
　○ SOL（生命の尊厳）：生命そのものに絶対的価値をおく考え方→生命の維持
　　　　　　　　　　　　→延命を最優先→ SOL と QOL との関わり
　○ QOL（生命の質）：患者の人生や生活のあり方に重点をおいた治療の考え方
　　　　　　　　　　　→人間らしい生活の回復→緩和ケア・尊厳死
　　　　　　　　　　　→インフォームド - コンセント・自己決定権・リヴィング - ウィル
　　　　　　　　　　　＊他者危害の原則（J.S. ミル）

【生命と身体をどうとらえるか】
　○近現代医学の発展の背景にある考え方：西洋近代哲学
　○デカルト哲学：心身（物心）二元論―身体は物体（機械）→臓器移植
　　　↓
　○近代的身体観の再考→身体はただの「モノ」ではない
　　　　　　　　　　　→身体観・生命観・死生観の問い直し

【生命と倫理】……………………………………………………………………………………

❶高度先端技術による遺伝子組み換えや遺伝子操作など
生命に関する工学を何というか。

❷生命工学の発達により生じた生命のあり方やとらえ方
に関する諸問題を考察する新たな倫理を何というか。

❸遺伝子異常，先天性の遺伝子病，ガン・エイズや動脈
硬化，糖尿病などを対象に行われる治療を何というか。

❹遺伝子の本体であり，生命の活動の根底になる物質を

❶バイオテクノロジー（生命工学）

❷生命倫理（バイオエシックス）

❸遺伝子治療

❹ DNA（デオキ

何というか。　　　　　　　　　　　　　　　　　　　　　　シリボ核酸）

❺完全に同一の遺伝形質をもつ個体・細胞・DNAを何
というか。

❺クローン

❻DNAの塩基からなり，全遺伝子情報を含んでいると
される生命を形づくる最小の染色体の一組を何というか。

❻ヒトゲノム

❼ヒトゲノム解析の完了により身体の仕組みが解明され
たが，それにより可能になると考えられるものは何か。

❼生命操作技術の
確立

❽生命科学と医療技術の発達によりもたらされた新しい
生殖補助技術の開発を何というか。

❽生殖革命

❾新しい生殖補助技術をいくつかあげよ。

❾体外受精，男女
産み分け，代理
出産など

❿生殖補助技術の発達によりもたらされた生命倫理の課
題とは何か。

❿生命（出生）観
の変質，親子関
係のあり方など

⓫代理出産の一つの型で，子と代理出産者に遺伝的つな
がりがないものをなんというか。

⓫ホストマザー型

⓬代理出産の一つの型で，子と代理出産者に遺伝的つな
がりがあるものをなんというか。

⓬サロゲートマ
ザー型

⓭出産前において胎児の男女の性別や，遺伝病や障害な
どの有無を診断することを何というか。

⓭出生前診断
（しゅっしょうぜんしんだん）

⓮受精卵が分裂した段階でその一つを摘出し診断するこ
とを何というか。

⓮着床前診断

⓯自分と同じ能力をもつ細胞を複製する能力と，血液や
筋肉・骨などのさまざまな細胞に分化できる能力をもつ
細胞を何というか。

⓯幹細胞

⓰身体を構成するすべての細胞・器官に分化できるが，
それだけでは胎児になれない幹細胞を何というか。

⓰多能性幹細胞

⓱受精卵や卵細胞を利用して作製された多能性幹細胞を
何というか。

⓱ES細胞

⓲分化した体細胞に特定の遺伝子を導入して作製された
細胞を何というか。

⓲iPS細胞

⓳クローン技術の発達にともない，2001年から施行さ
れた法律を何というか。

⓳ヒトクローン技
術規制法

⑳機能回復の見込みのない臓器を他者の正常な臓器と置き換える治療を何というか。

⑳臓器移植

㉑脳出血・脳挫傷・心臓停止などで自発的呼吸ができず，脳幹を含むすべての脳が不可逆的に機能停止した状態を何というか。

㉑脳死

㉒呼吸停止・瞳孔拡大・心停止の状態を何というか。

㉒心臓死

㉓ 1997 年に成立し，2009 年に改正された臓器提供を認めた法律は何か。

㉓臓器移植法

㉔臓器提供を受ける患者を何というか。

㉔レシピエント

㉕臓器移植の提供者を何というか。

㉕ドナー

㉖脳死状態になった場合に臓器提供をするという本人の意思を表示したカードを何というか。

㉖ドナー‐カード

㉗生命そのものに絶対的価値をおく考え方を何というか。

㉗ SOL（生命の尊厳）

㉘ SOL の立場から導き出される医療のあり方は何か。

㉘生命の維持・延命を最優先

㉙患者の人生や生活の本質を重点として医療を行うことを何というか。

㉙ QOL（生命の質）

㉚ QOL の立場から導き出される医療のあり方は何か。

㉚人間らしい生活の回復

㉛人間らしい生活の回復をめざした医療のあり方にはどのようなものがあるか。

㉛緩和ケアなど

㉜不治の病気や重度障害による身体的・精神的苦痛から患者を解放するために死亡させることを何というか。

㉜安楽死

㉝末期患者において，回復の見込みがない場合，本人の意志や家族の同意のもとに，延命治療を行わず，自然死を迎えさせることを何というか。

㉝尊厳死

㉞医師が患者やその家族に対して，病状や治療方法を説明し同意を求めたうえで治療することを何というか。

㉞インフォームド‐コンセント

㉟延命治療拒否や臓器提供など自分の死のあり方について，意志を表明しておくことを何というか。

㉟リヴィング‐ウィル

㊱患者が自己の治療を決定する権利を何というか。

㊱自己決定権

㊲『自由論』を著し，自己決定権の考え方に大きな影響を与えた哲学者は誰か。

㊲ J.S. ミル（1806 ～ 73）

㊳他者に危害をおよぼさないかぎり，たとえ自分の命を

㊳他者危害の原則

縮めるようなことであっても社会的に禁止すべきではないという考えを何というか。

❸末期患者の身体的苦痛を和らげ，精神的不安を取り除こうとする治療やカウンセリングを何というか。

❹治療の見込みのない末期患者とその家族が残された時間を安らかに過ごすための施設を何というか。

❹臓器移植などの現代医学の発展の背景にある考え方とは何か。

❹心身二元論を唱えた西洋近代の哲学者は誰か。

❹デカルトをはじめとする西洋近代思想の身体観に対し，現代はどのような立場があるか。

❸ターミナル‐ケア（終末期医療）

❹ホスピス

❹心身（物心）二元論

❹デカルト（1596 ～ 1650）

❹身体はただの「モノ」ではない

【論述問題】

> 安楽死と尊厳死について，その違いを比較して述べよ。

　安楽死とは，不治の病気や重度の障害などによる肉体的・精神的苦痛から患者を解放するために人為的に死亡させることで，オランダやベルギーなどでは合法化されているが，日本では殺人または嘱託殺人に該当する。

　尊厳死とは，脳死状態や植物状態にあり，回復の見込みのない患者に対して，生命維持装置をはずし，延命措置をせずに自然な死を迎えさせることである。日本では法的には認められていないが，QOL の立場から議論されることもある。

第2章　環境と倫理◇◇◇◇◇◇◇◇◇◇◇◇◇◇◇◇◇◇◇◇◇◇◇◇◇◇◇◇◇◇◇

◆ *INTRODUCTION*

【環境という問題】

○環境：人間との関わりにおいて捉えられた自然→生命の保持・生活の実現

＊和辻哲郎の風土論：人間の生活・習慣・文化によって形成されたもの

（例）寒さ→衣服や暖房→これらを得るための労働

○快適な環境を得るための努力→環境破壊の可能性

○環境破壊：自然環境が人間の活動の増大により破壊されること

↓

環境倫理の問題：自然と人間との関わり，快適な環境を得ようとする人間の努力の限界

【環境思想の展開】

○環境思想

ラスキン：産業革命当時の社会を批判

エマソン：汎神論的自然観・人間観の提唱

ソロー：原生自然（ウィルダネス）の保存を主張

レオポルド：「土地倫理」の提唱

カーソン：『沈黙の春』　農薬などの化学薬品→環境破壊

ボールディング：閉ざされた環境＝「宇宙船地球号」

コルボーン：『奪われし未来』　環境ホルモンの生体への影響

【問題の現状と環境倫理の主張】

○ 1960 年代：公害問題・資源の減少への危機感

○ 1970 年代：国境を越えた環境汚染

○ 1980 年代：地球規模での環境危機―温暖化・酸性雨・砂漠化など

○環境倫理：環境破壊の危機に対する個人と社会のあり方

地球全体主義・世代間倫理・自然の生存権

資源の有限性と生態系の閉鎖性→循環型社会の構築

→「持続可能な社会」

【将来世代への配慮】

○環境問題：科学技術の発達と経済活動の拡大→自然破壊

地球規模の環境破壊→生態系（エコシステム）の崩壊

・酸性雨→石造建築物や銅像などの文化財の腐食・土壌浸食・湖水の酸性化・森林破壊

・森林破壊→貯水能力の低下・砂漠化の進行

・砂漠化（原因：大気循環の変動・過度の放牧・森林伐採など）
　　　　→乾燥地域・半乾燥地域の拡大

・熱帯林の減少（原因：焼畑による移動耕作・開墾・過度の放牧・商業伐採など）
　　　　→自然災害・森林資源の減少・二酸化炭素吸収量の減少→温暖化

・温暖化（原因：二酸化炭素・フロンによる温室効果）
　　　　→気候変動・海水の膨張・海面水位の上昇

・オゾン層の破壊（原因：冷媒・電子回路洗浄剤・殺虫剤に含まれるフロン）
　　　　→健康被害・農作物減収・海洋生態系の破壊

○環境問題への対応
　・ローマクラブ（1970）：『成長の限界』
　・国連人間環境会議（1972）：人間環境宣言「かけがえのない地球」
　・国連環境開発会議（1992）：環境と開発に関するリオ宣言
　　　　　　　　　　　　　　：アジェンダ21

○世代間倫理：ヨナス―現代世代は将来世代に責任がある
　　　　　　→「持続可能な開発」

【環境と自然を考え直す】
　○環境問題の原因の多様性：南北問題（経済発展の格差）
　　　　　　　　　　　　　　先進国―エネルギー資源の消費
　　　　　　　　　　　　　　　　→温暖化・酸性雨
　　　　　　　　　　　　　　途上国―森林伐採・焼畑農業
　　　　　　　　　　　　　　　　→砂漠化

　○自然の生存権：動植物や生態系そのものに価値を認める

　○環境問題への取り組み：政府・自治体・企業と個人の役割
　　　　　　　　　　　　　"think globally, act locally"

【環境と倫理】……………………………………………

❶気象・人間との関わりにおいて捉えられた自然のことを何というか。	❶環境
❷環境が人間にもたらすものとは何か。	❷生命の実現の場など
❸風土が人間の生活・文化・思想に大きな影響を与えるとして，風土と民族・地域の特色を論じた日本の倫理学	❸和辻哲郎（1889〜1960)

者はだれか。

❹自然環境が人間の活動の増大により破壊されることを何というか。

❹環境破壊

❺19 世紀イギリスの美術批評家で，環境の美しい秩序と人間の社会的・経済的活動の正しいあり方は一体のものであると考え，当時の産業社会を批判した人物はだれか。

❺ラスキン
（1819 〜 1900）

❻19 世紀アメリカの哲学者・詩人で，『自然論』を著し，神・自然・人間が統一的関係にあるという汎神論的自然観・人間観を説いた人物はだれか。

❻エマソン
（1803 〜 82）

❼19 世紀アメリカの哲学者・詩人で，エマソンの影響を受け，原生自然（ウィルダネス）の保存を主張し，『森の生活』などの著書で知られる人物はだれか。

❼ソロー
（1812 〜 62）

❽アメリカの環境学者，思想家で，ソローの影響を受け，自然の復元や自然保全の具体策を示し，「土地倫理」を提唱した人物はだれか。

❽レオポルド
（1887 〜 1948）

❾レオポルドが提唱した「土地倫理」の目的は何か。

❾人間と自然との調和

❿アメリカの海洋生物学者で，農薬などの化学薬品による自然破壊や人間生活全体の危機を警告した人物はだれか。

❿カーソン
（1907 〜 64）

⓫カーソンの主著で，地球は人間だけのものではないと述べ，自然破壊の恐ろしさを説いたものは何か。

⓫『沈黙の春』

⓬アメリカの経済学者で，地球を閉ざされた環境である「宇宙船地球号」とよんだ人物はだれか。

⓬ボールディング
（1910 〜 93）

⓭アメリカの生物学者で，『奪われし未来』を著し，環境ホルモン（内分泌攪乱物質）による生物の成長や生殖器官の発達への危険性を説いた人物はだれか。

⓭コルボーン
（1927 〜 2014）

⓮環境との関連を重視した価値判断や意思決定，環境破壊の危機に対する個人と社会のあり方などを探究する学問を何というか。

⓮環境倫理（学）

⓯環境倫理（学）において主に唱えられる 3 つの柱とは何か。

⓯地球全体主義・世代間倫理・自然の生存権

⓰気象・土壌・地形などの環境と，生息する生物との関連とまとまりを機能的にとらえた概念を何というか。

⓰生態系（エコシステム）

⓱環境倫理において強調される着眼点は何か。　⓱資源の有限性と生態系の閉鎖性

⓲スウェーデンのストックホルムで，1972年に開かれた国連主催の環境会議を何というか。　⓲国連人間環境会議

⓳国連人間環境会議のスローガンになった語は何か。　⓳「かけがえのない地球」

⓴国連人間環境会議で採択された宣言は何か。　⓴人間環境宣言

㉑ブラジルのリオデジャネイロで，1992年に開かれた国連主催の環境会議を何というか。　㉑国連環境開発会議（地球サミット）

㉒国連環境開発会議で出された宣言は何か。　㉒環境と開発に関するリオ宣言

㉓国連環境開発会議で採択された環境保全のための計画を何というか。　㉓アジェンダ21

㉔国連環境開発会議の原則となったスローガンは何か。　㉔持続可能な開発

㉕世界規模の環境問題で，石造建築物や銅像などを腐食する硫酸や硝酸を含んだ雨を何というか。　㉕酸性雨

㉖太陽からの紫外線を遮断し，人間の生命を保護している成層圏の層が破壊されている現象を何というか。　㉖オゾン層の破壊

㉗オゾン層の破壊の原因である化学合成物質は何か。　㉗フロン

㉘二酸化炭素やフロンの温室効果により気温が上昇する現象と問題を何というか。　㉘地球の温暖化

㉙森林破壊や過度の放牧により，土地がやせ衰える現象と問題を何というか。　㉙砂漠化

㉚大規模な開発事業に際し，それが自然環境にもたらす影響を事前に分析・評価することを何というか。　㉚環境アセスメント

㉛1971年，イランで採択された国際湿地，水鳥湿地保全条約を何というか。　㉛ラムサール条約

㉜地球温暖化防止京都会議で，先進国に温室ガスの制限を求めた気候変動枠組み条約の議定書とは何か。　㉜京都議定書

㉝2016年に発効し，世界の気温上昇を2℃未満に抑えることなどを共通の目標として，すべての国に温室効果ガス排出量削減への取り組みを義務づけた協定は何か。　㉝パリ協定

㉞現在の世代は未来世代の生存の可能性に対して責任があるとする環境倫理の柱の一つは何か。　㉞世代間倫理

❸❺ドイツ出身の実存哲学者で，未来倫理を説き，人間は未来世代に対する責任があるという立場から環境破壊を否定した人物はだれか。

❸❻オーストラリアの応用倫理学者で，人間は動物よりも優れているから動物を犠牲にしてもよいという種差別の価値観を否定し，「動物の解放」を唱えた人物はだれか。

❸❼先進国と途上国との経済格差を何というか。

❸❽環境倫理の柱の一つで，動植物や生態系そのものに価値を認める考えを何というか。

❸❾環境問題への取り組みについては，政府・自治体・企業だけではなく個々人がはたす役割も大きいが，そのことを自覚して各人が取り組む姿勢を表したことばは何か。

❸❺ハンス＝ヨナス（1903 〜 93）

❸❻ピーター＝シンガー（1946 〜）

❸❼南北問題

❸❽自然の生存権

❸❾ "think globally, act locally"

【論述問題】

世代間倫理について述べよ。

　世代間倫理とは，今存在している自然は祖先から承け継いだもので，それを破壊することなく未来世代に伝えていくことが現代に生きる私たちの責任であり，私たちは未来の人々の生命を損なうようなことをしてはならないという考えである。

環境問題の原因の多様性について具体的に述べよ。

　地球温暖化や酸性雨は，おもに先進国による莫大なエネルギー資源の消費に原因があるといわれている。その一方で砂漠化の進行は，おもに途上国における森林伐採や焼畑農業に原因があると考えられている。

第3章　現代の家族とその課題◇◇◇◇◇◇◇◇◇◇◇◇◇◇◇◇◇◇◇◇◇◇◇◇

◆ *INTRODUCTION*

【家族の形態と機能の変化】

○家族：親子・兄弟姉妹・親族→最初に所属する第一集団（基礎的な社会集団）

○家族形態の変化

・直系家族：親・子・孫の数世代が同居する家族

・拡大家族：親・子・孫・伯（叔）父・伯（叔）母などが同居する

・核家族：夫婦と未婚の子どもによる家族

○小家族化：核家族化の進行（1960年代）・少子化（1970年代）

　　　　　　　単身家庭・父子家庭・母子家庭

　　　　　　　ステップファミリー：血縁関係のない親子・兄弟姉妹による家族

○少子化←未婚化・晩婚化・出生率低下

　　　　　世代間の断絶・マイホーム主義

○家族機能の外部化：仕事・教育・保育・介護などの外部化

　　＊パーソンズ：家庭の機能＝おとなの精神的安定と子どもの教育

【少子高齢社会と家族】

○少子高齢化：医療技術の進歩と出生率の低下

○少子化→社会生活の低下・社会負担の拡大

○高齢社会：高齢化率が総人口の14%を超えた社会

○超高齢社会：高齢化率が総人口の21%を超えた社会

　　　　　　　若年人口の減少→社会全体での子どもの支援・ワーク-ライフ-
バランス

　　　　　　　社会保険制度：医療・福祉サービス

　　　　　　　生涯学習

　　　　　　　ノーマライゼーション：だれもが等しく生活できる社会づくり

【これからの家族と社会】

○育児介護休業法の改正・施行（2017年）→男女がともに子育て・介護をしな
がら働く社会

　　＊職場環境の整備

○男女共同参画社会基本法（1999）→人権尊重・ポジティブ-アクション

○男女雇用機会均等法（1986）：募集・採用・配置・昇進などの男女平等社会の実現

【現代の家族とその課題】……………………………………………………

❶家族とはどういう集団か。

❷親・子・孫などのように数世代にわたる家族を何というか。

❸親・子・孫・伯（叔）父・伯（叔）母などが同居している家族のことを何というか。

❹夫婦と未婚の子どもによる家族を何というか。

❺アメリカの文化人類学者で，核家族を命名し，その機能を示した人物はだれか。

❻マードックによれば，核家族の機能とはどのようなものか。

❼日本では核家族化の進行はいつ頃始まったか。

❽核家族化，単身家庭，父子家族，母子家族などの増加により進行した家族の状態を何というか。

❾離婚や再婚などにより血縁関係のない親子・兄弟姉妹からなる家族を何というか。

❿未婚化，晩婚化，出生率低下などにより生じた現代社会の状況を何というか。

⓫家族の本来の機能が学校や福祉施設など外部の機関に依存している現代社会の状況を何というか。

⓬アメリカの社会学者で，家庭の機能はおとなの精神的安定と子どもの教育にあると説いた人物はだれか。

⓭医療技術の進歩や社会福祉の充実により高齢者が増加し，未婚化などにより子どもの出生率が低下している現代社会の状況を何というか。

⓮総人口に占める65歳以上の高齢者人口の割合のことを何というか。

⓯高齢化率が7％を超えた社会を何というか。

⓰高齢化率が14％を超えた社会を何というか。

⓱高齢化率が21％を超えた社会を何というか。

⓲日本が超高齢社会に入ったのは何年のことか。

⓳少子高齢社会において求められる仕事と家庭生活の調和を何というか。

❶最も基礎的な社会集団（第一集団）

❷直系家族

❸拡大家族

❹核家族

❺マードック（1897～1985）

❻性・経済・生殖・教育

❼1960年代

❽小家族化

❾ステップファミリー

❿少子化

⓫家族機能の外部化

⓬パーソンズ（1902～79）

⓭少子高齢化

⓮高齢化率

⓯高齢化社会

⓰高齢社会

⓱超高齢社会

⓲2007年

⓳ワーク‐ライフ‐バランス

❷⓪高齢者の介護を社会全体で行うことを目的として，2000年から導入された制度は何か。

❷①老人や社会的弱者の存在を当然のこととして受け入れ，彼らがありのままの姿で生活できるようにしていく考え方を何というか。

❷②障がいのある人のない人も，高齢者も児童も，すべての人が快適に生きられるように環境を整えた社会で共生することを何というか。

❷③階段や段差など，生活における不自由のない環境にすることを何というか。

❷④子どもの育児のために一定期間とることができる休暇を何というか。

❷⑤病気になった配偶者や両親，子どもなどを介護するためにとることができる休暇のことを何というか。

❷⑥生まれた子どもが生きられる年数の平均値を何というか。

❷⑦総人口に対する出生人口の割合を何というか。

❷⑧幼児から老年期にいたる全生涯にわたって学習することを何というか。

❷⑨自主的に無報酬でする奉仕活動を何というか。

❸⓪1985年，雇用面で男女平等を実現するために制定された法律は何か。

❸①女性であるがゆえの社会的区別・排除・制限を解消することを求めた条約とは何か。

❸②男女ともに適用される育児と介護の法律とは何か。

❸③文化的・社会的に形成された性別・性差を何というか。

❸④高齢者が在宅のまま，福祉施設に通って，家族負担の軽減を目的とするサービスを何というか。

❸⑤介護などのサービスを自宅で行うことを何というか。

❸⑥在宅での介護・相談・助言などを行う訪問介護員を何というか。

❷⓪介護保険制度

❷①インクルージョン

❷②ノーマライゼーション

❷③バリアフリー

❷④育児休暇

❷⑤介護休暇

❷⑥平均寿命（余命）

❷⑦出生率

❷⑧生涯学習

❷⑨ボランティア活動

❸⓪男女雇用機会均等法

❸①女子（女性）差別撤廃条約

❸②育児介護休業法

❸③ジェンダー

❸④デイケア

❸⑤在宅ケア

❸⑥ホームヘルパー

【論述問題】

> これからの家族と社会のあり方がどうあるべきかについて述べよ。

　現代においては，多様な家族形態が生まれ，今後もその傾向が顕著になると考えられるが，どのような形態であっても，家族は互いの信頼関係に基づき，自立・自律した人格を形成する場である。したがって，このような時代にあってこそ家族の本来の意義を考えることが求められる。また，変化する社会にあっては，高齢者や障がい者が生きがいをもち，安心して暮らしていける人間的つながりを築くことは勿論のこと，それぞれが相互に助け合い支え合う真の意味での福祉の実現を目指し，各人が自由に生きることとその根底にある自他への責任をもち，自らが民主社会の担い手であることを自覚する必要がある。

第4章　地域社会の変容と共生◇◇◇◇◇◇◇◇◇◇◇◇◇◇◇◇◇◇◇◇◇◇◇◇◇◇

◆ *INTRODUCTION*

【日常生活と地域】

　　○社会：複数の人間が集まり生活する共同体　自然的・人為的な集団生活の総称

　　　　家族・地域・村落・宗教・階級・学校・職場・職業・自治体・国家など

　　○地域：日常生活の場→生産・消費・交流・教育・政治・経済・文化などの活動

　　○地域社会（コミュニティ）：自然的契機によって成立した地域において人々が

　　　　帰属意識をもって生活する共同体

　　　＊マッキーバー：コミュニティとアソシエーション

【地域社会の変容】

　　○日本における伝統的地域社会：イエ制度→家々の結びつき→共同労働・親族関係

　　　　　　　　　　　　　　　　　　　　→共同体・相互扶助の組織

　　○現代の地域社会：家族形態・人口構成・生活様式の変化→地域社会の変容

　　　　　　　　　　大衆化：大衆社会の成立

　　　　　　　　　　考え方や行動様式，生活水準や生活意識の平均化・画一化

　　　　　　　　　　　＊リースマン：『孤独な群衆』　現代社会—他人指向型　近

　　　　　　　　　　　　代—内部指向型　中世以前—伝統指向型

　　　　　　　　　　　＊オルテガ：『大衆の反逆』

　　　　　　　　　　都市化：都市特有の生活様式→地域以外の職場や学校での生活

　　　　　　　　　　核家族化・小家族化→プライバシー中心の生活

　　　　　　　　　　過疎化：都市への人口集中→地域社会の希薄化

　　　　　　　　　　外国人居住者の増加→エスニック-コミュニティの形成

　　○地域社会の問い直し

【新たなふるさとの創出】

　　○地域の生活環境の改善：ユニバーサル-デザインにもとづくまちづくり

　　　　　　　　　　　　　　　クリーンエネルギーの普及

　　　　　　　　　　　　　　　資源リサイクル

　　　　　　　　　　　　　　　景観設計

　　○地域産業の新興や文化の活性化

　　○地域社会全体での取り組み：地方公共団体と地域住民との一体化

　　○NPO（非営利民間組織）やボランティアの活動

　　○プロダクティブ-エイジング：高齢者の社会参加・社会貢献

　　○市民的公共性の問い直し

【地域社会の変容と共生】

❶複数の人間が集まり生活する共同体で，自然的・人為的な集団生活の総称を何というか。	❶社会
❷日常生活における生産・消費・交流・教育・政治・経済・文化などの活動の場を何というか。	❷地域
❸自然的契機によって成立した地域において人々が帰属意識をもって生活する共同体を何というか。	❸地域社会
❹アメリカの社会学者で，社会をコミュニティ（基礎的集団）とアソシエーション（利害的集団）に分類した人物はだれか。	❹マッキーバー（1882～1970）
❺村落のように，地縁的結合により自然発生的に成立した共同社会を，マッキーバーは何とよんだか。	❺コミュニティ
❻会社や学校のように意図的につくられた組織をマッキーバーは何とよんだか。	❻アソシエーション
❼日本における伝統的な地域社会の根幹にあったものは何か。	❼イエ制度
❽現代日本における地域社会の変容の原因は何か。	❽家族形態・人口構成・生活様式の変化
❾大衆による決定が社会の動向を左右する社会を何というか。	❾大衆社会
❿アメリカの社会学者で，現代の大衆社会における人間やその他の時代の人間の性格類型を論じた人物はだれか。	❿リースマン（1909～2002）
⓫リースマンが社会と人間の性格類型を論じた著書は何か。	⓫『孤独な群衆』
⓬高度に産業化された現代社会特有の漠然とした不安から他人の意向に絶えず気を配り，自分の行為の基準を外部に見いだす傾向を，リースマンは何とよんだか。	⓬他人指向型
⓭他人指向型に対し，前近代的な共同社会での社会的性格を何というか。	⓭伝統指向型
⓮他人指向型に対し，自己の内面的な判断で行動する近代市民社会に見られる社会的性格を何というか。	⓮内部指向型
⓯大衆社会の均質化・俗物化を批判し，『大衆の反逆』を著したスペインの思想家はだれか。	⓯オルテガ（1883～1955）

⓰社会における有力な意見や，世俗的な善悪，優劣を価値基準とするような考えや行動をする傾向をもつ性格を何というか。

⓱政治権力がマス‐メディアなどを通して自らに都合のよいように大衆を意図的に誘導することを何というか。

⓲巨大化した組織を能率よく運営するために，大衆が管理される社会を何というか。

⓳巨大な組織を能率的に管理・運営するしくみを何というか。

⓴ドイツの社会学者で，近代社会の組織構造は官僚制を原理としていると論じた人物はだれか。

㉑個人の思考や行動が規格化・同質化することを何というか。

㉒人口の増加や交通・通信手段の発達にともない都市に特有の生活様式が生み出され定着していく社会状況を何というか。

㉓都市が周辺に向けて，無秩序・無計画に虫食い状態に拡大していく現象を何というか。

㉔都市部の人口が地価高騰などで減少し，都市周辺部の人口が増加する現象を何というか。

㉕快適な生活をおくるための設備や環境のことを何というか。

㉖外国人居住者の生活・文化共同体のことを何というか。

㉗高齢者や障がい者とともにすべての人が快適な生活をおくる環境を計画することを何というか。

㉘営利を目的としない活動を行う民間組織・団体を何というか。

㉙高齢者を，社会に支えられている存在ではなく，社会に貢献する存在として捉える考え方を何というか。

⓰権威主義的性格

⓱大衆操作

⓲管理社会

⓳官僚制

⓴マックス＝ウェーバー
（1864 ～ 1920）

㉑同一化・画一化

㉒都市化

㉓スプロール現象

㉔ドーナツ化現象

㉕アメニティ

㉖エスニック‐コミュニティ

㉗ユニバーサル‐デザイン

㉘NPO（非営利組織）

㉙プロダクティブ‐エイジング

【論述問題】

> 変化する時代のなかで，地域社会をどのように考えるか述べよ。

　近年，小家族化が進み，地域とのつながりが希薄になっているが，私たちが充実した人生をおくるためには，日常生活の基盤である地域社会をより快適な環境にする努力を怠ってはならない。そのためには政府や自治体の政治的・経済的政策の実施が不可欠であるのは勿論のこと，NPO やボランティアの活動をはじめ，私たち自身が地域社会の一員であることを自覚し，身近なところから主体的に地域活動に参加し，市民的公共性について問い直すことが求められる。

第5章　情報社会とその課題◇◇◇◇◇◇◇◇◇◇◇◇◇◇◇◇◇◇◇◇◇◇◇◇

◆　*INTRODUCTION*

【社会生活と情報】
　　＊科学技術の発達と社会の進歩
　　○産業革命（第1次技術革新）：エネルギー（動力）革命—石炭
　　　　　　　　　　　　　　　　　　　　→大量生産・大量消費
　　○第2次技術革新：石油・電力
　　○第3次技術革新：電子工学・石油化学・原子力
　　○情報社会：情報の価値が増加し，情報が判断・活動の中心となる社会・情報の
　　　　　　　　伝達・処理で動く社会→高度情報社会
　　　　　　　　＊脱工業社会・知識社会

【情報社会の背景】
　　○産業社会：マスコミの発達
　　　　　　　　政府やマス-メディアによる情報管理
　　　　　　　　→国家による情報操作の危険性
　　○ ITC（情報通信技術）革命→情報機器の普及・発達
　　↓　　　　　　　　　　　　→企業・一部の独占から多くの人に拡大
　　○高度情報化社会：個人による多様なコミュニケーション
　　　　　　　　　　　　情報の交換・双方向性
　　　　　　　　　　　　アクセス権—情報の受け手が情報に接近する権利
　　　　　　　　　　　　プライバシーの権利
　　○情報操作と情報開示

【情報社会論の登場】
　　○マクルーハン：近代の活字文化から映像文化・無文字社会へ
　　　　　　　　　　メディアの変化→社会の変容

【情報社会の問題点】
　　○リップマン：情報による世論操作の危険性
　　　　　　　　　　ステレオタイプ—メディアによるイメージ・固定観念
　　　　　　　　　　悪意あるステレオタイプ→偏見的・敵対的行動を助長

　　　擬似環境―マス - メディアが提供するイメージにより形成される
　　　　　　　　世界→ステレオタイプを容易に形成→民主主義の危機
　○ブーアスティン：メディアによってつくられた情報の危険性
　　　　　　　　疑似イベント―メディアが都合よくつくった本当らしい出来事

【情報社会の現状と課題】
　○リースマン：他人指向型→孤独な大衆→マス - メディアへの依存
　○バーチャル - リアリティ：CGなどを用いた仮想空間の中の出来事
　　　　　　　　　　　　　→情報を判断する能力の必要性
　○ダニエル＝ベル：脱工業化社会―情報・サービスを中心とする社会
　○SNS：コンピュータ・ネットワーク上でのサービス→メッセージの交換→誹
　　　謗中傷被害の危険性
　○通信回線・情報機器の故障・妨害→情報伝達の停止→社会の混乱
　○匿名性→意図的な誤報・中傷・個人情報の流出
　○情報の複製→著作権の保護・知的所有権
　　＊個人情報保護法（2003）
　○高度情報社会：他者や社会との関わりで生きている社会
　　情報リテラシー：情報の取捨選択・判断・評価・利用などの能力
　　メディアリテラシー：情報メディアを活用する能力

【情報社会とその課題】……………………………………………………

❶ものの生産よりも情報の価値が高まり，大量の情報の生産や伝達，情報処理によって動く社会を何というか。

❷新聞・雑誌・書籍・テレビなど，情報・知識・娯楽を不特定の大衆に伝える媒体の総称を何というか。

❸マス - メディアを通じて，不特定多数の受け手に同時に，大量の情報を伝達する活動を何というか。

❹情報に関わる科学・技術の発達にともなう産業構造や通信システム，人間関係のあり方などの変化を何というか。

❺情報の受け手に対して刺激的な情報を過剰に提供する考えを何というか。

❶情報（高度情報化）社会

❷マス - メディア

❸マス - コミュニケーション（マスコミ）

❹ICT（情報通信技術）革命

❺センセーショナリズム（煽情主

義)

❻情報の受け手が情報に接近する権利を何というか。

❻アクセス権

❼私事について干渉を受けない権利を何というか。

❼プライバシーの権利

❽政府や大企業などが意図的に不正確な情報を流したり，都合のよい方向性に導くことを何というか。

❽情報操作

❾政府や大企業などが所有する公共性の高い情報を公開し，国民が点検したり利用したりできることを何というか。

❾情報公開

❿マスコミに対して，個人と個人のコミュニケーションを何というか。

❿パーソナル - コミュニケーション

⓫特許権などの工業所有権や，出版物・コンピュータソフトなどの著作権を何というか。

⓫知的所有(財産)権

⓬カナダのメディア学者で，メディアが与えるリアリティについて探究し，真実よりも「本当らしさ」が主流となる現代社会について論じた人物はだれか。

⓬マクルーハン(1911 ～ 1980)

⓭マクルーハンは，近代における情報化は活版印刷の発明であるとしたが，その発明者はだれか。

⓭グーテンベルク(1400 ? ～ 68)

⓮マクルーハンは，将来は活字文化からどのような文化になると予測したか。

⓮無文字社会

⓯アメリカのジャーナリストで，情報による世論操作の危険性を指摘し，大衆民主主義を支える理論の非合理性を分析した人物はだれか。

⓯リップマン(1889 ～ 1974)

⓰リップマンは，メディアにより選択され，加工され，単純化されたイメージを何とよんだか。

⓰ステレオタイプ

⓱ステレオタイプを安易に受け入れることにより助長されることは何か。

⓱偏見的・敵対的行動

⓲リップマンは，マス - メディアによってもたらされるイメージにより形成される世界を何とよんだか。

⓲擬似環境

⓳アメリカの歴史家で，メディアの歴史的発達を分析し，メディアによってつくられた情報の危険性を論じた人物はだれか。

⓳ブーアスティン(1914 ～ 2004)

⓴ブーアスティンは，メディアが提供した「本当らしい」ことを何とよんだか。

⓴疑似イベント

㉑工業中心の社会の次の段階で，情報・サービスなど第三次産業の発達が著しい社会を何というか。

㉑脱工業化社会

㉒アメリカの社会学者で，脱工業化社会を命名した人物はだれか。

㉒ダニエル＝ベル（1919 〜 2011）

㉓インターネットやメディアによってもたらされる仮想の自分や共同体のことを何というか。

㉓仮想現実（バーチャル - リアリティ）

㉔コンピュータ・ネットワーク上での交流・親睦を目的としたサービスを何というか。

㉔ SNS（ソーシャル - ネットワーキング - サービス）

㉕情報社会における匿名性がもたらす危険性にはどのようなことが考えられるか。

㉕意図的な誤報・誹謗中傷・個人情報の流出

㉖情報社会で求められる情報選択，情報理解，情報判断などの能力を何というか。

㉖情報リテラシー

㉗情報機器の操作など情報能力およびそれにより生じる格差を何というか。

㉗デジタル - デバイド

㉘複数のコンピュータを有線や無線の通信回路で接続したものを何というか。

㉘コンピュータ - ネットワーク

㉙国民が，行政機関が保有している情報の開示・提供を求める権利を何というか。

㉙知る権利

㉚情報機器の技術能力ばかりではなく，メディアの「現実」を批判的に考察する力を何というか。

㉚メディア - リテラシー

㉛だれでもいつでもどこでも，情報技術による利益や恩恵を受けられることを何というか。

㉛ユビキタス

【論述問題】

> 　これからの高度情報化社会において求められる「情報リテラシー」について述べよ。

　多くの情報を選択，理解，判断，検証し，情報を活用する能力を「情報リテラシー」といい，今日の高度情報化社会に不可欠な能力とされている。それは，情報機器を操作し，情報を受信・発信する実用的技能だけではなく，情報のなかにある真実と虚偽，有益なものと有害なものとを判断し，情報それ自体を批判・検証する思考力でもある。さらに，近年ではインターネット上での意図的な誤報・誹謗・中傷・いじめなどの負の側面への対応も求められている。私たちは，情報機器は勿論のこと，情報それ自体も目的ではなく，豊かで快適な生活，幸福な人生をおくるための手段であることを忘れてはいけない。自他への責任の自覚と真摯な努力という倫理観があってこそ，真の「情報リテラシー」をもったと言えるであろう。

第6章　グローバル化の時代と倫理◇◇◇◇◇◇◇◇◇◇◇◇◇◇◇◇◇◇◇◇◇◇◇◇◇

◆ *INTRODUCTION*

【文化と宗教の多様性】
  ○文化：地域・共同体・民族・国家などの成員が共有する生活様式
　　　　　＊地域文化・民族文化など
　　　　　＊文明：物質的文化・広範な地域・民族を有する文化
  ○宗教：日常を離れた聖なる価値により生き方を律するもの
　　　　　＊民族宗教・世界宗教
  ○現代の世界における国家：言語・他民族・多宗教国家
　　　　　　　　　　　　　　　一つの国に複数の言語・民族・宗教
　　＊日本：アイヌ民族，在日韓国・朝鮮人，その他の外国人
  ○グローバリゼーション：人間・物質・情報などが国境を超えて地球規模で交流
　　　　　　　　　　　　　する→グローバル社会
  ○多文化・宗教状況：異文化の混在→文化・宗教摩擦の危険性
　　　　　↓　　　　　　　　　→民族間・宗教間の対立→紛争・戦争
　　国際協力の必要性

【多文化・宗教状況の倫理】
  ○自民族中心主義（エスノセントリズム）→他文化・他宗教の否定
　　→同化主義の危険性
  ○カルチャーショック→差別・偏見の可能性
  ○オリエンタリズム：西洋中心の文化観・宗教観
　　　　　　　　　　　　サイード『オリエンタリズム』
  ○異文化理解の必要性→平和と共存
  ○文化相対主義：いかなる文化も固有の価値をもつ
　　＊レヴィ‐ストロース：「野生の思考」と「文明の思考」
  ○宗教多元主義→異なる宗教の共存
  ○多文化主義の多宗教性の尊重→共生への道→人類の幸福

【グローバル化の時代と倫理】……………………………………………………

❶地域・共同体・民族・国家などの成員が共有する生活様式を何というか。	❶文化
❷物質的文化あるいは広範な地域・民族を有する文化を何というか。	❷文明
❸特定の民族に信仰される宗教を何というか。	❸民族宗教
❹民族や地域に限定されずに広く多くの人々に信仰される宗教を何というか。	❹世界宗教
❺世界の国々が経済や文化などの面で密接に関係し，おたがいに結びつきを強めている状況を何というか。	❺国際化
❻自国で産出する資源やエネルギーを自国のために使う考えを何というか。	❻資源ナショナリズム
❼国際交流が活発になり国境の壁が低くなった社会を何というか。	❼ボーダレス社会
❽自分たちの民族のみを最高と考え，他の民族の価値を認めない立場を何というか。	❽自民族中心主義（エスノセントリズム）
❾多くの文化や宗教が一つの国や社会に混在している状況を何というか。	❾多文化・多宗教状況
❿多文化・多宗教状況を肯定し，取り入れる立場を何というか。	❿多文化主義（マルチカルチャリズム）
⓫異なる文化や宗教が混在することにより生じる負の状況を何というか。	⓫文化摩擦・宗教摩擦
⓬自分の文化と異なる文化への理解を何というか。	⓬異文化理解
⓭文化にはそれぞれの歴史と伝統があり，文化の違いに優劣や善悪などはないとする立場を何というか。	⓭文化相対主義
⓮フランスの文化人類学者で，文化相対主義の立場から『野生の思考』などを著し，西洋中心的な価値観を批判した人物はだれか。	⓮レヴィ‐ストロース（1908〜2009）
⓯パレスチナ出身の歴史学者で，東洋と西洋という区別も西洋近代中心の価値観から生まれたものであると批判した人物はだれか。	⓯サイード（1935〜2003）
⓰サイードは，西洋文化から見た固定観念，無知，エキゾチズムなどから生じたアジアや中東の文化に対する一	⓰オリエンタリズム

面的な考えを何とよんだか。

❼「地球」を原義としたことばで，人間の活動が時間的・
地域的な枠をこえて結びついている現象を何というか。

❼グローバリゼー
ション（グロー
バル化）

【論述問題】

　日本における伝統的な文化受容を踏まえて，これからの時代に求めら
れるあり方について述べよ。

　今日のグローバル社会においては，自民族・自国民にかぎらず，各民族各
国の多様性と独自性を尊重し，他者とともによりよく生きる共生・共存が求
められている。人間は自分が生まれ育った社会の文化や宗教を基準にものご
とを判断し，生き方を定めるものであり，それ自体は大切なことである。そ
の一方で，他国や他民族の文化を異なるものとしながらも，認め合い協力し
ていくことが平和と幸福を実現していくことを忘れてはならない。日本人は，
古来，外来文化を柔軟に摂取・受容し，自らの文化を高め深めていった。先
人のこのような知恵を活かし，人類の平和と安全に寄与することがあるべき
あり方の一つであろう。

第7章　人類の福祉と国際平和◇◇◇◇◇◇◇◇◇◇◇◇◇◇◇◇◇◇◇◇◇◇◇◇

◆ *INTRODUCTION*

【人類の福祉】
　○福祉：各人の幸福追求の不均衡の是正→すべての人ののぞましい人生の実現
　　　　　＊自己と他者・社会とののぞましい関係→幸福
　○福祉の実現：個人の自由・平等や権利の保障，差別の禁止，社会保障制度
　○世界的な諸問題：先進国と途上国の格差
　　　　　　　　　　途上国の課題―食糧不足→内戦・政情不安，環境破壊
　○安全保障の変容：「国家の安全保障」から「人間の安全保障」へ
　　　　　　　　　　人間の安全保障―国家の枠組みを超えた人間の視点からの対応
　○国際的な課題：人類全体の福祉・国際社会の平和と安全の観点
　　　　　　　　　→飢餓と貧困・不平等や経済格差への対応と解決

【自立を支援する国際協力】
　○ ODA（政府開発援助）：発展途上国への経済開発援助
　　　　　　　　　　　　　―資金援助・人材派遣など
　○グローバル社会における開発援助：社会資本の整備・雇用・人材育成など
　○地球規模の開発援助：水・食料問題・環境問題・感染症対策など
　○ NGO（非政府組織）：政府から独立して平和・人権・環境などの問題に取り組
　　　　　　　　　　　　　む民間組織
　○ NPO（非営利団体）：営利を目的としない民間組織
　○ JICA（国際協力機構）：途上国への技術協力・無償資金援助・ボランティア派
　　　　　　　　　　　　　　遣などを行う独立行政法人
　○青年海外協力隊：途上国への援助のために JICA が派遣する青年のボランティ
　　　　　　　　　　ア活動
　○フェアトレード：途上国から適正価格で持続的に商品を購入し，途上国の生産
　　　　　　　　　　者や労働者の権利と生活を保障する貿易のあり方
　　　　　　　　　　→対話・透明性・敬意の精神
　○セン：インド出身の経済学者　厚生経済学（開発と貧困を扱う）
　　　　　潜在能力―よりよい生き方を自ら選んでいく自由を実現する能力
　　　　　→識字能力・言語能力

【福祉の実現と国際平和】
　○難民：戦争・紛争・差別・迫害・貧困・飢餓の犠牲者
　○環境難民：自然破壊や自然環境の変容による難民
　○「なぜに人類は，真に人間らしい状態にすすむ代わりに，一種の新しい野蛮状
　　態へ落ち込んでゆくのか」(『啓蒙の弁証法』)
　○カント：「世界市民的体制」・「世界共和国」の構想
　　　　　　諸国間の「連合」(『永遠平和のために』)
　○平和的共存・共生：諸国間・文化間・宗教間の対話

【人類の福祉と国際平和】••

❶各人の幸福追求の不均衡を是正し，すべての人ののぞ
ましい人生の実現を目指す考えを何というか。

❷福祉の実現に向けて，それぞれの国の政府が取り組む
べきことは何か。

❸福祉に関する世界的な諸問題の根底にあるものは何
か。

❹現代社会における安全保障は「国家の安全保障」から
何に変容したか。

❺国際的な課題として，人類全体の福祉や国際社会の平
和と安全の観点にはどのようなものがあるか。

❻先進国の政府主導で行われる発展途上国への経済開発
援助を何というか。

❼グローバル社会における開発援助をいくつかあげよ。

❽現代社会における地球規模の課題をいくつかあげよ。

❾政府や公的機関ではなく，平和や人権問題に取り組ん
でいる民間団体を何というか。

❿医療行為を国際的に実践している NGO とは何か。

❶福祉

❷個人の自由・平
　等や権利の保
　障，差別の禁止
　など

❸先進国と途上国
　の経済格差

❹人間の安全保障

❺飢餓と貧困，不
　平等，経済格差
　への対応と解決

❻政府開発援助
　(ODA)

❼社会資本の整
　備・雇用の創出・
　人材育成など

❽水食料問題・環
　境問題・感染症
　対策など

❾非政府組織
　(NGO)

❿国境なき医師団

⓫公共サービスを行うが，営利にかかわらない民間組織を何というか。	⓫非営利組織（NPO）
⓬途上国への技術協力・無償資金援助・ボランティア派遣などを行う独立行政法人を何というか。	⓬国際協力機構（JICA）
⓭途上国への援助のために JICA が派遣する青年のボランティア活動組織を何というか。	⓭青年海外協力隊
⓮途上国から適正価格で持続的に商品を購入し，途上国の生産者や労働者の権利と生活を保障する貿易のあり方を何というか。	⓮フェアトレード
⓯フェアトレードの考え方の基本的な立場とは何か。	⓯対話・透明性・敬意の精神
⓰インド出身の経済学者で，厚生経済学の立場から開発と貧困について論じた人物はだれか。	⓰アマルティア＝セン（1933〜）
⓱センは，各人がよりよい生き方を自ら選んでいく自由を実現する能力を何とよんだか。	⓱潜在能力（ケイパビリティ）
⓲センは，潜在能力について具体的にはどのような力であるとしたか。	⓲識字能力・言語能力
⓳戦争・紛争・差別・迫害・貧困・飢餓などにより自国から逃れざるを得なくなった人々を何というか。	⓳難民
⓴自然破壊や自然環境の変容により他国に非難せざるを得なくなった人々を何というか。	⓴環境難民
㉑「なぜに人類は，真に人間らしい状態にすすむ代わりに，一種の新しい野蛮状態へ落ち込んでゆくのか」と記されている書物は何か。	㉑『啓蒙の弁証法』
㉒フランクフルト学派の哲学者で，『啓蒙の弁証法』を著した人物を二人あげよ。	㉒ホルクハイマー（1895〜1973），アドルノ（1903〜69）
㉓ドイツ観念論を創始した哲学者で「世界市民的体制」や「世界共和国」を構想し諸国間の「連合」を提唱した人物はだれか。	㉓カント（1724〜1804）
㉔カントが世界平和の実現を説いた著書は何か。	㉔『永久（永遠）平和のために』
㉕平和的共存・共生は何によってはかられるべきであるか。	㉕諸国間・文化間・宗教間の対話など

【論述問題】

> 　国際平和と人類の福祉についてカントの思想を踏まえて，求められる
> ことを述べよ。

　第二次世界大戦が終結したとき，戦争の惨禍を経験した国家と国民は，や
がて国際平和と人類の福祉が実現することを信じた。しかし，戦後間もなく
米ソを中心とするイデオロギーの対立が起こり，それが終結して30年にお
よぶ年月が経った今でも，世界各地で局地戦争や紛争が絶えず，一国だけで
は解決できない深刻な事態となった。さらには貧困と飢餓，経済格差，世界
的な感染症の拡大など人類の未来への不安はつきない。

　人間は他者との関わりのなかで生き，今日のグローバル社会において，国
家は他国との友好な関係があってこそ平和と安全が保たれ，諸国間の相互扶
助や国際協調によって人類全体の福祉が実現する。かつて，カントが説いた
ように，人間が各人の人格を互いに尊重するように，国家間においても崇敬
の念をもつべきである。現代を生きる私たちは，歴史に学び，過去の惨禍を
風化させることなく，いかなる苦難があろうとも，高邁な理想を持ち続けな
ければならないのではないか。

付編　資料問題

以下の文章を読んで，その資料の作者名（語った人），作品名を記し，（　）内に該当する語を記入しなさい。

❶ しかし，私は，彼と別れて帰るみちで，自分を相手にこう考えたのです。この人間より，私は（ア）がある。なぜなら，この男も私も，おそらく（イ）のことがらは何も知らないらしいけれども，この男は，知らないのに何か知っているように思っているが，私は，知らないから，そのとおりにまた，知らないと思っている。だからつまり，このちょっとしたことで，私の方が（ア）があることになるらしい。つまり私は，知らないことは知らないと思う，ただそれだけのことで，まさっているらしいのです。

❶ プラトン
『ソクラテスの弁明』
（ア）知恵
（イ）善美

❷ わたしは，アテナイ人諸君よ，君達に対して切実な愛情を抱いている。しかし君達に服するよりはむしろ神に服するだろう。すなわち私の息の続くかぎり，決して（ア）を愛し求めることはやめないだろう。……世にも優れた人よ，君はアテナイという，知力においても武力においても最も評判の高い偉大なポリスの人でありながら，ただ金銭をできるだけ多く自分のものにしたいという様なことばかり気を使っていて，恥ずかしくはないのか。評判や地位のことは気にしても思慮や真実のことは気にかけず，（イ）をできるだけすぐれたものにするということに気も使わず心配もしていないとは。

❷ プラトン
『ソクラテスの弁明』
（ア）知
（イ）魂

❸ （ア）たちが国々において王となるのでないかぎり，あるいは今日王と呼ばれ，権力者と呼ばれている人たちが，真実に，かつじゅうぶんに（イ）するのでないかぎり，つまり，政治的権力と哲学的精神とが一体化されて，多くの人々の素質が，現在のようにこの２つのどちらか

❸ プラトン
『国家』
（ア）哲学者
（イ）哲学

の方向に別々にすすむことを強制的に禁止されるのでないかぎり，……国々にとって不幸のやむことはないし，また，人類にとっても同様だとぼくは思う。

❹しかしながら人々がとりわけ困難を感じなければならないのは，（ア）が感性的なものの中の永遠的なものに対しても，あるいは生成し消滅するものに対しても，いったい何の役にたつかということである。なぜなら，（ア）はそれらにおいていかなる運動や変化の原因をなすものでもない。しかも，またそれはその他のものの認識に対しても何ら寄与するわけではない。なぜならばそれらのものの（イ）ではないからである。

❹アリストテレス『形而上学』
（ア）イデア
（イ）実体

❺主がモーゼを山の頂に召されたので，モーゼは登った。……神はこのすべての言葉を語って言われた。わたしはあなたの神，主であって，あなたをエジプトの地，奴隷の家から導き出した者である。

（ア）はイスラエル人にとり唯一の神としてみとめられなければならない。

イスラエル人は，エジプトの地で用いられているような（イ）を造ってはならない。

イスラエル人は，むやみに（ア）の名をよんではならない。

イスラエル人は，6日は働いて7日目に業を休み，そしてその日を（ウ）として，神を拝するために用いなくてはならない。

❺『旧約聖書』・『出エジプト記』
（ア）ヤハウェ（ヤーヴェ）
（イ）偶像
（ウ）安息日

❻隣人愛

「（ア）を愛し，（イ）を憎め」と言われていたことは，あなたがたの聞いているところである。しかし，私はあなたがたに言う，「（イ）を愛し，（ウ）する者のために祈れ。」こうして天にいますあなたがたの父の子となるためである。

❻『新約聖書』・『マタイによる福音書』
（ア）隣り人
（イ）敵
（ウ）迫害

❼なぜなら，律法を行うことによっては，すべての人間

❼パウロ

は神の前に（ア）とせられないからである。律法によっては，（イ）の自覚が生じるものである。しかしいまや，神の（ア）が律法とは別であることがあきらかとなった。それは，（ウ）を信じる信仰による神の（ア）であって，すべて信じる人にあたえられるものである。

『新約聖書』・『ローマ人への手紙』
（ア）義
（イ）罪
（ウ）イエス＝キリスト

❽神が預言者たちと契約を結びたもうた時のこと。「わしがおまえたちに与えるものは，（ア）と知恵である。そのあとで，おまえたちのもっているものを確証する一人の（イ）が現れるであろう。おまえたちはかならずや彼を信じ，彼を助けなければいけない」。また，言いたもう。「おまえたちは，この条件でわしの重荷を受けとることを承諾するか」。彼らは，「承諾いたします」。すると，「それなら，（ウ）せよ。わしもおまえたちとともに証人になろう」と言いたもうた。

❽ムハンマド
『クルアーン』
（コーラン）
第3章81節
（ア）啓典
（イ）使徒
（ウ）証言

❾何びとも他人を欺いてはならない。たとえどこにあっても他人を軽んじてはならない。

　悩まそうとして怒りの想いをいだいて互いに他人に苦痛を与えることを望んではならない。あたかも，母が己が独り子を身命を賭しても護るように，そのように一切の生きとし生けるものどもに対しても，（ア）（慈しみ）のこころを起こすべし。

　また，全世界に対し（ア）の慈しみの意を起こすべし。

❾ブッダ
『スッタニ・パータ』
（ア）無量

❿比丘らよ，ここに出家が避けねばならぬ二つの偏った道がある。それは卑しい欲にふける愚かな快楽の生活といたずらに自分をさいなむ愚かな苦行の生活とである…。この二つの偏った道を離れて心の眼をひらき，知恵を進め，寂静と聖智と正覚と涅槃に導く中道が，如来によって悟られた。

　比丘らよ，この中道とは何であるか。（ア）がそれである。すなわち（イ），（ウ），（エ），（オ），正命，正精進，正念，正定である。

❿ブッダ
『阿含経』
（ア）八正道
　　（八聖道）
（イ）正見
（ウ）正思
（エ）正語
（オ）正業

⓫朝に（ア）を聞かば，夕に死すとも可なり。（里仁篇）
己れに克ちて礼に復るを（イ）と為す。（顔淵篇）
曾子曰く，夫子の道は（ウ）のみ。（里仁篇）

⓫孔子
『論語』
（ア）道
（イ）仁
（ウ）忠恕

⓬人皆，人に忍びざるの心あり。……（ア）の心は，（イ）
の端なり。羞悪の心は，（ウ）の端なり。…辞譲の心は，
（エ）の端なり。是非の心は，（オ）の端なり。人の是の
四端あるは，猶その四体あるがごときなり。
（公孫丑章篇）

⓬孟子
『孟子』
（ア）惻隠
（イ）仁
（ウ）義
（エ）礼
（オ）智

⓭（ア）廃れて仁義あり，知慧出でて大偽あり。…（上
篇）
人は地に法り，地は天に法り，天は（イ）に法り，（イ）
は（ウ）に法る。（上篇）
天下に水より（エ）なるものは莫し。（下篇）

⓭老子
『老子』
（ア）大道
（イ）道
（ウ）自然
（エ）柔弱

⓮一に曰く，（ア）を以て貴しとなし，忤ふること無き
を宗とせよ。人皆党あり，亦達れる者少し，是を以て，
或は君父に順はずしてまた隣里に違ふ。然れども上和ぎ，
下睦びて事を論ふに諧ひぬるときには，則ち事理自らに
通ふ。何事か成らざらむ。
　二に曰く，篤く（イ）を敬へ。（イ）とは仏・法・僧
なり。則ち四生の終の帰，万国の極の宗なり。何れの
世何れの人か，是の法を貴ばさる。人尤だ悪しきもの鮮
し，能く教ふれば従ふ。その三宝に帰りまつらずば，何
を以つてか枉れるを直さむ。

⓮聖徳太子
『十七条憲法』
（ア）和
（イ）三宝

⓯国宝とは何物ぞ。宝とは（ア）なり，（ア）有るの人
を名けて国宝となす。故に古人の言く，径寸十枚，是れ
国宝に非ず。一隅を照す，此れ則ち国宝なりと。……道

⓯最澄
『山家学生式』
（ア）道心

心，有るの仏子を，西には菩薩と称し，東には君子と号す。……釈教の中，出家に二類あり。一には小乗の類，二には（イ）の類なり。（ア）あるのは仏子，即ち此れ斯の類なり。

（イ）大乗

---

❶❻（ア）とは一に身密，二に語密，三には心密なり。法仏の三密とは，甚深微細にして等十覚も見聞するあたわず。故に密という。……もし真言行人あって，この義を観察して，手に印契をなし，口に（イ）を誦し，心三摩地（雑念を離れて心を一つの対象に集中する状態）を得，……行者もし能くこの理趣を観念すれば，（ア）相応ずるが故に，現身に速疾に本有の三身を顕現し証得す。常の即時即日のごとく，（ウ）の義もまたかくのごとし。

❶❻空海
『即身成仏義』
（ア）三密
（イ）真言
（ウ）即身

---

❶❼尋常の念相を明さば，これに多種あり。大いに分ちて四となす。一には定業。謂く，坐禅入定して仏を観ずるなり。二には散業。謂く，行住坐臥に，散心にして（ア）するなり。三には有相業。謂く，或は相好を観じ，或は名声を念じて，偏に穢土を厭ひ，専ら（イ）を求むるなり。四には無相業。謂く，仏を称念し（イ）を欣求すといへども，しかも身土は即ち畢竟空にして，幻の如く夢の如く，体に即して空なり，空なりといへども，しかも有なり，有にあらず空にあらずと観じて，この無二に通達し，真に第一義に入るなり。これを無相業と名づく。これ最上の三昧なり。

❶❼源信
『往生要集』
（ア）念仏
（イ）浄土

---

❶❽（ア）なをもて往生をとぐ，いはんや（イ）をや。しかるを世のひとつねにいはく，悪人なを往生す，いかにいはんや善人をやと。この条，一旦そのいはれあるににたれども，（ウ）の意趣にそむけり。そのゆへは，（エ）の人は，ひとへに他力をたのむこゝろかけたるあひだ，弥陀の本願にあらず。しかれども，自力のこころをひるがへして，他力をたのみたてまつれば，真実報土の往生をとぐるなり。（オ）のわれらは，いづれの行にても生死をはなるゝことあるべからざるを哀たまひて，願をお

❶❽唯円
（親鸞のことば）
『歎異抄』
（ア）善人
（イ）悪人
（ウ）本願他力
（エ）自力作善
（オ）煩悩具足

こしたまふ本意，悪人成仏のためなれば，他力をたのみ
たてまつる悪人，もとも往生の正因なり。よて善人だに
こそ往生すれ，まして悪人は，と仰さふらひき。

❿学道の最要は（ア）これ第一なり。大宋の人多く（イ）
することみな（ア）のちからなり。一文不通にて無才愚
痴の人も，坐禅をもっぱらにすれば，（ウ）の人にも勝
るるなり。しかあれば学人は（エ）して他を管ずること
なかれ。仏祖の道は只坐禅なり。他事に順ずべからず。

❿道元
『正法眼蔵』
（ア）坐禅
（イ）得道
（ウ）久学聡明
（エ）只管打坐

⓴（ア）をならふといふは，（イ）をならふなり。（イ）
をならふといふは，（イ）をわするるなり。（イ）をわす
るるといふは，（ウ）に証せらるるなり。（ウ）に証せら
るるといふは，自己の（エ）および他己の身心をして，（オ）
せしむるなり。

⓴道元
『正法眼蔵』
現成公案
（ア）仏道
（イ）自己
（ウ）万法
（エ）身心
（オ）脱落

㉑何をか人のほかに道無しといふか。曰く人とは何ぞや。
君臣なり，夫婦なり，それ昆弟なり，朋友なり，それ道
は一つのみ。君臣にありてはこれを（ア）といひ，父子
これを（イ）といひ，夫婦これを（ウ）といひ，昆弟こ
れを（エ）といひ，朋友これを（オ）といひ，みな人に
よりて顕る。人無ければ則ちもって道を見るなし。ゆえ
に曰く，人のほかに道無しと。何をもってか道のほかに
人無しといふか。曰く，道とは何ぞや。（カ）なり。……
ゆえに君子は（キ）の徳より大なるはなく，残忍刻薄の
心より戚きはなし。孔門（カ）をもって徳の長となすは
けだしこれが為なり，これ仁の聖門第一字たる所以なり。

㉑伊藤仁斎
『童子問』
（ア）義
（イ）親
（ウ）別
（エ）叙（序）
（オ）信
（カ）仁
（キ）慈愛

㉒（ア）の道は天下を安んずるの道なり。その道多端な
りといえども，要は天下を安んずるに帰す。その本は（イ）
を敬するにあり。天われに命じて天子となし諸侯となし

㉒荻生徂徠
『弁道』
（ア）先王

（ウ）となさば，すなわち，（エ）のあるなり。（オ）と
なさば，すなわち，家族の妻子あるなり。みなかれを待
ちてのちに安んずる者なり。士大夫はみなその君と天職
をともにする者なり。ゆえに君子の道はただ（カ）を大
なりとする。

（イ）天命
（ウ）大夫
（エ）君臣
（オ）士
（カ）仁

❷❸士農工商をのをの職分異なれども，一理を会得（えとく）するゆ
へ，士の道をいへば農工商に通ひ，農工商の道をいへば
士に通ふ。なんぞ四民の（ア）を別々に説くべきや。
（ア）をいふは他の儀にあらず，生まれながらの（イ）
にかへし度為（たきため）なり。天より生民（せいみん）を降すなれば，万民はこ
とごとく天の子なり。ゆへに人は一箇の小天地なり，小
天地ゆへ本（もと）（ウ）なきものなり。このゆへに我物は我物，
人の物は人の物。（エ）はうけとり，（オ）は返し，毛す
じほども私なくありべかかりにするは（イ）なる所なり。
この（イ）行なはるれば世間一同に和合し，四海の中み
な兄弟のごとし。わが願ふところは，ひとびとここに至
らしめんためなり。

❷❸石田梅岩
『都鄙問答（とひ）』
（ア）倹約
（イ）正直
（ウ）私欲
（エ）貸たる物
（オ）借たる物

❷❹自然の無始無終の宇宙の運用する気行は，すなわち自
然の（ア）なのである。だから，自然の進退する気行に
生ずる（イ）なのである。人間は（ウ）であるから，直
接に穀物を耕作する人間は（エ）である。耕さずに貪農
する者は，道を盗む（オ）である。自然は無始無終であ
るから，天下の何万人という人間はただ一つの（ア）す
る一人の人間である。だから自然の人間には，上もなく，
下もなく，王もなく民もなく，仏もなく迷いもなく，す
べて二別というものがない。だから自然なのである。(現
代語訳)

❷❹安藤昌益
『自然真営道』
（ア）直耕
（イ）五穀
（ウ）穀精
（エ）真人
（オ）大罪人

❷❺（ア）して道をしらむとならば，まず（イ）を清くの
ぞきさるべし。（イ）の清くのぞこらぬほどは，いかに
古書をよみても考へても，いにしへのこころはしりがた
く，いにしへのこころをしらでは，道はしりがたきわざ
になむありける。そもそも道は，もと（ア）をして知る

❷❺本居宣長
『玉勝間』
（ア）学問
（イ）漢意（からごころ）
（ウ）まごころ

ことにはあらず，生まれながらの（ウ）なるぞ，道には
ありける。（ウ）とは，よくもあしくも，生まれつきた
るままの心をいふ。しかるにのちの世の人は，おしなべ
てかの（イ）にのみうつりて，（ウ）をばうしなひはて
たれば，今は（ア）せざれば道をえしらざるにこそあれ。

❷⑥（ア）をしるといふ事，まづすべてあはれといふは，
もの見る物きく物ふるる事に，心の感じていづる，嘆息
（なげき）の声にて，今のよのことばにも，「ああ」といひ，「はれ」
といふことなり。……さて，人は何事にまれ，感ずべき
事にあたりて，感ずべき心をしりて感ずるを，（ア）を
しるとはいふを，かならず感ずべき事にふれても，心う
ごかず，感ずることなきを，（ア）しらずといひ，心な
き人とはいふなり。

❷⑥	本居宣長『源氏物語玉の小櫛』（ア）もののあはれ

❷⑦天は（ア）と云へり。されば天より人を生ずるには，
万人は万人皆同じ位にして，（イ）貴賤上下の差別なく，
万物の霊たる身と心との働きを以て天地の間にあるよろ
づの物を資（と）り，以て衣食住の用を達し，自由自在，互に
人を妨げをなさずして各安楽にこの世を渡らしめ給ふの
趣意なり。

❷⑦	福沢諭吉『学問のすゝめ』（ア）人の上に人を造らず人の下に人を造らず（イ）生まれながら

❷⑧私どもにとりまして愛すべき名としては，世界に二つ
あるだけであります。その一つは（ア）でありまして，
他の一つは（イ）であります。…二つとも J の字をもっ
てはじまっておりますから，私はこれを称して Two J's，
つまり（ウ）の字と申します。イエス＝キリストのた
めであります。日本国のためであります。私どもはこの
二つの愛すべき名のために私どもの生命をささげようと
思うものであります。

❷⑧	内村鑑三『失望と希望―日本国の先途』（ア）イエス（イ）日本（ウ）二つのジェー

❷⑨個人の自由は先刻お話しした個性の発展上きわめて必
要なものであって，その個性の発展がまた貴方がたの幸
福に非常な関係を及ぼすのだから，どうしても他に影響
のない限り，僕は左を向く，君は右を向いても差し支え

❷⑨	夏目漱石『私の個人主義』（ア）個人主義

ないくらいの自由は，自分でも把持し，他人にも附与しなくてはなるまいかと考えられます。それが取りも直さず私のいう（ア）なのです。

㉚（ア）においては，まだ知覚とか感情とか意志とかそれぞれに分かれて働いているのではなく，それらが一体となって働いているのであって，まだ（イ）の対立もない。（イ）の対立は，われわれが対象について考えようとする結果でてくるのであって，直接的な経験そのものではない。

㉚ 西田幾多郎
『善の研究』
（ア）純粋経験
（イ）主観と客観

㉛ 人間とは「（ア）」であるとともに，その（ア）における「人」である。だからそれはたんなる「人」ではないとともに，またたんなる「社会」でもない。ここに人間の二重性格の（イ）統一がみられる。

㉛ 和辻哲郎
『倫理学』
（ア）世の中
（イ）弁証法的

㉜ わたくしたちは（ア）を，神の永遠の定めとよびます。この定めに従って，神は，何が，各自に起きるべきかを決定します。なぜなら，すべての人は同じ状態に創造されていないからです。ある人には永遠の生命に（ア）され，ある人には永遠の滅亡が（ア）されているからです。

㉜ カルヴァン
『キリスト教綱要』
（ア）予定

㉝ 人間は（ア）のうちで最も弱い（イ）にすぎない。しかし，それは（ウ）である。これをおしつぶすのに，宇宙全体は何も武装する必要はない。風のひと吹き，水のひと滴も，これを殺すにじゅうぶんである。しかし，宇宙がこれをおしつぶすときにも，人間は，人間を殺すものよりも，いっそう高貴であるだろう。なぜなら，人間は，自分が死ぬことを知っているからで……ある。宇宙はそれについては何も知らない。

それゆえ，われわれのあらゆる尊厳は（エ）のうちに存する。

㉝ パスカル
『パンセ』
（ア）自然
（イ）一本の葦
（ウ）考える葦
（エ）思考

㉞ 人間の（ア）と力とは合一する。原因が知られなければ，結果は生ぜられないからである。というのは，（イ）

㉞ ベーコン
『ノヴム・オル

は服従することによってでなければ，征服されないので
あって，（イ）の考察において原因と認められるものが，
作業においては規則の役目をするからである。

㉟しかし，そのあとすぐわたしは，つぎのことに気がつ
いた。それは，すなわち，このようにすべてのものを虚
偽と考えようと欲していたあいだにも，そう考えている
「わたし」は，どうしてもなにものかでなければならな
いということであった。

　そして「（ア）」というこの真理は，懐疑論者のどんな
にとほうもない仮定といえども，それを動揺させること
ができないほど，堅固で確実なのをみて，わたしはこの
真理を，自分が探究しつつあった哲学の（イ）として，
何の懸念もなく受け入れることができると判断した。

㊱一般に学者が（ア）と呼んでいるものは，各人がその
自然性を，すなわち生命を保存するために自らの力を自
らの意志するままに行使しうる自由である。……「（イ）」
とは，理性によって創案される教律もしくは普遍法則で
ある。……

　さて，人間のおかれている状態は，（ウ）の状態であ
るので，かくして「各人は平和を得る希望の存する限り
それに努力すべきである。そして平和の得られない場合
は，戦争のあらゆる手段を探究し，戦争の効益を利用す
べし」ということが理性の命令，もしくは普遍法則とし
て立てられる。……

㊲権限もなしに自分によせられている（ア）にそむいて
国民に暴力を用いることは，国民と戦争状態に入ること
であり，その場合には，国民は彼らの立法部を，その権
力を行使しうるような状態にもどす（イ）をもっている
と。……国民が社会にとってきわめて必要なもの，そし
て国民の安全と保全の基盤であるものから，何らかの暴
力によってはばまれる場合には，国民も力によってそれ
を除去する（イ）をもっている。……権限をもたぬ暴力

ガヌム』
（ア）知識
（イ）自然

㉟デカルト
『方法序説』
（ア）われ思う，
　　　ゆえにわれ
　　　あり
（イ）第一原理

㊱ホッブズ
『リヴァイアサ
ン』
（ア）自然権
（イ）自然法
（ウ）万人の万人
　　　に対する闘
　　　争

㊲ロック
『統治二論』
（ア）信託
（イ）権利
（ウ）対抗

に対する真の救済策は，力をもってこれに（ウ）することである。

❸前に確立した諸原則から生じる，第一の最も重要な結果は，（ア）のみが，公共の福祉という，国家設立の目的に従って，国家の諸力を指導しうるということである。なぜなら，もし多くの特殊利益の対立意志が社会の建設を必要としたとすれば，その建設を可能にしたのも同じ特殊利益の一致であるからである。

❸ルソー
『社会契約論』
（ア）一般意志

❸「それが（ア）的法則となることをあなたが同時に意欲しうるような，そういう格率に従ってのみ行為せよ」あるいは「あなたの意志の格率が，つねに同時に（ア）的な立法の原理として妥当しうるように行為せよ」

　基本法式から三つの導出法式

　第1法式「あなたの行為の格率が，あなたの意志によってあたかも（ア）的な（イ）法則となるかのように行為せよ」

　第2法式「あなたの人格およびすべての他人の人格のうちにある人間性をつねに同時に（ウ）としてとり扱い，けっして単に（エ）としてのみとり扱わないように行為せよ」

　第3法式「意志がその格率を通じて自分自身を同時に（ア）的に立法するものとして認めうるように行為せよ」

❸カント
『道徳形而上学原論』
（ア）普通
（イ）自然
（ウ）目的
（エ）手段

❹この世界のどこにおいても，いな広くこの世界の外においても無条件に善とみなされるものは，ただ（ア）のほかには考えられない。理解力・機知・判断力，そのほかどんな名称であれ，精神上のいろいろな才能あるいは勇気・果断・堅忍不抜などの気質の特性は，おおくの点からみて結構な望ましいものであることはうたがいない。しかし，このような自然のたまものも，これを使用するものは意志であり，意志のこの特殊な性質が性格とよばれる。したがって，もし意志が善でないなら，せっかくの自然のたまものも，かえって非常な（イ）となり

❹カント
『道徳形而上学原論』
（ア）善意志
（イ）悪

害となる。

❹つぼみは花のひらくうちに消えるのであって，これを
つぼみは花によって（ア）されるといってもよいであろ
う。同様にまた，果実によって花は植物の偽りのあり方
という宣告を受け，植物の真のありかたとして果実が花
にとってかわる。これらの諸形態は，たんにおたがいが
違っているということだけではなくて，おたがいに相い
れないものとしておしのけあう。しかし，それらの流動
的な性質がそれらを，（イ）的一体性の諸契機たらしめ，
そしてここでは，それらはおたがいに戦いあうというこ
とがないばかりではなく，かえって，一方も他方もひと
しく必要不可欠なのであって，あたかもこの同等の（ウ）
こそがはじめていきた全体を成り立たせているのであ
る。

❹ヘーゲル
『精神現象学』
（ア）否定
（イ）有機
（ウ）必然性

❹人間は，その生活の社会的生産において，一定の，必
然的な，かれらの意志から独立した諸関係を，つまりか
れらの物質的生産諸力の一定の発展段階に対応する（ア）
を，とりむすぶ。この生産諸関係の総体は社会の経済的
機構を形づくっており，これが現実の土台となって，そ
のうえに，法律的，政治的（イ）がそびえたち，また，
一定の社会的意識諸形態は，この現実の土台に対応して
いる。物質的生活の生産様式は，社会的，政治的，精神
的生活諸過程一般を制約する。人間の（ウ）がその（エ）
を規定するのではなくて，逆に，人間の社会的（エ）が
その（ウ）を規定するのである。社会の物質的生産諸力
は，その発展がある段階にたっすると，いままでそれが
そのなかで動いてきた既存の生産の諸関係，あるいはそ
の法的表現にすぎない所有諸関係と（オ）するようにな
る。これらの諸関係は，生産諸力の発展諸形態からその
桎梏へと一変する。このとき社会革命の時期がはじまる
のである。

❹マルクス
『経済学批判』
（ア）生産諸関係
（イ）上部構造
（ウ）意識
（エ）存在
（オ）矛盾

❹共産主義へ向かって発展しつつある（ア）社会から共

❹レーニン

産主義社会への移行は，「政治上の過渡期」を経過しなくては不可能であり，この時期の国家は（イ）の革命的独裁しかありえない。

では，この独裁の民主主義に対する関係とはいかなるものであるか……。

資本主義社会が最も順調な発展をとげる条件があるばあい，この社会には民主共和制という形で多かれ少なかれ完全な民主主義がある。しかし，この民主主義は，資本主義的（ウ）という狭い枠でたえずしめつけられているので，本質的には少数者だけの，（エ）階級のためだけの，金持ちのためだけの民主主義にとどまっている……。（イ）の独裁ということ，つまり抑圧者を抑圧するために被抑圧者の前衛を支配階級として組織するということは，たんに民主主義の拡大をもたらすにとどまるものではない。（イ）の独裁は民主主義をきわめて大幅に拡大し，この民主主義をはじめて，（オ）のための民主主義ではなく，貧者のための民主主義，（カ）のための民主主義とする。

『国家と革命』
（ア）資本主義
（イ）プロレタリアート
（ウ）搾取
（エ）有産者
（オ）富者
（カ）人民

❹私の『あれか，これか』はさしあたり善悪の間の選択を指すのではなく，ひとが善と悪を選ぶか，それとも排除するか，その選択を指すのである。ここで問題になっているのは，ひとがどんな規定のもので現存在全体を観察し，みずから生きようとするかということである。善と悪を選ぶ者は，善を選ぶのだということはたしかに（ア）だが，それはあとになってはじめて判明することである。なぜなら（イ）なものは悪でなく，無差別だからだ。だからこそ私は選択を構成するものは（ウ）なものだと言ったのである。……

私はけっして哲学者ではないが，ここではやむをえず，哲学者的熟考というものにあえて近づいてみることにしよう。……たぶん（エ）と呼んでもいいようなものとは，哲学はまったく無関係である。（エ）こそはしかし自由の真の生活なのである。哲学は外的行為を考察するが，哲学はこれを孤立したものとみないで，世界史の過程に

❹キルケゴール
『あれか，これか』
（ア）真理
（イ）美学的
（ウ）倫理的
（エ）内的行為
（オ）あれか，これか

受け入れられ，そのなかで変化を加えられたものとして
眺める。この過程が哲学の本来の対象であり，これを哲
学は必然性の規定のもとで考察する。だから哲学は，い
っさいが別様でもありうるということに気づかせようと
するような反省を遠ざける。つまり哲学は『（オ）』がま
ったく問題とならないふうに世界史を考察するのであ
る。

⓯ たとえ（ア）が存在しなくとも，（イ）が（ウ）に先
だつところの存在，なんらかの概念によって定義されう
る以前に実存している存在がすくなくとも一つある。そ
の存在はすなわち人間，ハイデッガーのいう人間的現実
であると無神論的実存主義は宣言するのである。（イ）
が（ウ）に先だつとは，このばあいなにを意味するのか。
それは，人間はまず先に実存し，（エ）で出会われ，（エ）
に不意に姿をあらわし，そのあとで定義されるものだと
いうことを意味するのである。……人間は後になっては
じめて人間になるのであり，人間はみずからが造ったと
ころのものになるのである。このように人間の本性は存
在しない。その本性を考える神が存在しないからである。
人間はみずからそう考えるところのものであるのみなら
ず，みずから望むところのものであり，実在して後にみ
ずから考えるところのもの，実存への飛躍の後にみずか
ら望むところのもの，であるにすぎない。人間はみずか
ら造るところのもの以外のなに者でもない。以上が実存
主義の第一原理なのである。

⓰ 理性とは（ア）であり，科学を手本として考えられ，
社会生活の技術を作るのに使われるものであるから，つ
まり，理性にはなすべき仕事があるから，理性は（イ）
として結晶した無知や偶然に基づく過去の絆から人間を
解放する。それは，よりよい未来を描き，人間がそれを
実現するのを助ける。そして，その活動は，つねに（ウ）
によってテストされる。作成されるプランにしても，再
構成の行動の手びきとして人間がたてる原理にしても，

⓯ サルトル
『実存主義とは
何か』
（ア）神
（イ）実存
（ウ）本質
（エ）世界内

⓰ ジョン＝デュー
イ
『哲学の改造』
（ア）実験的知性
（イ）慣習
（ウ）経験
（エ）仮説

それはドグマではない。それらは，実践のうちで作られる（エ）であって，私達の現在の経験に必要な手びきを与えうるかいなかによって，拒否され，修正され，拡張されるものである。

㊼ （ア）は悪に対するあらゆる現実の闘争をやめるだけでは成立しない。わたくしの考えでは，悪に対抗して結局これを拡大させるような復讐よりも，いっそう積極的かつ現実的な闘争が必要である。不道徳とたたかうための精神的すなわち（イ）を考える。尖鋭な刀剣と暴者と衝突するのではなく，相手の物的抵抗をみるだろうとの期待を誤らせて，暴者の剣を完全に鈍らせるのである。暴者は圧迫から退避するわたくしの（ウ）をみるであろう。この抵抗はまずかれを幻惑せしめ，ついに屈服をよぎなくするのである。

㊼ガンジー
　『ガンジー聖書』
　（ア）非暴力
　（イ）道徳的抵抗
　（ウ）精神的抵抗

㊽ （ア）で取り扱いうる特性は，もちろん科学者の研究対象とする特性と同じではない。自然界は，この二つの見方によって，一方で最高度に具体的，他方で最高度に抽象的という両極端からのアプローチをもつのである。……一方は（イ）の理論を基礎とし，農業，牧畜，製陶，織布，食物の保存と調理法などの文明の諸技術を今もわれわれの基本的欲求に与えている知であり，新石器時代を開花期とする。そして他方は，一挙に知解性の面に位置して（ウ）の淵源となった知である。

㊽レヴィ＝ストロース
　『野生の思考』
　（ア）野生の思考
　（イ）感覚性
　（ウ）現代科学

＜執筆・編集＞矢倉芳則　＜編集協力＞太田麻奈美

倫理データバンク　ー一問一答ー

2023年3月25日　　第1刷発行 ©　　　定価はカバーに表示してあります

編　者　清水書院編集部
発行者　野村久一郎
印刷所　広研印刷株式会社
発行所　株式会社　清水書院
　　〒102-0072　東京都千代田区飯田橋3-11-6
　　　　　電話　03（5213）7151
　　　　　振替　00130-3-5283　　　ISBN978-4-389-21903-1